贵州师范学院教师教育研究

贵州师范学院教务处　编

中国财富出版社

图书在版编目（CIP）数据

贵州师范学院教师教育研究／贵州师范学院教务处编．—北京：中国财富出版社，2015.8

ISBN 978－7－5047－5914－6

Ⅰ.①贵…　Ⅱ.①贵…　Ⅲ.①贵州师范学院—师资培训—研究　Ⅳ.①G655.12

中国版本图书馆CIP数据核字（2015）第239502号

策划编辑　王淑珍　　**责任编辑**　王淑珍

责任印制　方朋远　　**责任校对**　梁　凡　　**责任发行**　斯　琴

出版发行　中国财富出版社

社　　址　北京市丰台区南四环西路188号5区20楼　**邮政编码**　100070

电　　话　010－52227568（发行部）　　010－52227588转307（总编室）

010－68589540（读者服务部）　　010－52227588转305（质检部）

网　　址　http：//www.cfpress.com.cn

经　　销　新华书店

印　　刷　北京京都六环印刷厂

书　　号　ISBN 978－7－5047－5914－6/G·0631

开　　本　710mm×1000mm　1/16　　**版　　次**　2015年8月第1版

印　　张　15.25　　**印　　次**　2015年8月第1次印刷

字　　数　266千字　　**定　　价**　58.00元

《贵州师范学院教师教育研究》
编辑人员

主　编　李存雄

副主编　郭　文

目 录

【教育管理研究】

【教学改革研究】

【教育管理研究】

浅谈如何做好高校教研室工作

陈松良

教研室是按学科、专业或课程设置的教学研究组织，是构成高等学校结构体系的基本组成部分。高校教研室的基本任务是以承担教学任务为中心，教学、科研相统一，提高教学质量、培养合格人才。高等学校的各项教学工作、科研工作、师资培养工作都要依靠教研室落实和贯彻。教研室工作的状况和水平，在某种程度上能够反映一个学校教学工作的整体水平和教学质量的好坏。因此，加强教研室工作具有重要意义。

一、高校教研室工作的内容

要做好高校教研室工作，首先要明确教研室工作的内容。高校培养什么样的人才，怎样培养人才，是高等教育的重大问题。高校教研室在整个人才培养过程中发挥着其他单位无可替代的作用。人才培养是一个系统工程，涉及专业人才培养方案的制定和修订、专业与课程建设等内容，教研室在这些工作中应当发挥重要作用。人才培养方案的具体内容决定了高校向社会输送什么样的人才，是高校人才培养总体设计的具体体现，是安排教学内容和组织教学活动的基本依据。教研室必须从高校的实际情况出发，根据社会对人才的需求，在人才培养方案的制定和修订中提出切实可行的有价值的建议。专业建设是高校教研室最基本、最重要的工作内容。当前，随着我国社会经济建设的不断发展，社会对人才的要求日益多样化，因此高校教研室应当根据学校的实际，结合社会需要和用人单位喜好，为学生量身定制人才培养计划。

关注教育教学改革，开展教学规律的研究活动，是高校教研室义不容辞的一项工作。从事教学工作必须重视教学规律，自觉遵循教学规律，按照教学规律组织教学活动，因此，高校教研室要认真组织教师加强教学规律的研究，在教学过程中正确处理下面四种关系：教与学的关系、传授知识与培养能力的关系、间接经验与直接经验的关系、教书与育人的关系。通过对教学规律的研究，教研室要不断开展人才培养模式、培养方案、教学质量标准、教学评价与考核方法、教学内容和教学方法等方面的研究，使教学效果更佳，使学习效果更好。

科学技术研究，是高校教研室不可或缺的工作内容。高校既是为企业、事业单位及政府、国防部门等培养人才的基地，也是进行科学研究的重要阵地。高校人才聚集，有独特的学术氛围和得天独厚的科学研究设施，因此，除了人才培养外，高校的重要工作就是科学技术研究。科学技术研究为专业人才的培养和课程设计提供原动力，教师通过科学研究可以掌握最新的研究动态，把握最新的研究成果，使教学更生动、更与时俱进，教学效果也必然会更好。因此，高校教研室应当鼓励广大教师带领学生广泛开展各种科研活动，培养学生的创新能力。

二、做好高校教研室工作的措施

由于高校教研室是高校教学、教研、科研的最基层的组织，是组织和团结专业教师完成学校和社会交给的各项工作的基本单位，因此，必须采取措施加强高校教研室建设，使之能够团结和凝聚教师队伍，完成学校交给的各项教学和科研任务，承担起国家和社会赋予的重任。

首先，要完善教研室制度。没有规矩不成方圆，完善的规章制度是做好教研室工作的重要保障，不但能保证教研室日常工作的正常运转，而且能起到约束教师积极参与教研室的各种活动的作用，为团队开展合作创造一定的条件。教研室制度建设，包括集体活动制度、教学研究制度、检查和考核制度、试讲及导师制度等。教研室应当在全体成员的共同商讨下，根据学院发展规划和专业发展特点，制订教研室发展规划，使教研室成员明确应履行的职责、任务及应享有的权利。教研室对自己负责教学的各门专业课程，应当根据国家对本专业的要求，制定好各课程的教学大纲，再根据大纲对教学内容、进度、方法等进行统一规划，制定基本的教学质量标准。在执行教学基本要求、保证课程教学基本质量的前提下，教研室应当鼓励教师积极改进教学，将教学与个人的研究成果、学术兴趣和学术前沿结合起来，形成个人的教学特色和风格。

其次，要加强教学研究与改革。高校教研室的职责之一，是直接进行一门或性质相近的几门课程的教学工作及围绕教学的研究工作，因此，高校教研室应当组织教师共同收集教学资料，编写教材，研讨教学过程中发生的问题，交流教学经验，切磋教学方法。高校教学活动具有复杂的内涵和宽广深远的探究空间，高校教师有进一步探究教学活动、提高教学质量的责任和义务。教师教学和学生学习所引起的具有挑战性的问题，如学科前沿研究趋向以及研究性教学等需要仔细研究。教学研究应当成为教学工作和学术研究的常态，必须有组织地开展教学研究活动。培养创新人才是高等学校的根本目标，人才培养离不开学科的发展。建立在学院基础上的跨学科研究中心，实际上就是教学科研组织的创新与发展，既适应了科学发展的趋势，也打破了学科专业之间的壁垒，有利于学科建设中的科研优势、人才优势和设备优势有效地转化为提高教师和培养学生研究和创新能力的巨大资源。在加强教研室建设过程中，要注重拓展学科门类，促进教学、科研与学术交流交叉融合，渗透创新成果，为培养复合型创新人才服务。

再次，要协调好教学和科研的关系。教学和科研是教研室工作的两个重要方面。教学通过培养人才、发现人才，为科研服务；科研可使教师的知识结构得到改善，学识水平得到提高。教研室在分配教学和科研任务时，要充分发挥每个教师的专长，既要明确分工，又要紧密合作，共同为学校的发展贡献力量。

最后，要加强教师团队建设。教师教学和科研的大部分工作是个人独立完成的，不仅在教学内容、方法、进度等方面具有个体性，而且不同的教师的工作时间、地点等也不相同。所以，高校教师的交流合作少、组织性差、集体感弱。因此，高校教研室要经常组织各种教研活动，加强大学教师的组织归属感，形成有吸引力的组织文化。在教研室里，要大力提倡和鼓励教师之间在业务上互相帮助，开展教师之间的“传、帮、带”，充分发挥教研室培养教师的功能，让教研室成为高校教师发展的“加油站”。

总之，高等学校的创新发展，必须坚持教学与科研并重。切实加强教研室建设，搞好教研室工作，应当引起高度重视。这是保障学校教学质量、提高学校办学实力的重要基础。

参考文献

［1］何同林，冯丹．高职院校教研室工作中存在的问题与对策研究［J］．职业教育研究，2007（5）．

［2］孙娜．浅谈教研室工作［J］．甘肃科技纵横，2006（12）．

［3］黄建荣，邹红梅．关于加强高校教研室管理工作的思考［J］．东华理工大学学报：社会科学版，2009（6）．

（作者系贵州师范学院数学与计算机科学学院教师）

关于“16 +2”下的教育教学管理的思考

夏顺友

教育教学管理是保证和不断提高教学质量的基本要素和手段，包括教学计划管理、教学运行管理、教学质量管理与评价，以及学科、专业、课程、教材、实践教学基地、学风、教学队伍、教学管理制度等教学基本建设的管理。高等院校实行“16 +2”是切实做好学分制，实施“以人为本”“以学生为本”“以教师为本”“以服务为本”的新的理念比较完美的结合。

首先，从各学科专业的培养计划考虑。从不同学科专业出发，按照不同模块，结合各学院实际师资数量和结构情况制订科学合理且实际可行，并且适合学校学生培养定位相符合的计划。结合学分制，充分考虑学生从专业基础知识、专业发展方向、专业能力培养和职业选择以及与学生爱好特长相适应的选修课培养计划等机制。其次，从各课程具体执行的教师考虑。充分利用教研室团队能力拟定好各具体课程的教学计划，知识教学、学习学法教学以及自主研究等方面的教学、引导、讨论和研究等要仔细讨论制定。做到总体上基本固定，操作上也具有灵活性，能与时俱进、实时修改和完善。

教学运行应该在“四有四规”之外，教学和管理相关的团队参与各课程的计划、教学、监管和评价等集体行为。包括“两带”“两促”（即“以老带新”“以优带新”“以学促进”“以督促新”）等方式，促进青年教师的教学科研能力快速提高。

随着我国高教大众化的到来，教育教学管理中要认真处理好人治管理与法治管理、教导与引导、柔性管理与刚性管理、培养知识人与培养职业人、专才教育与素质教育等关系。必须把培养创新人才作为根本任务，以教育教学模式改革为核心，形成创新人才培养的有效途径。与时俱进，坚持“以人为本”的教育教学理念，构建教育教学管理新模式，促进高校全面协调可持续发展，推进高校教育教学大发展。

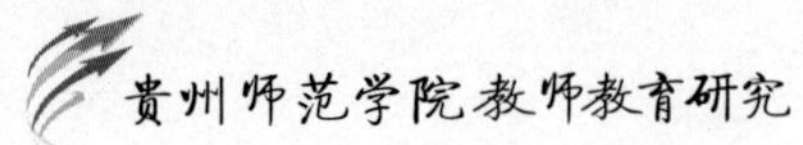

高校管理领域的人本主体有三个：学生、教师和管理者。即教育坚持以育人为本，以学生为主体；教育坚持以人才为本，以教师为主体；教育坚持以服务为本，以管理者为主体。把培养人作为根本任务，一切以人的发展为目的，充分体现以人为本的教育教学管理思想。只有真正把握了人本主体，才能更好地做到“以人为本”。“以学生为本”，关心学生能力培养和全面发展，关心学生、爱护学生、尊重学生、理解学生。一切为了学生的发展，包括个性、兴趣、爱好，因材施教。要着眼于学生走向社会，增强学生的创新能力、实践能力，努力培养学生适应社会的能力，使学生经得起各种风吹雨打，健康成长、和谐发展。“以教师为本”，加强新教师培训，提升教师的业务水平和综合素质。教育质量是教育事业发展的生命线，高质量的教学需要高素质的教师，建设高质量的教师队伍是全面推进高校教育教学的基本保证。教师培训是教学质量的源头保证，在实践中，领导重视，注重加强教师队伍建设，不断提高教师素质，使其确立科学的教育教学理念，尤其是道德修养、为师品格和执教能力。由教学校长、教务处长亲自挂帅开展青年教师岗前和上岗后的培训，对每年新参加工作的大学毕业生开办培训班。贯彻教学常规管理规章制度，培养教师职业道德和爱岗敬业精神。

完善奖励机制，激发教师队伍的活力。以教师为本就要把教师作为立校治校的基础和根本，真正尊重知识、尊重人才、尊重劳动、尊重创造，充分发挥教师在教育教学中的主导作用。教师有较高的追求，关注人生价值的实现。学校以尊重、理解、期待为核心内容，关注教师思想、关注教师需要和情感，激励教师产生内在需求，主动发展。为更好地激发教师在教育教学中的动力，制定一系列教师奖励机制，设立了“师德标兵”“我心中的好老师”“CAI课件大赛”“教案大赛”“粉笔字大赛”等项目，激励教师们积极向上的劲头，激发教育活力，同时为教师主动发展创造良好的环境，推动学校教育教学的发展。加强教师实践能力培养，构建过硬的“双师型”师资队伍教师，应不断提高自己的教育教学能力，具备扎实的教学基本功，积极掌握最新的学科前沿知识和最先进的专业技能，不断充实、完善自己，做一名称职的、理论实践过硬的“双师型”教师。

“以服务为本”创建高校教育教学管理工作新格局服务对象的满意程度是一个重要的评价指标。只有教师和学生对学校管理所提供的“服务”满意了，他们才能得到真正充分的发展。提高服务意识，营造人性化的管理氛围，以服务为本，首先要求学校管理者树立强烈的服务意识，坚持为学生服务、为教师服务、为人民群众需求服务、为提高教育质量管理服务、为学校发展服务。每个教职员工都要牢固树立服务意识，机关要切实转变工作作风，努力改进工作方法，改善服务态度，提高服务质量，自觉地为教学科研服务，为师生服务，为师生排忧解难，这样才能使我们的工作更贴近实际，更有实效。提高教育教学管理水平，实现育人质量全面提升。学校的教育质量是学校管理水平的综合体现，一所高质量的学校不仅要有高水平的教师、先进的教学设备和充足的教育经费，还要有很高的管理水平。教育管理通过营造良好的教育教学环境为教师和学生的工作和学习服务，从而促进自我发展和教育事业的健康发展。

提高教育教学管理信息化水平。高校教育教学信息化管理的目的是更好地发挥学校的功能，培育高素质的综合型人才，其管理水平也应与时俱进，得到相应提高。加强管理机制建设、加强管理队伍建设；加强教师队伍的信息化建设；加强管理队伍的信息化建设；制定并完善信息化政策与制度，加大政策的执行力度；建立有效的激励机制；建立科学的评价机制；建设适合学生学习的校级网络资源平台。各课程学生学习的视频教学资源、学生自我测评资源等平台。教师网络资源平台，包括师生互动交流的平台等。

抓好教育教学改革。包括课程改革、教法改革和评价改革。课程体系在国家标准下调整可行的选修课程和发展方向课程，以适应学生就业需要。教法改革主要是克服大学教学中的中学教学模式，应该注重课堂上让学生入门，并且学会学习，学会提出问题和解决问题，在课堂外要有学生自主学习和查阅资料解决的驱动学习的任务。因为毕竟大学课堂不是中学课堂，大学内容不是中学内容，实在课堂上未能完全解决的，要靠学生课外仔细研讨才能领悟，并且能够创新或提出问题等。而课程考核应该加大平时课堂和课外任务完成和参与情况的评价，不是期末死记硬背一些简单概念和一些基本题型等就可以基本合格的。

总之，“16 +2”下的教育教学管理，要以围绕学生为主体发展的教学计划和教学运行、教学评价相适应的教师发展和服务指导型的管理为主，结合具体的课堂教学活动和课外自主学习研究的任务驱动下的教学进行合理科学的管理，才能落实“16 +2”下的学分制，一切为了学生的发展出发的有效管理，也才能为学校飞速发展铺平道路。

参考文献

[1] 王江辉. 完善高校教学管理制度若干问题的理论研究 [J]. 福建师范大学学报，2003（5）.

[2] 彭宾. 提高高校教育教学管理信息化水平的策略思考 [J]. 长春理工大学学报：高教版，2010（1）.

[3] 王家钧. 现代远程教育教学管理模式构建 [J]. 中国电化教育，2005（5）.

[4] 江晓红. 提高高校教育教学管理水平的策略 [J]. 中国成人教育，2013（10）.

（作者系贵州师范学院数学与计算机科学学院教师）

试谈教学管理中存在的问题及应对措施

唐晓慧

教学管理通常采用一定的手段和方法，利用校内外资源和条件带领和引导教师来实现学校的工作目标；在经济知识化、信息网络化、学习社会化、教育素质化和竞争激烈化的形势面前，如何提高教学管理能力是一个不容回避问题。

一、存在的问题

信息化建设就整体发展状况来看显得滞后，高校教育教学信息化管理需要结合学校的发展目标和办学理念，进行科学的规划和布局。当前高校信息化建设普遍缺少全局性，没有战略眼光，没有从全局、全面、全员的角度去规划和构建高校教育教学信息化管理方案，建立的通常是比较分散的信息化管理系统，学校的各个部门各自为政，信息资源无法科学地整合和规划，给学校的信息化建设增加了前进的阻力。学校虽已意识到信息化建设对教学管理工作的重要性，但苦于存在下列问题。

1. 实用性强的教学管理软件开发不够

高校的教育教学软件通常是由聘请的外部专业人员来开发和设计的，由于设计者本身并不是学校的教育教学一线人员，没有教育教学的实际管理经验，对其具体的内在情况了解不多。同时，通常都是很多所高校使用同一套软件系统，使得软件的实用性比较低，不适合每一个学校的具体情况，达不到预期的管理效果和目的。

2. 高校信息化人才短缺

现代社会信息技术更新的速度很快，高校只有不断更新信息资源和信息技术，才能真正高效合理地进行教育教学信息化管理。目前，高校中信息化管理人才短缺，还需要一大批高技术人才来进行系统维护和更新、各种软件的集成和开发。各个高校中专门从事信息化技术的人员较少，一般只是日常维护网络的工作人员，不能真正地更新和普及信息资源和技术。此外，高校教师的信息素养也较低，很多教师不能适应信息化教育教学的要求，掌握不了新的信息资源的使用方法和操作程序，导致了利用率低、管理效果差的问题，使大量资源优势不能及时地转化为科研成果和教学成果，限制了学科教育的发展，也影响了学生的学习效果。

二、应对措施

1. 提高对信息化建设重要性的认识

高校教育教学信息化管理是历史发展的必然，是高校适应社会发展和自身发展的需要，高校领导要重视教育教学信息化建设工作，把这项工作作为学校工作的重要内容去抓，统筹规划、加强建设，加大资金投入和人员培训。统一管理学校信息资源，做到资源共享，及时更新信息资源和信息技术，使高校教育教学信息化发展做到效益最大化、利用充分化。

2. 加强信息资源的建设和利用

高校的教育信息资源建设是教育教学信息化建设的核心工作，也是学校信息化水平的标志，这是一项长期而又艰巨的工作。建立统一标准的数据库和优质的数据共享服务体系是高校教育信息资源建设的两大任务。为此，学校一方面要统筹规划全校的数据资源系统，统一标准，分级分层开发，科学系统管理。在开发教育信息资源的过程时，要依据国家有关网络教育技术的标准来进行，正确定义和描述各类数据库信息，按照网络教育技术标准，统一各级各类软件的信息编码和信息采集，使校内和校际间的教育信息资源能够得到共享并可以进行互换。另一方面要对已有的信息资源提炼整理，进行合理的分类，建立具有搜索功能的门户网站，网站内容可以分为管理、教学、科研等方面，使校内师生只要进行简单的操作就可以获得网站上的教育信息；同时高校还应该建立更高层次、范围更广的教育资源吸收系统，把一些高质量的图书馆和更专业的数据库资料吸收过来，在管理、教学、科研等方面为广大师生提供更加前瞻的、更加专业的资料。

3. 提高信息技术在教学管理中的实效性

高校教育教学信息化是为了提高教育教学的效率和质量。教育教学过程中应用信息技术一定要遵循教育规律，不能完全用信息技术手段来代替教师的作用，也不能完全依赖网络多媒体来提高学生的学习效果。学校应充分认识到信息化建设给教育带来的巨大影响和积极作用，同时也要注重对科学技术多元价值取向的研究。要做到既要积极探索现代信息技术对增进学生的学习效果和学习质量方面的作用，又要谨慎地对待信息技术应用中存在的负面影响。高校只有对信息技术进行有效、合理、充分的利用，才能更大限度地发挥对教育教学的推动作用。

4. 加强高校教师队伍信息化建设

为保证高校教育教学信息化管理工作的顺利进行，高校必须要建立一支技术过硬、工作认真、责任心强、符合信息化建设需要的专业技术维护队伍，以便能够及时解决处理网络、计算机设备等方面的故障。同时，信息技术人员要定期参加技术培训，不断深造学习，以更好地了解和掌握日新月异的网络信息资源和信息技术，提高工作效率，促进高校教育教学管理工作的正常进行。对于高校的教师，也要通过各种形式的培训和实践，更新教育观念，提升信息技术水平和能力，高校要为教师创造信息技术学习的条件，让他们积极主动地掌握先进的信息资源，学习信息技术，提高他们应用信息技术的能力。

总之，现代学校管理要素中的理念、战略、人力资本、知识、信息、技能都是无形资产，其中信息管理是尤为重要的，为此，学校应加强信息化建设的全局性，从全局、全面、全员的角度去规划和构建高校教育教学信息化管理方案，加强对信息资源的整合和利用，同时加强教师队伍的信息化建设。

参考文献

[1] 王麟娜．当前高校教学管理存在的问题及其对策［J］．教育探索，2011（3）．

[2] 牟悦．基于学分制的高校教学管理的研究［J］．华中师范大学学报，2004（4）．

[3] 郑宏．以人为本的高校教学管理问题研究［J］．山东大学学报，2008（9）．

[4] 赵菊珊．大学有效教学及教学管理的理念与思考［J］．中国大学教学，2010（1）．

（作者系贵州师范学院数学与计算机科学学院教师）

新形势下高校教学管理工作的思考

韦萍萍

近年来，我国现代化建设快速发展，高等教育规模持续扩大，高等教育体制改革不断深入，高等学校教学工作面临着许多新情况、新问题，任务更加艰巨。教学管理工作是学校教学工作的重要环节，在高校管理中占有重要地位，是保证教学中工作科学有效的重要手段。因此，如何提高教学管理的科学性是非常重要的研究课题。随着我国高等教育规模的扩大，高等学校的教学管理不断出现新情况、新问题。积极进行教学管理的创新研究，已成为新形势下加快高校教学改革、提高高校教学质量和人才培养水平的迫切目标，提高教学管理水平是高等学校生存与发展的根本问题。

作为高校一员，就教学管理的实施过程，有以下的思考：

1. 教学管理规章完善

教学管理的规章制度建设是一项重要内容，要从学校的发展规划、专业的发展来进行统一规划。科学制订有关教学计划和管理规章制度是实行教学管理制度化的前提。科学、规范的教学管理制度是提高教学质量的保证。根据上级教育主管部门文件以及结合实际情况制定的教学基本文件，存在一条最基本的教学文件链：教学计划—教学大纲—教学与考试管理文件。这一文件链反映了培养目标和教学过程的基本要求，是教学管理中最重要的管理规范。作为教学工作的基本依据和依法治教的基础，不断完善和执行教学基本文件应是教学管理工作的重点内容。通过制定科学、规范的管理制度，可以保证上级教育部门相关法规的严格执行，同时还可以强化教师的课堂意识，积极开展教研活动，提高课堂教学效率。在教学管理过程中，学校和各系部都应有意识地组织相关活动，使全校教职工都能充分认识到自觉贯彻执行各项方针政策的重要性，深刻认识学生培养目标。管理制度要全面、有序、实在，以规范教学行为。应注意的是，制度管理要与激励机制结合。严格规章，同时要注意导向，鼓励教师，特别是成名的教授、专家积极参与教学工作，对于既“勤”又有“绩”的教师要奖励。管理制度中不可设置过多的限制性条款，僵化制度的最大弊端是不利于优秀教师脱颖而出。

2. 更新教学管理观念

教学管理的改革和创新，不仅是管理手段的现代化，更重要的是管理观念的更新和管理思想的现代化。

由于受计划经济影响，传统的教学管理弊端日渐明显。主要表现为：强调计划的统一和学生的全面发展，注重共性的要求，忽视学生的个性发展、创新能力和综合素质的培养；强调约束、监督，忽视激励、引导；教学质量的监控偏重课堂教学，忽视实践实验环节的监控；管理制度强调规范性和可管理性，过于僵化，缺少激励机制，影响了师生的教和学的积极性。

教学管理改革的根本目的在于发展学生的创造力，培养创新型高素质人才。在人才观方面，应以创新精神、创业意识和实践能力作为衡量人才的标准，要求学生全面发展，同时鼓励个性发展；在知识观方面，不仅注重知识的积累，而且更加重视知识的综合和创新；在教育观方面，应该以人为本，确立受教育者的主体地位，突出培养人的独立人格，发挥人的创造性；在质量观方面，应该注重知识、能力、素质三位一体的全面质量观；在教学管理方面，促进学生从依赖性学习转向自主性、创造性学习，从组织传授灌输式教学转向参与式教学，考试考核的目的以单纯检验知识的掌握转向更多创新意识的检验、创新思维和实践能力的培育，学生的就业教育由择业就业转向转换职业自主创业。

3. 学习、运用先进的管理方法和手段

目前，高校教学管理中采用的目标管理是较为现代的方法。在教学管理中过多的过程干预将导致师生的逆反心理。采用目标管理是在教学过程开始之前就通过上下结合的方式合理地制订教学工作目标，并尽可能使之量化。将目标交给执行者，充分尊重师生的劳动和意见，由他们实行自我管理。最后进行成果评估，由教学目标实现程度作出公正的评价。

教考分离是目前完善考试制度、提高考试可信度的一项有效方法。教考分离要求教师必须按照教学大纲执行教学计划，避免教学的随意性和盲目性；同时也要求学生必须端正学习态度，全面掌握所学课程的内容。教考分离因为有一套严格的、规范化的操作程序，所以执行起来令人信服。以此来调动教与学两方面的积极性，达到真正提高教学质量的目的。

推行学分制。学分制是目前培养合格人才最科学的一种途径。学分制的教学管理有利于拓宽专业口径，加强基础理论，有利于素质和能力的培养；同时，学分制有利于调动学生的积极性、主动性、创造性，有利于优秀学生的培养，促使其早出人才，出好人才，有利于创造多层次、多形式的复合型人才的育人环境，适应社会对人才多样化的需求。

4. 科学的考核与评估

对教学实施有效的管理，应尽可能实行适度的过程控制与成果控制相结合，要进行科学的考核和评估工作。对日常教学工作进行经常性的检查与监督，是实施有效管理的必要手段。搞好教学评估，根据不同层次和类型的教学工作要求，科学制订评估指标，客观地评价工作状况，肯定工作成绩，发现存在的问题并指明应改进的工作方向，可以有效地促进教学工作水平和教学质量的提高。要正确运用奖罚手段，通过对教学工作的考核、评估，运用各种物质手段和精神手段对优秀者加以奖励，对造成事故者加以必要的处罚，使教学领域形成健康向上的良好氛围。

参考文献

［1］木合买提·瓦哈甫．高校学生考试作弊现象的原因及相应对策［J］．成功（教育），2010（5）．

［2］王忠萍．现代管理科学理论与高校教务管理工作［J］．松辽学刊：哲学社会科学版，2000（10）．

［3］蒋平．高校扩招后教学管理工作的现状、问题及其对策［J］．绵阳师范学院学报，2007（10）．

［4］刘嘉婕．大学教学管理过程中的冲突问题与研究［J］．大学教育，2014（5）．

（作者系贵州师范学院教师）

高校体育教育管理现状与对策研究

——以贵州师范院学院体育学院为例

杨昌美

贵州师范学院体育学院不但承担着学校的公体教学，还承担着全校学生的体质测量工作和学校各项体育活动的组织与开展工作，同时还承担着体育教育专业的各项课程。近5年来，体育学院在学科建设、专业发展、体育竞赛、精品课程开发、特色项目开展等工作上取得了不错的成绩，但是与省内外发展较好的同等体育院校相比还存在一定的差距，造成这些差距是有其客观和主观原因的。就其客观原因而言，体育学院正处在发展的初级阶段，各项基础设施还不够健全、不够完善。如从体育场地来看，目前学校能够使用的体育场地约为28591平方米，学生人均所占体育场地面积约为2.2平方米，体育场地的不足和体育设施的不完善，在一定程度上会影响体育教学的实施和课外体育活动的开展。另外，在管理方面，由于目前体育学院领导班子配备不齐，导致现有领导任务较为繁重，容易造成管理上的不够全面，在一定程度上也会影响工作的效果。就主观原因而言，主要在于在教学管理、教师管理、体育设施管理以及学生管理方面还不够完善。因此，为了更好、更快地促进贵州师范学院的发展，也为了促进体育学院能够更好地发展，体育学院必须加强对体育教育的管理。

一、体育学院体育教育管理的现状分析

随着体育学院招生人数和教学规模的不断扩大，教师数量的不断增加和体育设施的不断完善，体育学院旧有的体育教育管理制度和管理方法很难适合当前的体育教育管理的需要，这在近年来的体育教育管理的过程中也暴露出了一些问题。在体育教学管理方面，存在如公体教学内容的设置不够合理，专业理论课与实践课的学习和教师安排不够科学，专业学生出现轻理论、重

实践的现象。在体育教师管理方面，对教师的管理缺少适合的、有效的规章制度；在体育设施管理方面，存在管理不够到位，管理不够科学的情况，如在管理过程中，管理人员的管理意识不强，不能很好地根据教学所需，及时上报学院领导购买、增添、更新体育器材，对于损坏的体育场地和设施不能及时报修，给教学效果带来了一定的影响。在学生管理方面，主要包括对公体学生和体育教育专业学生的管理。对于公体学生的管理主要表现在对学生的课堂学习和课余体育锻炼要求还不够严格，不够重视对学生运动兴趣和体育锻炼意识的培养。对于体育教育专业学生的管理主要表现在对学生学习质量和学习效果上的要求不够严格，学生学习的积极性不够高，专业技能不强等。

二、改善体育学院体育教育管理的对策

1. 改善体育教学管理，提高教学质量

教学工作始终是学校的中心工作。体育教学工作是高校培养人才的中心工作，这决定了体育教学管理在高校工作中的重要地位。要想提高教学质量，体育学院就必须改善当前的体育教学管理。首先，要合理安排学校公体课的内容。教学内容可结合国家政策、社会需求、地域特色、学校体育设施、教师特点等来选择与开发，把开设特色课程和精品课程放在改善体育教学管理的首要位置。其次，要科学合理安排体育教育专业的理论课程和实践课程。理论课程的开设，注重让学生了解我国体育发展的历史、发展的趋势和国外发达国家体育发展的状况；让学生掌握心理、生理、运动相关的理论知识与方法等。实践课程除了开设传统项目以外，可以根据学校现有的师资条件和体育设施，结合社会需求、时尚要求开设体育舞蹈、户外运动、网球等专业课程。为了保证理论课程与实践课程的教学效果，要根据教师的专业特点和特长来安排授课教师。最后，要做好教学质量的监督与检查，制订相关制度。如制定教师教学质量评价办法、教师教学质量考核标准和管理办法等。

2. 加强教师队伍管理，提高教师积极性

加强教师队伍的管理，就必须要有健全的、规范的规章制度。随着体育学院教师队伍的不断壮大，以往的管理办法在一定程度上不适合体育学院教师管理的需求。因此，要想更加有效地加强教师队伍管理，体育学院就必须要根据学校要求和自身的实际情况，完善相关制度。如修订体育学院教师管

理工作条例、教研室主任工作职责及考核办法，制订体育学院教师激励机制等。加强教师队伍管理的目的在于提高教师工作的积极性和责任心，增强教师的凝聚力和团结性。

3. 完善体育设施管理，保障体育教育实施

充实的体育器材、完善的体育设备、安全的体育场地是开展体育教学与体育活动的必要条件。定时、定期清查和检修体育器材、体育场地，补充、完善体育设施等是体育管理中必不可少的工作。为了保障体育教学的效果和课外体育活动的安全性与娱乐性，体育学院可采用本学院具有一定管理水平的体育专业教师对各项体育设施进行管理，并要求管理人员对检查过程中发现的如器材不足、体育设施存在安全隐患等做好记录，并及时上报购买和检修。

同时，为了促进我校体育教育地更好实施，体育学院领导和专任教师要根据体育学院学科专业发展的需求，积极向学校和有关部门申请新建体育场馆和运动基地，如即将完工的体育馆和正在筹备建立的户外运动拓展基地、武术与跆拳道场地等对体育学院的教学、课余运动训练和课外体育活动的开展都将带来很好的正面影响。如果说体育设施是硬件，那么对体育设施的使用和管理就是软件，如何使体育设施资源实现效果最大化，创造出更多更好的“效益”，就要求全体师生要加强对体育设施的利用、管理与爱护。

4. 加强领导队伍的组织，提高领导的管理水平

领导的决策能力和管理能力决定着学院的发展速度与发展质量，基于体育学院领导配备不齐、管理还不够全面和不够科学的现状，体育学院必须加强领导班子的建设。领导班子的组建，建议通过老中青结合的模式进行，同时体育学院可根据实际情况，选拔本专业中能力强、工作态度认真、责任心强的中青年教师承担相关工作。为了使体育学院更好地发展，各位领导要不断提高自身的管理能力和管理水平，各位老师也要以主人翁的身份为学院的发展献计、献策、献力。

5. 坚持以生为本，加强学生管理

大学体育是对大学生进行体育教育的必修课程，对增强学生体质、培养学生终身体育意识有着重要的作用。加强学生管理不仅是学校各行政部门和辅导员老师的工作，也是各位体育任课教师的工作。体育教师对学生的管理主要集中在体育课的学习、课余运动训练和课外体育活动上，就公体课来说，公体学生每周一次体育课，作为体育教师不仅要教授学生体育知识与技能，更要注意培养学生参与体育运动的兴趣，体验体育运动的快乐。同时，还要激励学生根据自己的兴趣，积极参加学校体育俱乐部和体育社团，丰富学生的课余体育生活。在课后要布置好体育作业，要求学生加强课后体育锻炼，并以考查和考试的形式认真检查学生的学习情况。另外，2014 年出台的体质测量标准明确提出普通高等学校学生毕业时，体质测试的成绩达不到 50 分者按结业或肄业处理。这不仅对学生提出了要求，也对老师提出了更高的要求，意味着高校体育教师不仅仅是要给学生上体育课，教授体育知识与技能，而且还要重视学生的体质健康，强化学生参与课余锻炼。

对体育学院专业学生来说，体育教育专业的学生将来从事的工作主要是中小学的体育教师和与体育有关的工作，体育专业知识和技能作为他们将来谋生的重要手段，在学习的质量和效果上必须严格要求，教学中要注意培养专业学生的创新意识与实践能力。同时要加强对专业学生的课余运动训练和竞赛管理，并且还要加强对专业学生的思想道德教育，使体育学院培养的学生能够成为德才兼备的人才。

三、结论

体育学院作为贵州师范学院实施体育教育的主体部门，其对体育教学的管理和对体育教师、体育设施以及学生的管理将直接影响整个学校体育教育的发展。因此，在学校迎接本科教学评估的前提下，为保证学校本科教学评估能够顺通过，并为了促进我校体育教育的发展和进一步推动体育学院更好、更快地发展，体育学院各位领导和教师必须团结一致，齐心协力，坚持发现问题、解决问题，进一步改善体育教学管理，提高教学质量；加强教师队伍管理，提高教师积极性；完善体育设施管理，保障体育教育实施；加强领导队伍的组织，提高领导的管理水平；坚持以生为本，加强学生管理。

参考文献

［1］毛红英，李梅娟，邓逢明 . 21 世纪高校体育教学管理研究［J］. 皖西学院学报，2005（10）.

[2] 杨静秋．现代高校教学管理制度优化探讨［J］．科技风，2015（1）．

[3] 新浪教育．国家学生体质健康标准（2014 年修订）［EB/OL］．http：//edu. sina. com. cn/l/2014 -07 -22/0807245635. shtml.

（作者系贵州师范学院体育学院教师）

贵州师范学院公体课教学管理改革研究

李延武

贵州师范学院于2008年由贵州教育学院成功转制为普通本科院校，二级学院"体育学院"于2009年8月正式成立，属于一个全新的学院。在学校快速发展、迎接本科院校合格评估的过程中，体育学院各项工作的管理水平也随着学校发展的步伐水涨船高。公体课作为面向全校学生的公共课程，其教学管理模式在短短的几年当中经历了"粗放式管理模式""相对规范化管理模式"及"科学化管理模式"的改革过程。公体课教学管理模式的改革过程虽然仅仅是学校快速发展过程中的沧海一粟，但通过这一粟我们不难看出学校各项管理工作不断完善、不断进步的发展趋势。

一、贵州师范学院公体课三种管理模式介绍

1. 粗放式管理模式

贵州师范学院体育学院于2009年8月成立。成立之初的体育学院仅有教师10余名，不仅要承担全校的公体课，更要照顾到2009级体育教育专业的专业课程。由于人力和精力有限，因此，公体课管理相对松散。具体表现在以下几个方面：由于学校刚转制成功，学生少，公体课的排课相对容易，没有与其他公共课一起形成翔实的管理制度，公体课的上课时段没有严格确定；课程设置相对简单，2009年的公体课只开设了足球、篮球、排球、健美操、武术几个项目，学生的选择面相对狭窄，没能充分照顾到学生的体育需求；公体课上课场地没有进行统一的安排，天气正常时，公体课在球场及田径场进行，遇到恶劣天气时，公体课上课地点不固定，给监管造成一定困难；公体课成绩评定制度不完善，虽然有详细的评分标准，但在实际打分的时候，学生的出勤和课堂表现所占比例较大，学生的分数普遍较高，没能充分体现出公共体育教育的严肃性。

2. **相对规范化管理模式**

从2013年开始，随着招生规模的不断扩大及专业教师数量的扩充，公体课教学成为了一项必须认真而严肃面对的教学工作。各项制度逐步健全，排课、上课、场地安排趋于规范。具体体现在：作为全校学生的公共必修课，教务部门在安排课程时对公体课进行了优先考虑，授课时间相对固定，便于体育学院统筹安排体育教育专业的课程与公共体育课；随着体育学院专业教师的增加，公体课教学内容更加多样化，学生的选择面更宽泛；上课场地安排逐步纳入到了管理工作当中，每名教师的上课地点都相对固定，便于教务处和体育学院开展检查工作。公体课成绩管理趋于规范，评分相对严格，评分标准逐步统一，学生的期末成绩更能反映出其真实水平。

3. **科学化管理模式**

2014年，学校的各项工作更加规范化，公体课的管理也必须跟上学校快速发展的步伐。在学校一级督导的认真调研之后，公体课拟采用科学化的管理模式。科学化管理模式根据学校的场地设施、体育学院专职教师数量及教育部有关公体课相关要求，从几个方面对公体课的管理进行了科学化的管理改革：第一，教务部门对公体课和其他公共课进行优先安排，并且各学院公体课的时间安排可以在一天之内平均分配，比如文学院第一学期安排在第一二节，第二学期可安排在第三四节，第三学期安排在第五六节，第四学期安排在第七八节。公共课提前安排之后，专业课就可以在此基础上较轻松地实施。第二，课程设置以现有的场地设施和国家对公体课的相关要求为依据，设置15个体育项目供学生选择，教师安排依据各人的专项，择优选派。第三，由于学校的场地设施是有限的，因此每个时间段的上课班级数量需要加以控制。而在每个时间段上课学生总数量一定的情况下，班级人数的规模同样需要重新设定（每班不少于30人）。第四，根据学生的实际水平，公体课班级分设普通班和提高班，尽可能保证所有同学都能感受到体育课的魅力。第五，根据学生的身体状况，公体课安排了保健班，为不便于剧烈运动的学生提供了方便。第六，课程进度和成绩管理按照教学大纲严格执行。

二、贵州师范学院公体课教学管理模式变更原因分析

1. **专业教师逐渐增多，分工细化成为可能**

2009年8月，贵州师范学院体育学教师仅10余名，各人所涉及的专项数

量有限，同时，体育教育专业的课程更要投入大量的精力。因此，当时的公体课课程设置相对较为简单，只安排了三大球及健美操和武术几个项目。由于项目有限，而学生的需求相对较多，这就形成了需求与设置之间的一对矛盾。但在当时的师资条件下，这样的课程设置也体现了从实际出发的原则，也是不得已而为之。2009 年之后，随着学校的快速发展，体育学院的教职工数量以每年 10 人左右的速度逐年增加。在教师的数量及专项逐步增多的情况下，公体课的课程设置亦相应发生了变化，每名教师可以根据自己的专项进行公体课的教学，而不至于教授自己不擅长的项目。

2. 学校由跨越式发展逐渐转向内涵式发展

学校从成人高校转为普通本科院校之后，经历了一个相对较长的快速发展期，学生数量从 5000 名迅速增加至 13000 多名，教职工从几百名增至 1000 多名，普通本科专业已经发展到 37 个。在学校的跨越式发展阶段，各项管理工作处于相对滞后状态，各二级学院的管理工作亦如此。当学校从跨越式发展阶段转为内涵建设阶段之后，管理工作也开始了日新月异的变化。

作为二级学院，体育学院的公体课教学管理工作在学校教务处及质评办的领导之下，各项管理制度逐步完善，课程设置趋于合理，成绩管理逐步严格，课堂常规逐渐规范。同时，为了配合将要面临的本科教学合格评估，学校组织了督导队伍。质评办领导一级督导开展工作，一级督导带领二级督导深入教学第一线。督导人员在针对公体课大量调研工作的基础上发现了一系列问题，并逐一进行可行性论证，提出了有针对性的改进措施，直至形成了科学化的管理模式。

三、贵州师范学院公体课“科学化管理模式”的特点及优越性

1. “科学化管理模式”更贴近实际

首先，公体课作为公共课提前进行安排，这是必然选择，是体育学院安排专业课的前提和基础。同样的道理，全校的公共课都应提前安排，这同样是其他二级学院安排本学院专业课的前提和基础。其次，各学院 4 个学期的公体课平均分散在第 1 ~ 8 节，这是我校在高校公体课安排方面率先提出的改革措施，充分体现了教育公平的原则，容易得到其他二级学院的拥护和响应。最后，公体课根据场地设施和国家相关规定进行课程设置，既做到了一切从实际出发，又符合理论联系实际的原则。

2. “科学化管理模式”更能突出专项特点

“科学化管理模式”把公体课授课内容设置为15项，既符合国家对公共体育课所做的相关要求，又联系了学校场地设施和体育学院教师的实际情况。安排教师上课能够充分照顾到老师的专项，尽可能地保证每名教师的特长和教学特点。“科学化管理模式”的实施将有利于教师专业的发展，因为教师们每年教授同样的课程，专业技能水平和教学水平都可以得以持续提高。同样，学生在公体课中的收获也将在教师授课水平不断提高的前提下水涨船高，成为最大的受益者。

3. “科学化管理模式”更容易调动起老师和学生们的积极性

相对于之前的管理模式，“科学化管理模式”根据体育学院教师的特长和意愿进行公体课的课程安排，充分考虑到了教师的实际情况，符合老师们的需求，因此，容易调动起教师的积极性。同时，“科学化管理模式”根据学生的实际情况安排普通班和提高班，这样的安排照顾到了学生的实际情况，符合学生的需求，也利于学生上课积极性的提高。另外，教学水平相近的老师同时上课以及“普通班”和“提高班”的设置给上课的老师施加了一些压力，相应地也给其提供了些许动力。因为相对而言，给“提高班”上课更能体现出老师的价值和水平，而保健班的设置更能让学生体会到学校对他们的人文关怀，保护了他们接受体育锻炼的权利，并且保健班的课程内容设置更便于学生的康复，得到了保健班学生的一致认同和拥护。

四、结语

教学质量是学校发展的生命线，教学管理工作是学校常抓不懈的常规工作。同时，为了使教学管理工作得以更高效地开展，教学管理改革也将伴随学校的发展永无止境地进行下去。作为全校公共课中的一份子，公体课的教学管理改革工作将在学校的统一领导下持之以恒、勇往直前，用更加科学的管理方式收获更佳的教学管理效果，为学校的发展增砖添瓦，贡献出体育学院的一份微薄之力。

参考文献

［1］教体艺〔2002〕13号．全国普通高等学校体育课程教学指导纲要［EB/OL］. www. moe. edu. cn/publicfiles/business/htmlfiles/moe/moe－28/201001/80824.

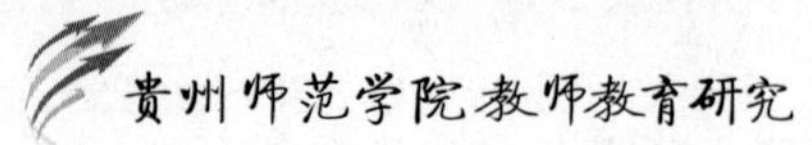

html.

[2] 夏力. 安徽省高校公体课新兴体育项目开发现状与对策研究 [J]. 四川体育科学，2008 (9).

[3] 彭亮，阳运刚，杨明发. 中国普通高校公共体育课改革探析 [J]. 西安体育学院学报，2005 (12).

[4] 徐义良. 对公体课成绩评定的思考 [J]. 中国体卫艺教育论坛 2009 (1).

（作者系贵州师范学院体育学院教师）

贵州新建本科院校物联网专业应用型人才培养模式研究

崔忠伟　左　羽　肖宏治

1999 年，美国首次提出了物联网，并指出“物联网是下一个世纪人类面临的又一个发展机遇”。2009 年，奥巴马就任美国总统后，将新能源和物联网列为振兴美国经济的两大重点产业。2010 年 3 月，在第十一届全国人民代表大会第三次会议上，温家宝总理提到：大力培育战略性新兴产业，加快物联网的研发应用。2012 年，工信部发布《物联网“十二五”发展规划》，规划指出：到 2015 年，我国要初步形成创新驱动、应用牵引、协同发展、安全可控的物联网发展格局，需要加大力度培养各类物联网人才。

物联网及其相关产业的竞争归根结底是技术和人才的竞争，物联网技术的大规模产业化，必然需要大量的技术人才。据国家信息产业部预测，2013—2016 年，我国从事物联网的新型 IT 人才需求将达到 60 万 ~ 100 万人，而现有能满足社会需求的技术人才还不足 20 万。迄今为止，全国已经有超过 100 所高等院校开设了物联网专业，但是，人才培养数量仍然不能满足社会需求。

一、贵州本科院校物联网专业应用型人才培养现状

从国内已经开设的物联网专业及专业知识体系和课程规划来看，各大知名高校几乎都结合自身的历史积淀及办学优势，制定了相应的物联网专业人才培养模式。

目前，贵州省内已有多家高校开设了物联网专业，立足于培养应用型人才。贵州省地处西部，经济、教育等方面均落后于大多数省份和地区，省内本科院校的办学条件完全无法达到发达地区高校的水平，很难借鉴发达地区高校的办学经验。因此，贵州本科院校想要培养出满足社会需求的物联网专

业应用型人才是摆在面前急需解决的问题。

贵州师范学院作为新建本科院校，必须把物联网专业的建设坚持与地方经济发展相结合，认清自身的优势所在，在广泛调研的基础上，充分运用有限的资金，打造切实可行的物联网专业应用型人才培养模式。

二、物联网专业应用型人才培养模式

1. 人才培养目标定位

重理论：强化数学理论、程序设计基础理论；强化专业基础课程学习。强实践：由浅入深系统设置了实践课程，同时注重在实践中鼓励学生积极参与项目的设计和开发，培养学生的实际动手能力。培养具有较高专业素养、科学素养和人文素养，较好地掌握物联网技术包括硬件、软件与应用的基本理论、基本知识和基本技能，具有责任感、创新精神、服务意识，基础扎实、知识面广、实际能力强，能在科研院所、生产厂家、系统集成公司、党政军机关和企事业单位从事物联网产品设计开发、建设和应用维护的高素质应用型专门人才。

2. 面向社会需求的人才培养课程体系

根据专业人才培养目标，由学院学术委员会组织校企双方专家剖析计算机科学与技术专业的岗位需求，确定具有代表性的工作任务，对典型工作任务进行整合，转化为面向工作过程的教学任务，达到教学计划共订、资源共享、基地共建、教材共编、学生共同培养的目的，形成“面向市场、校企合作、协同培养、工学结合”人才培养模式的新课程体系，课程分为通识课程、专业课程、综合实践课程、素质拓展课程，其中专业核心课程包括：物联网工程导论、高级语言程序设计（一）、高级语言程序设计（二）、数据结构、电路分析基础、计算机网络、通信原理、传感器技术、射频识别技术、无线传感器网络、嵌入式系统及应用等。

“3+1”分阶段培养：一年级强调工科理论基础，培养算法及程序设计基本技能；二年级侧重专业基础，培养应用开发基本技能；三年级侧重专业方向，分类培养综合应用开发能力；四年级侧重专业实践，进入企业实习或参与教师的项目研发，进行工程训练培养职业技能。

3. 双师型师资队伍建设

既通过优惠政策，打造绿色通道引进高层次人才，又注重对在校教师的培养。

结合《贵州师范学院青年教师实践锻炼培训实施办法（试行）》，明确要求物联网专业教师必须在物联网技术企业参与研发一年以上，申请专利或软件著作权等成果，总结实践成果并紧密结合自身和专业发展，提出专业建设、课程建设、教学改革等方面的建议，并提交学院学术委员会审议。同时，鼓励教师报考博士研究生，鼓励中青年教师利用进修机会提高学识水平。

教授、副教授培养。鼓励科研能力强的教师积极开展科研项目申报与科研水平提升培训项目，并帮助、带动其他中青年教师提高科研意识和水平。

教学“一帮一”。每年组织一批教学骨干和教学能手，以老带新，结对“传、帮、带”，教学上以教研室为主导，实行集体备课、评课等制度，帮助青年教师特别是新进教师过教学关，站稳讲台。

4. 教学实验中心建设

两次获批中央财政支持地方高校发展专项资金，建成了设备先进完善、软件配套、功能齐全、管理科学的教学实验中心，拥有电路与电子技术实验室、通信实验室、计算机硬件技术基础实验室、物联网工程实验室、软件工程实验室、三维设计与机器人设计实验室、网络工程实验室、信号与系统实验室、无线传感器网络实验室、嵌入式系统实验室、网络综合布线实训室、网络安全实验室等，设备覆盖所有专业课程。同时，配备了智能家居实训系统、智慧物流实训系统，使学生在实训中实现对物联网综合技术应用的理解，并在此基础上进行研发和创新应用。

教学实验中心为提高本专科学生实验技能、科学素养和创新能力提供理想的场所。有利于培养学生的计算机网络技术、数据处理、多媒体技术、应用数学、软件设计、硬件设计、信息分析的实验能力和信息处理与运用、综合分析问题与解决问题的能力，培养逻辑抽象思维、综合思维和科学研究的素质，使人才培养的质量更能适应经济社会发展的时代要求。

5. 教学方法改革和教学质量管理

采取多重举措，调动教师的积极性，激励广大教师提高教学质量。定期开展“教学技能比武”“教学成果奖”“优秀教案评比”以及各类教学专项活动，激励引导广大教师致力于提高教学质量。

灵活运用探究式、案例式、项目驱动式、研究性教学等先进教学方法，调动学生自主学习积极性，激发学生潜能。恰当运用现代教育技术手段搭建的一系列平台，如“教学论坛”“校企合作”“竞赛机制”等，将学生的实践能力和创新能力的培养纳入课程体系。

建立健全专业教师、学生、企业三方定期会谈制度。每学期进行1~2次由教师代表、学生代表、企业代表组成的座谈会，畅谈在教与学的过程中遇到的问题和解决方法；提出对专业教学的意见、建议；教学经验总结、学习体会等。

完善教学日常监控，主要监控点覆盖教学全过程。日常监控活动与教学运行周期相吻合，从不间断；有检查，有反馈，形成管理闭环。做到教学文件审核有程序、教学实施有督导、结果评价有考核。

健全学生在企业实习时的成绩评定管理。实习成绩由学校带队教师和企业给学生安排的指导教师共同确定，并且成绩评定以企业的指导教师为主。

积极开展教学评价方式改革。选取部分专业课程开展考试改革试点，运用灵活的考核方式，将口试（答辩）、小论文（设计）、调查报告、课程论文和操作等纳入考核体系，将学生学习情况评价分解到课程教学的整个过程中；实践性较强的课程采用技能考试；部分课程试行教考分离。通过改革和实践，改变过去“一考定成败”的学习评价模式，重视学生个性发展，强化培养学生分析问题、获取信息、归纳整理的能力。

6. 项目驱动式工科教育培养方法

改革专业课授课方式，从教师“填鸭式”教学为主向教师辅导为主方式转变。在教学过程中，重视“启发式”教学、“讨论式”教学和“分层次”教学，重视不同个体的个性特征和认识特点，注重因材施教，具体采用如下方式：

首先，依托贵州省教育厅批准的科研平台“贵州省高校工业物联网工程技术研究中心”、贵阳市科技局批准的科研平台“贵阳市工业物联网工程技术研究中心”，以教师的实际科研项目或企业项目为驱动，使学生全程参与到项目的研发之中，培养学生科研和项目开发的能力。

其次，鼓励学生参加全国大学生机器人大赛、全国大学生电子设计竞赛等各类竞赛，培养大学生的实践创新意识与基本能力、团队协作的人文精神和理论联系实际的学风。

最后，要求中级职称以上教师需指导学生积极申请大学生科研课题、大学生创新创业训练项目等，培养学生的科研能力和创新精神。

三、结论

大力发展应用型本科教育能够促进中国经济社会发展。当前，国内多数应用型本科院校都存在人才培养与社会需求脱节的问题，贵州新建本科院校尤为如此。本文以贵州师范学院物联网工程专业为例，设计并实施了面向社会需求的应用型人才培养模式，取得了一定的成效，获得《解放军报》《贵州日报》《贵州都市报》《贵阳晚报》、贵州新闻联播等新闻媒体的报道，为今后的教育教学工程打下来良好的基础。

参考文献

[1] 王志良，闫纪铮．普通高等教育物联网工程专业规划用书：普通高等学校物联网工程专业知识体系和课程规划［M］．西安：西安电子科技大学出版社，2011.

[2] 教育部高等学校计算机科学与技术专业教学指导委员会．高等学校物联网工程专业实践教学体系与规范（试行）［M］．北京：机械工业出版社，2011.

[3] 马勇赞．以“体系架构”为核心的物联网应用技术专业课程体系的探索［J］．科技视界，2015（3）．

[4] 林健．“卓越工程师教育培养计划”质量要求与工程教育认证［J］．高等工程教育研究，2013（6）．

[5] 李媛，方建军，龙浩．面向“应用型”人才培养的物联网工程教学体系探索［J］．物联网技术，2014（1）．

[6] 韦宗发．新建地方应用型本科院校课堂教学改革探究［J］．教育教学论坛，2014（44）．

[7] 陈国松，许晓东．本科工程教育人才培养标准探析［J］．高等工程教育研究，2012（2）．

[8] 刘印房．地方应用型本科高校内涵建设的导向及策略［J］．黑龙江高教研究，2012（8）．

[9] 黄瑜岳，常晋义，许秀兰．物联网工程专业应用型人才培养模式研究［J］．计算机教育，2012（23）．

[10] 左远志，蒋润花，杨小平．以创新设计为导向的 CDIO 工程教育培

养模式［J］．东莞理工学院学报，2010（3）．

［11］胡志刚，任胜兵，陈志刚，等．工程型本科人才培养方案及其优化——基于 CDIO－CMM 的理念［J］．高等工程教育研究，2010（6）．

［12］顾佩华，沈民奋，李升平，等．从 CDIO 到 EIP－CDIO——汕头大学工程教育与人才培养模式探索［J］．高等工程教育研究，2008（1）．

［13］查建中．论“做中学”战略下的 CDIO 模式［J］．高等工程教育研究，2008（3）．

［14］顾学雍．联结理论与实践的 CDIO——清华大学创新性工程教育的探索［J］．高等工程教育研究，2009（1）．

［15］徐克明．地方应用型本科院校人才培养路径探析［J］．国家教育行政学院学报，2011（11）．

（作者系贵州师范学院数学与计算机科学学院教师）

贵州师范学院数学教育专业教学团队建设实践探索

李艳琴　肖宏治　梅俊雷

一、团队建设的需要与迫切性

数学教育专业自 1982 年开设以来，至今已有 30 年的历史。贵州师范学院数学与计算机科学学院（以下简称数计学院）自 2009 年开始招收数学与应用数学专业本科生，主要服务于中小学数学教育和信息技术教育。经过几代人的共同努力，数计学院数学教育专业在教学和科研方面虽然取得了一定的成绩，但是社会的高速发展对教育提出了更高的要求。目前，我国全面推进课程改革，高度重视教师专业发展，因此，对师范生的培养备受关注。

数学教育专业作为一个综合性学科，在国内也在近十多年才逐渐发展起来的，因此，能够为数学教育专业授课的教师并不多，截至 2014 年，数计学院的教师只有两位是数学教育专业出身，部分数学教育专业课程是由其他数学教师或者外聘教师授课，对师范生的培养或多或少有些不良影响。为了提高教学质量和培养更多的优秀师范生，数计学院迫切需要成立一支以服务基础教育为目的，以数学教师教育为核心，以跨文化数学教育为研究特色，以数学创新教育为研究重点，以科研和教学相互支撑、相互促进为团队运行机制，并在省内数学教育领域颇具影响力的专业教学团队。

二、团队构成

数计学院新招聘了两名数学教育专业出身的教师，已逐渐形成一个教学团队。目前，本团队是一支老中青结合的师资队伍，现有团队成员 5 人。其中，教授 1 名、副教授 2 名，在职攻读博士学位教师 2 名。团队教师教学效果好，在学生和教学督导的评教中，教师的教学满意（优、良）率平均为97%。团队目前已形成较为合理的职称结构、学历结构、年龄结构、学缘结构，富有活力，具有良好的专业素质和较高的教学水平（见下表）。

数计学院师资力量表

序号	姓名	出生年月	性别	学历	职称	高校教龄（年）	讲授的课程（学时/年）及承担的主要工作
1	肖宏治	1963.04	女	本科	副教授	30	数学分析、复变函数、初等数学研究、数学教育概论
2	李艳琴	1982.09	女	研究生	副教授	5	数学分析、初等数学研究、数学教育概论、中学数学课堂教学技能训练
3	夏顺友	1968.01	男	研究生	教授	6	初等数学研究、数学教育概论
4	张雷	1985.10	女	研究生	助教	2	数学教育概论，中学数学研究、微格教学
5	梅俊雷	1990.03	男	研究生	助教	1	数学分析、中学数学课程标准解读与教材分析、中学数学研究

三、团队实践探索

团队立足人才培养目标，瞄准社会需求，分析专业和行业现状，始终注重将人才培养与科学研究紧密结合，追踪学科前沿，高度重视教学工作，积极开展教学改革，努力将科研成果与资源转化成优质的教学资源，优化课程体系，更新教学内容，建设精品课程平台，高质量地承担和完成了相关课程和科研工作。

（1）开设数学教学论相关课程系统。本团队在数学教育专业开设以基础课程、专业课程和选修课程为模块的系列课程：专业基础课程模块包括大学物理、高等代数、数学分析、解析几何、近世代数、常微分方程、复变函数、概率论与数理统计、数值方法、实变函数、高级语言程序设计；专业发展课程模块包括数学实验、离散数学、数学建模、线性规划、点集拓扑、数学史、泛函分析、微分几何、计算机网络基础、数据结构；专业技能课程模块包括心理学、教育学、微格教学、数学教育概论、普通话、三字一画、现代教育技术、中学数学研究、竞赛数学；实践课程模块包括军事训练、社会实践、教育实习、教育见习，重点针对中学数学研究、数学方法论、竞赛数学、中学数学课堂教学技能训练、数学思维与解题研究、数学教育概论、中学数学教学研究、微格教学、数学史以及多媒体教学软件设计与开发等。

（2）教研与教改研究深入：近 3 年来，团队组织教学改革专题研讨数十次，申报厅局级、校级教改项目 7 项，邀请国内知名专家，如杨乐、吴文俊、陆汝钤、张景中院士和国内外数学教育知名专家香港大学梁贯成教授、西南大学宋乃庆教授进行学术讲座，积极推进团队的教研实践与学术研究工作。同时，团队始终坚持以提高教学质量为主线，将优质的教研成果转化为教学资源，运用于教学工作，使教学和科研互为依托，相互促进。

（3）创新性改革措施：本团队针对数学师范生在教师专业素质养成中普遍存在的重“纯粹的数学知识”与轻“作为教学内容的数学知识”、重数学解题能力与轻数学教学技能的现象，组织学生开展了“教学见习”“微格教学”和“模拟教学”，以及现代化的信息技术在数学教学中的应用等活动，将学生的教学技能训练与日常的学习生活进行了有机结合，提高了学生对数学教学的感知、体验和参与，培养了学生观察、分析和解决数学教学现象和问题的能力，促进了学生数学教学知识和技能的发展，对提高教学质量起到了积极有效的作用。另外，本团队针对数学教育专业课程进行分模块、分阶段教学。如《中学数学课程标准解读与教材分析》课程，根据目前学段分为小学、初中和高中 3 个阶段，相对应有义务教育和普通高中的数学课程标准，以及不同阶段的教材，小学阶段内容授课由团队中的李艳琴老师负责，主要讲授义务教育数学课程的理念、目标与结构；小学数与代数、空间与图形、统计与概率、实践与综合应用的内容与要求；小学数学教科书内容结构和教学结构小学数学教科书例析。初中阶段由肖宏治老师负责，主要讲授中学数与代数、空间与图形的内容与要求；中学统计与概率、实践与综合应用的内容与要求；中学数学教科书内容结构；中学数学教科书教学结构；中学数学教科书例析。高中阶段由夏顺友和梅俊雷老师负责，主要讲授普通高中数学课程的理念、目标与结构；普通高中数学代数内容与要求、教材分析；普通高中数学几何内容与要求、教材分析；普通高中数学统计与概率内容与要求；

普通高中数学统计与概率教材例析。对同一课程，不再全部由一位老师讲授，而是根据内容的不同，让最熟悉此内容的教师来授课，以达到教学效果最优化。

四、团队建设规划

1. 优化团队结构

鼓励科研能力强的教师积极进行科研项目申报与科研水平提升培训项目，并帮助、带动其他中青年教师提高科研意识和水平。并计划在未来三年有1～3名教师被评为教授，1～2名教师评为副教授。鼓励教师报考博士研究生，鼓励中青年教师利用进修机会提高学识水平。近3年来，本团队已有2名教师在职攻读博士学位。学历的提高将大大提高本团队的科研能力。同时，本团队计划在未来进一步优化专业结构与学历层级，计划再鼓励1名教师报考博士。适当考虑引进数学教育专业硕士、博士1～2名。通过教学“一帮一”计划，每年组织一批教学骨干和教学能手，以老带新，结对“传帮带”，教学上以教研室为主导，实行集体备课、评课制度。帮助青年教师提高教学水平，争取未来3年有1～2名教师成为校级教学名师。

2. 提高团队综合水平

根据学校专业建设规划与本学院专业发展要求，本专业教学团队高级职称教师100%到本科班担任课程教学工作。同时，团队内课程分担相对固定，提高了团队成员对于所承担课程的教学内容、教学方法、教学手段的把握与科学运用，鼓励和资助团队骨干教师外出学习与进修，进一步提升其教学水平和学术视野，教学效果将逐步提高。在学生评教活动中，团队成员的辛勤付出与刻苦钻研得到了学生的首肯与赞扬，力争逐年提高各门课程考试合格率和优秀率。另外，通过进一步提升团队成员职称级别，计划在未来三年有1～3名教师被评为教授，2名教师评为副教授；鼓励教师积极申报国家级、省部级、厅局级以及校级等纵向科研项目，夯实基础，努力提高本团队的学术水平与氛围；鼓励教师主编、参编各类教材，特别是“十二五”规划教材和数学教学论相关的教材；完成1～3门课程的网络精品课程平台的建设工作，努力提高本团队的教学、科研与管理水平，进一步提高本专业的教学质量与教学改革推进、优化工作。

3. **提高团队的影响能力**

本团队将大力提倡教学成果的推广与转化工作，将积极参与学校教师培训中心安排的各项教师培训工作，积极与中小学建立长效教研合作机制，夯实合作内容与形式。同时，把完成的各类教改项目、科研项目及时、准确地运用到教学之中，让各类成果迅速、通畅地转化为教学实践。

参考文献

[1] 解玉鹏. 高校教学团队建设研究 [J]. 湖南大学学报，2010（4）.

[2] 齐巍娜. 高校教学团队建设的理论依据与策略分析 [J]. 西安工业大学学报，2010（6）.

[3] 李运庆. 高校教学团队建设的主要方法与途径 [J]. 当代教育理论与实践，2012（8）.

[4] 李均立. 浅析高校教学团队建设的问题与对策 [J]. 黑龙江教育：高教研究与评估，2011（9）.

（作者系贵州师范学院数学与计算机科学学院教师）

历史学应用型人才培养的点滴思考

申满秀

21 世纪历史学研究呈现出研究领域迅速扩大、学科领域广泛交叉、历史学的功能不断拓宽等现象。面对这样的现状，高等学校要培养出什么样的历史学人才，怎么培养历史学人才，成为我们亟待思考的问题。

一、历史学应用型人才培养的时代背景

为培养适应 21 世纪需要的历史学专业人才，以塑造适应经济和社会发展需求、具备历史学基本素养、能够明确发展方向、找准发展平台的应用型人才，我院在一系列领域进行了有益探索，对原有课程体系进行调整和完善，重视基础学习和能力培养，建立更加科学完善的历史学新课程体系；通过加强教学实习环节，培育和建设实习基地，全面提高学生的实践能力和创新能力；通过着力引导和鼓励学生参与学术研究活动，提高学生学术活动的水平，培养大学生的历史学科研技能和素养。经过几年的不懈努力，历史与社会学院逐渐摸索出了在新转制的普通本科院校如何培养和造就高水平历史学人才的新思路，并且在实践中取得了一定成绩。

历史学是一门传统的人文学科，肩负着为国家培养具有较高的文化素养、较深厚的专业知识和相关知识、较高的理论素养和抽象思维能力、卓越的问题意识和创新意识、能够初步掌握教师的基本技能，为成为一名合格的适应地方基础教育工作的人民教师的责任。

为使学院学科专业人才培养方案进一步适应培养目标的要求，学院在教务处的统一安排指挥下，多次对教学计划、教学大纲进行了系统修改和完善，在学科专业人才培养方面积累了一定经验，为历史学人才培养模式的构建奠定了基础。

为实现上述人才培养目标，必须一方面继续发扬学院注重历史学基础知

识和基本技能培养的优良传统，另一方面也要顺应时代发展，培养综合素质高、具有创新精神、可从事相关学科及交叉边缘学科的基础研究和相关领域实际工作的高素质应用型人才。根据学校“两型两性有特色”的发展定位目标，历史与社会学院将自身发展定位目标确立为“建设一支具有高水平教学、科研能力，能够留得下，服务地方基础教育的教学工作者。”

在长期的办学过程中，我院形成了“以社会需求为导向、以学科建设为基础、以基础学科专业为依托、以课程建设为核心”的专业建设指导思想，为下一步申报硕士点奠定了基础。2011 年年底到 2012 年年初，历史与社会学院根据学校要求，对原有的教学计划进行了调整和完善。教学计划中增加了培养应用型人才所必备的实用性知识。如在专业课程设置上，我院人才培养方案紧紧围绕两大板块设计，一是基础教育所需的以两门通史为核心的专业知识体系；二是满足学生多方向就业所需的适用性课程，如《申论》《公共礼仪》《公文写作与处理》《秘书学概论》等。

二、历史学人才培养模式改革的措施

为了建设新型历史学人才培养模式，实现在课程体系、教学实习、科研能力等领域的变革，学院采取了稳步推进的步骤和行之有效的方法。

（1）制定和完善教学管理制度，强化教师队伍建设。近年来，学院先后制定了《教师请销假制度》《青年教师导师制度》《教学中期检查制度》等，通过制度建设完善教学管理，严格教师教学行为。根据青年教师导师制度，学院为新进校的青年教师配备有经验的老教师进行一对一的指导，使他们尽快熟习教材，充实教学内容，掌握教学技巧，提高教学水平。

（2）严格执行教授、副教授上讲台制度。学院认真贯彻教育部 2000 年 4 号文件的精神，严格执行教授、副教授上讲台制度。我院教授、副教授参与本科生教学工作的比例达到 100%；教授、副教授开课数占全院总开课数比例的 65% 以上。

（3）严格执行学院领导听课制度。学院制定了院长、副院长及教研室主任听课制度，规定上述人员每学期必须听课 5 次以上，并将听课结果向授课教师及时反馈。

（4）制定本科生“导师制”，提早介入指导学生毕业论文（设计）。毕业论文（设计）的开题和答辩由学院组织统一进行；规定论文指导教师在学生确定了论文题目之后到论文完成之前，至少要面对面对学生进行 3 次指导；论文至少要修改 1 次；发现论文下载抄袭的情况，由指导教师对学生进行严厉批评，要求学生重新写作论文，如第 2 次发现毕业论文仍然基本上是抄袭下载的，该生的毕业论文成绩为零，并不准重写。如毕业论文指导教师未发现抄袭、下载情况，而由学院组织的毕业论文复审小组发现，学生重新写作论文，指导教师酌情扣发津贴，并在职称晋升等方面酌情考虑。

（5）对教学培养模式的实践探索，以推动教学体系的改革。我院正在根据教育部历史学科教学指导委员会最新的专业规范指导意见稿有关规定，结合我院历史学（文化产业方向）、档案学本科教学体系的实际情况，进行探索和实践。

（6）积极探索课程建设，逐渐形成以通识课程、专业课程（专业基础类、专业核心类、专业发展方向类）、综合实践课程三大版块结构为主干的课程体系，每个层次的课程均辅以实践课程。

（7）综合利用各种社会资源，大力建设教学和实习基地。以基地为依托，提高学生理论联系实际的能力、动手能力、解决实际问题的能力。目前学院已相继建立了以乌当片区为中心的教学实习与社会实践基地 5 个，在民族地区黔东南黎平县建设实习实践基地 3 个。实习基地的建立为我院教学实习工作和学生社会实践工作提供了良好的平台。

（8）积极提倡本科生在打好基础的同时，尽早进入史学研究领域，带着问题学习，在学习中从事科学研究。通过“导师制”积极引导本科学生撰写论文，组织教师进行点评，激发学生从事科研的兴趣，提高学生撰写论文的水平。鼓励学生参加科研课题申报。2011 年我院学生获校级科研项目立项 4 项；2012 年获校级科研项目立项 3 项。学生创办自己的学术刊物——《道真史苑》（编辑印制 3 期）。

三、历史学人才培养模式的创新点

一是改革和完善原有的课程体系，建设历史学新课程体系。

（1）根据学科发展、社会需求和学生能力变化的情况，历史与社会学院对原有的教学计划进行了调整和完善。

（2）强化学生专业理论及专业技能的培养。历史学应用型人才的培养重点在于培养适应基础教育教学的教育工作者。首先，要求学生应具备良好的专业理论素养，通过两门通史及中西方史学史及史学概论的学习，打牢专业理论基础，同时通过专业核心课程（选修课）的开设，从专业领域进一步拓展学生的知识视野，在提高学生专业知识的同时，为学生报考公务员等增加就业的机会。其次，要求学生具备较好的专业技能，就是要培养学生具备驾驭教材的能力、较好的口头表达能力、组织课堂教学的能力等。为此我们需要对学生进行四年学习的设计，这就是在学生四年的学习过程中，每个学期要求掌握哪些技能，都应做好相应的设计，使学生在第 7 个学期进入教学实习时基本已经具备教学能力。我们应当改变这样的观点，认为学生的教学实习可以极大地提高学生的教学能力，事实上学生在第 6 个学期之前就应当在导师的指导下学会上课。第 7 个学期的教学实习实际是学生教学理论与教学实际相结合的具体实践。

（3）专门史以经济、思想文化、社会生活、民族、地方史系列课程 5 个方面来展开，要求学生能够系统梳理相关内容的历史线索和主要内容，掌握相关的研究范式和方法。两门通史课程为必修课，作为选修课系统的专题课是在上述课程的基础上对某些内容的深化和拓展，从而为学生的专业发展（考研等）做好铺垫。

（4）通过专题课，学生可以对自己更加注重的内容进行较为深入的了解，掌握一些更加具体的研究方法。选修课中增加一些技能性课程，使学生掌握科学研究的基本特点，发现、分析和解决问题的基本逻辑，调查实践的基本原则和技巧，资料整理和后期处理的基本方法，以增强历史研究的科学性，强化历史研究的可操作性。

（5）阅读讨论课可以分为史料阅读和理论阅读两部分，要求与具体课程配套。由各任课老师挑选一些相应的内容供学生阅读讨论。在一年级由班主任、辅导员和任课教师负责督导学生进行课外专业阅读，引导学生尽快从事高效率的专业学习，充分感受到历史和历史学的内在魅力，增强学生从事史学专业学习的信心和兴趣；从大二开始，每学期通过互选，分别为学生确定指导教师，由导师负责具体指导各小组同学进行系统的专业阅读和开展学生学术活动；从大三开始，加强对学生学术活动的组织和管理，引导学生参与导师的学术研究工作，并在上述工作的基础上，写出高质量的毕业论文。

（6）召开教学计划修订讨论会。

2011 年 12 月 2 日下午，历史与社会学院全体老师在本院会议室召开了教学计划研讨会。

按照学校教务处的统一安排及教学评估的相关要求，在征求了教研室主任、相关专家意见的基础上集思广益，历史与社会学院对现有教学计划进行了专题深入探讨。

大家认为，历史与社会学院现有历史学计划在专业发展课开设上存在“断代史”“国别史”偏少的情况，而个别课程需进行删减合并等。上述问题的存在，不利于学生考研与以后的评估工作。特别是我院目前开设的历史学（文化产业方向）专业，还需要大量增加实践性课程，同时借鉴省内外兄弟院校的办学经验，任课老师也需要不断完善自身知识结构，通过进修、访学、参观等学习形式，提高我院的教学与管理水平。

针对以上问题，我院对教学计划的修订，除参考相关专家、教研室主任、任课教师的意见外，还适当体现了我院的专业特点、科研现状，尤其是为有利于学生将来就业需要，要适当增加“断代史”和“国别史”“贵州教育史”及平台课（如文秘、公文写作等）。与会老师应根据本次会议精神，尽快提出历史学专业的修改意见与任课计划。历史学（文化产业方向）专业要加大调研力度，将党的十七届六中全会精神（推动多民族文化大发展大繁荣）贯彻到专业建设中。2012 年我院将采取“走出去，请进来”的办学思路，到广西师范大学与广西民族学院参观学习；聘请在文化产业方面有丰富经验的教师与专家到我院讲学；鉴于文化产业课是一门实践性很强的课程，今后还应增列社会调查与实践课，尽快落实实习基地。

与会同人围绕现有教学计划修订工作展开了热烈的讨论，并提出了许多宝贵的意见与建议。面对 2015 年本科评估，大家感觉到较大的工作压力，决心以教学评估为契机，进一步提高教学质量和管理水平，为提升本院办学实力再创辉煌。

参考文献

［1］陈保国．工业工程专业人才培养目标和模式的研究［J］．陕西教育：高教版，2013（9）．

［2］谢朝明．新升本科院校机械类应用型人才培养途径探讨——以梧州

学院工程训练中心为例［J］．广西教育，2013（3）．

［3］肖可，唐雅媛．计算机本科应用型人才培养模式研究［J］．科技视界，2012（11）．

［4］杨波．“实境式”教学模式在物业管理课程中的应用——以“做一天物业管理员”教学活动为例［J］．经营管理者，2013（5）．

（作者系贵州师范学院历史与社会学院教授）

新媒体视野下高校宣传思想工作建设探析

王　文

中共中央办公厅、国务院办公厅近期印发的《关于进一步加强和改进新形势下高校宣传思想工作的意见》（以下简称《意见》）强调指出，要着力加强高校宣传思想阵地管理，加强校园网站联盟建设，推进高校博客、校务微博、校园微信公众账号等网络新媒体建设，不断壮大高校主流思想舆论。立足新媒体时代高校宣传思想工作实际，厘清工作思路，积极利用新媒体创新高校宣传思想工作，是当前贯彻落实《意见》精神，切实加强和改进高校宣传思想工作的时代课题。

一、新媒体视野下加强高校宣传思想工作是一项重要而紧迫的战略任务

新媒体是指依托数字技术、互联网技术、无线通信网等发展起来的交互式传播媒介，是相对于报刊、广播、电视、户外等传统媒体的“第五媒体”，以手机、计算机、数字电视等为主要终端，以博客、微博、微信、论坛、网站等为新型媒介形式，具有数字性、交互性、虚拟性和社群性等显著特征。新媒体已经成为当前高校宣传思想工作重要的环境因素，高校必须主动适应而不能消极回避新媒体对高校宣传思想工作提出的新要求。

一方面，高校是学习研究宣传马克思主义的前沿阵地，新媒体时代加强高校宣传思想工作，有助于为深化教育领域综合改革提供有力的思想保障，有助于抵制错误社会思潮和非马克思主义的思想干扰，有助于集聚全面建成小康社会、实现中华民族伟大复兴中国梦的强大正能量，使高校宣传思想工作切实担负起管灵魂、管方向、管属性的重任。

另一方面，多元、多样、多变的社会思想通过新媒体对高校进行持续渗

透，新媒体的网络表达方式、即时传播形式和去中心化，冲击着高校宣传思想工作的传统模式，无形中也加大了坚守意识形态领域阵地的压力。一些教师理想信念模糊、政治信仰迷茫，在课堂上“扭曲历史”“抹黑中国”“美化西方”的现象还时有发生。加强高校宣传思想工作是应对新媒体挑战、主动占领思想文化阵地的现实需要。

二、新媒体时代高校宣传思想工作的基本遵循

第一，新旧媒体“协同发声”。高校在巩固校园广播、校报、橱窗等传统媒体宣传作用的同时，也要利用新媒体拓展高校宣传思想工作的阵地与领域，积极构建高校宣传思想工作大格局。探索实现传统媒体与新兴媒体有效联动，线上引领与线下教育交互衔接，媒体氛围与校园环境有机融合，形成校园政策宣传、舆论引导、舆情预警的强大媒体合力。

第二，促进信息“互动传播”。新媒体时代同时也是“自媒体”时代，每个人既是思想信息的接收者，也是参与者、传播者。积极促进新媒体时代信息交互式传播，主动与受众进行“对话”“互动”“共享”，能够更好地提高宣传思想工作的覆盖面、辐射度和参与度，着力增强新媒体时代宣传思想工作的吸引力、凝聚力和实效性。

第三，强化社会“思想引领”。在多元开放的新形势下，各种社会思潮和思想文化凭借新媒体更加频繁地进行交流、交融、交锋，高校师生思想活动的独立性、选择性、多变性、差异性不断增强。高校必须转变传统宣传思想观念，主动适应新媒体时代的话语形式和传播方式，旗帜鲜明地开展马克思主义宣传教育，推进中国特色社会主义理论体系普及教育，确保马克思主义基本思想入耳、入脑、入心，坚定“三个自信”，增强高校师生对中国特色社会主义的认同。

第四，探索推进“价值传递”。核心价值观是一个民族的灵魂。将社会主义核心价值体系与核心价值观有机融入高校宣传思想工作中，弘扬主旋律，传递社会正能量，透析西方所谓的“普世价值”，有助于帮助青年大学生自觉抵制不良信息和价值观念的误导，扣好人生的“第一粒扣子”。

三、利用新媒体创新高校宣传思想工作

第一，提高师生媒介素养，树立宣传思想新观念。新媒体时代加强高校

宣传思想工作，应秉持开放包容、对话服务、分享共赢的心态，清醒地认识到新媒体时代传播模式所发生的变化，坚持贴近实际、贴近生活、贴近师生的原则，按照“短、实、新、活”的要求，切实改进宣传文风，适应新媒体时代大众的碎片化、去中心化阅读习惯和接受规律，主动回应社会和师生关切，占领信息传播、思想舆论和文化引领的制高点。

第二，完善舆情应对机制，构建新媒体宣传格局。高校必须重视宣传思想工作中出现的一些倾向性、苗头性问题，主动出击，积极应对。一是要健全舆情预警机制，及时做好舆情收集、分析、研判工作，为开展宣传思想工作奠定良好信息基础。二是要建立新闻宣传应急处置机制，提高危机应对能力，加强突发事件的舆论引导和科学应对。三是要切实做好高校新闻宣传工作，建立健全新闻发言人制度和新闻发布制度，建立高校党委、宣传部门、新闻媒体三方联动宣传机制，为高校改革发展营造良好舆论氛围。

第三，创新宣传方式方法，打造新媒体融合平台。高校应积极推进校园传统媒体与新兴媒体的融合发展，形成立体化、辐射性、广覆盖的全媒体阵地，促进宣传思想工作“大合唱”。要大力推进校报校刊数字化建设，用音频、视频、文字、图片等多种形式，以师生喜欢的话语方式，把社会上的热点问题和师生的利益关切进行新媒体创作，促进高校宣传思想工作具体化、生活化、网络化。充分运用新技术、新应用、新平台创新媒体传播方式，着力培育一批导向正确、影响力广的网络名师名家、名站名栏，打造示范性思想理论教育资源网站、学生主题教育网站和网络互动社区。

第四，配齐建强工作队伍，强化高校党委领导力。建设一支由学生和青年教师骨干组成的网络宣传员队伍，建设一支政治强、业务精、作风正，新媒体技术过硬的宣传思想工作骨干队伍。高校党委书记、校长要旗帜鲜明地站在意识形态工作第一线，强化政治意识、责任意识、阵地意识和底线意识，牢牢把握工作主动权、话语权，巩固马克思主义在意识形态领域的指导地位，培养德智体美全面发展的社会主义建设者和接班人。

参考文献

[1] 赵洋．互联网时代高校宣传思想工作的新探索［J］．时代教育：教育教学，2012（3）．

[2] 吕剑红，张贻发．高校宣传思想工作质量评价指标体系构建探讨

[J]．中国高等教育，2011（5）．

［3］张碧红．在网络互动关系中增强高校宣传思想工作的传播实效［J］．广东技术师范学院学报，2010（10）．

［4］肖赞．加强和改进高校宣传工作的几点思考［J］．深圳信息职业技术学院学报，2009（3）．

［5］高喜平．当前高校宣传思想工作的价值及其有效途径［J］．政工研究动态，2009（13）．

（作者系贵州师范学院历史与社会学院教师）

图书馆服务育人、促学风实践探析

李瑞华

《普通高等学校图书馆规程（修订）》第2条明确提出："高等学校图书馆必须贯彻国家的教育方针，履行教育职能和信息服务职能，为培养德、智、体、美等方面全面发展的人才……" 由此可见，一切以读者为中心、服务育人、促进学风建设是高校图书馆一切工作的出发点和归宿，现本人就近年来我校图书馆在服务育人、促学风建设方面的具体做法与同行交流探讨。

一、夯实基础服务，促进学风建设

1. 尽量延长开放时间

依据《普通高等学校图书馆规程》（以下简称《规程》）第4章第16条："高等学校图书馆应尽可能延长服务时间，其中，书刊阅览服务时间每周应达到70小时以上；假期应保证一定的开放时间；网上资源的服务应做到每天24小时开放"。长期以来我校图书馆除了书刊阅览、自修区外，图书借还窗口也坚持周一至周日8：30—22：00不间断开放，每周开放时间达到94.5小时，开放时长超出《规程》的35%。经统计，2009年11月1日至2015年5月26日，图书馆借还书总量（含续借）1547636册次，接待借还书读者643223人次，其中，晚班和周末班借还书量（含续借）394955册次，接待借还书读者166889人次，分别占总量的25.52%和25.95%。图书外借服务是图书馆传统的基础服务项目之一，这组数据在很大程度上证实尽量延长图书馆的开放时间，尤其是图书借还窗口的服务时间，对于更好地以图书馆丰富的文献资源服务育人、促进校园学风建设是有重大意义的。

2. 馆院联动促学风建设

学风是学校的灵魂，是凝聚在学校全部工作过程中的精神动力、态度作风、方法措施等，在2014年两会报告“倡导全民阅读”的背景下，在阅读成为生活奢侈品的今天，学风建设更需要全校联动，共同努力。为此，我校图书馆组建了学科服务团队，做好各种统计分析，深入各学院，让各学院充分了解图书馆服务目标，掌握学生阅读情况，严格学风。图书馆读者服务部自2014年3月起开始统计2011年以来各学院各学年度图书流通利用情况，在统计了若干不同版本后，最终形成按学年、73个专业的详尽外借情况统计。年底完成了2011—2013学年度各学院图书流通情况统计。同时，也完成了2014年继续教育学院借阅情况统计，共有193条借还图书信息，未含352名培训期为3个月的国培生在内的阅览情况（国培生办理不记名阅览证，仅限馆内阅览，不能借还图书）。2015年继续加强流通数据的统计工作，形成2周1次及时向各学院交流公布，供各学院根据自身学科专业特点实行阅读量化考核，极大地促进了学风建设。

为了提高馆藏文献的利用率，图书馆除了及时推荐新书目，定期公布图书借阅榜，按期发布各学院各专业读者外借图书量化情况外，同时还积极与各学院沟通，探索对学生阅读质量的考量，达成学院定期推荐阅读书目制度。首先，各学院根据各专业实际指定学科及专业必读书目，避免学生盲目阅读；其次，推荐学科及专业学习延伸阅读类书目。大学生在接受任课教师传授知识的同时，必须通过阅读各专业辅助读物、资料汇编、参考文献以及教学实践中的教案选、经验总结等，拓宽知识面，加深对课内所学知识的理解。学生通过阅读学习此类书目图书，可拓宽学生专业知识，增加知识链接；再次，推荐培养和提升学生人文素养和科学素养类书目。高校人才培养目标之一是使学生同时具备一定的人文素养和科学素养，二者不可偏废，这样才能造就全面发展的人才，国学、中外名著、艺术欣赏、科学方法、科学技术等都属于这类书目内容。至2015年6月中旬，已有6个学院的推荐书目在图书馆网站发布，图书馆将定期统计学生借阅推荐书目情况，并定期或不定期从阅读质量的角度就相关数据进行深层次分析研究，且及时向各学院反馈，促进校园学风建设。

二、明确办馆思想，优化馆藏结构

我校图书馆2011—2105年的发展规划思想是：以2015年新馆落成、整体搬迁为契机，谋划和优化功能布局，并以2015年本科教学工作合格评估为时间节点，力争资源累积在生均量上的达成和结构的合理性调整为重点，加强围绕专业学习、教育理论、人文素养、科学精神、社会适应等为中心阅读指导的同时，加强基于资源高效化利用的自动化、网络化、数字化建设，深化管理体制改革，创新管理机制，把我校图书馆建设成为在涵盖学校所涉及的主要学科门类、专业和足够的通识性读物的基础上，充分满足学生专业与个性发展所需、体现教师教育特色的馆藏体系。实现科学化和现代化管理的、能与各地方性同类院校同步发展，力争成为为学校人才培养、科学研究和社会服务提供切实、有效的文献信息服务的文献中心、检索中心，最终成为我省教育（尤其是基础教育）的文献信息咨询中心，并成为具有鲜明教师教育特色、拥有较为全面的辐射服务地方基础教育发展能力的以应用性为主的教育类专业图书馆。

丰富的馆藏文献是高校图书馆服务育人、促学风建设的基本物质条件，在明确办馆思想前提下，为了进一步提高馆藏文献的利用率，我校图书馆在优化馆藏结构、加强馆藏资源整合方面也做了不少积极有益的努力和尝试。如在目前藏书面积有限的情况下，科学合理地组织文献和管理文献，常态性地调整流通书库图书，尽力确保资料随手可得，方便读者利用。此外，加强馆藏利用评估分析，不断优化馆藏结构和馆藏布局，并将零利用或利用率较低的图书尽量移出流通书库，提高馆藏资源利用率。基于此，图书馆从 2014 年 5 月起开始启动二三线书库图书的抽选、下架、打捆、搬运工作，将零利用或利用率较低的图书移到过渡密集书库。至 6 月中旬，因临近期末学生备考及放假，此项工作告一段落。经统计，此阶段参与学生 306 人，共 3032 个工时。下半年继续组织指导 50 名临时勤工助学学生搬运下架图书，10 月底完成 25 万册书刊的搬运工作，进入上架排架阶段。12 月学生备考放假后，图书馆读者服务部停止窗口服务工作，全体工作人员到过渡密集书库进行图书整理排架直至学校放假。2015 年继续跟进过渡密集书库图书整理上架工作，5 月完成过渡密集书库全部工作。

三、坚持读者第一，服务育人并行

高等学校图书馆应以“读者第一、服务育人”为宗旨，健全服务体系，做好服务工作。图书馆大量的基础服务工作，如图书借还、排架整理、查询指导、新书验收、图书搬运、卫生维护等是细致而烦琐的。上文中提到，我校图书馆2009年11月1日至2015年5月26日借还图书量1547636册次、接待借还书读者643223人次，此外上架新书322556册。之所以能完成如此繁重的工作任务，且确保周七天制每天13.5个小时的不间断开馆，除了图书馆上下在编的30余名馆员共同努力外，还有赖于我校图书馆有一支得力的学生馆员队伍。图书馆长期聘用在校学生以主人翁的姿态参与图书馆管理，积极鼓励广大学生在图书馆实践锻炼，使得学校图书馆既是教育教学的重要场所，同时也是对学生进行实践实训教育的重要阵地。

1. 义务馆员团队运作成熟

为了建立和完善图书馆与读者沟通互动的长效机制，促进图书馆与读者的良好互动，更为了达到“以工促学、以工促长”的良好愿望，2009年11月，我校图书馆创立了自愿无偿“零报酬”义务馆员团队。团队长期招聘热爱图书、热爱图书馆、关心图书馆建设的同学参与图书馆管理和服务。他们在填写《图书馆义务馆员报名登记表》，接受短期规范的专业培训后，即可参加图书借还、排架理架、新生参观、图书验收、卫生维护等基础服务工作，其余不受任何条件限制。截至2014年12月，这支队伍从首聘27人发展到1387人，共参与义务服务工作36192人次。除因中期选拔或学业毕业离校外，2015年在岗在册义务馆员人数1314人。

义务馆员团队经过近6年的探索和实践，其服务育人、管理育人的运作模式逐步趋于成熟。首先，经过培训和训练的义务馆员，基本了解和掌握了图书分类法、图书排架法、馆藏查询、自动化管理系统操作、数字资源检索等业务知识和基本技能，这对于其提高自身信息素养、提升专业学习能力是大有裨益的。其次，义务馆员的实践工作不仅收获了图书管理、信息管理等方面的知识经验，还培养了人际交往、锻炼自我和爱岗敬业的职业意识。最后团队30余名骨干成员组成的义务馆员工作委员会（简称义工委），除2～3名校级联络员外，还包括各书库勤工助学小组长、各学院大一、大二联络员。指导老师和主管馆长除了进行必要的指导和支持外，团队所有工作和活动的开展定位为自主管理模式。团队除秋季义务馆员动员会、春季义务馆员聘任会和夏季毕业义务馆员欢送会三次全校性的大型活动外，还有新生入馆参观教育、义务馆员招新培训、勤工助学学生馆员选拔录用、义务馆员档案管理及移交等常规性工作。丰富而充实的工作和活动不仅增强了团队的凝聚力，更培养和锻炼了参与学生的综合素质和综合能力。

2. **积极推行学生岗位实践**

我馆所有藏书均按《中国图书馆分类法》进行分类排架，在开架流通书库，每天都要接待大量读者进入书库阅览外借，书架上的书刊被乱放、错放的现象时有发生，这就要求当班工作人员要经常巡视书库，随时整架、排架，将乱架率降到最低。目前我馆占用一层教学楼作为临时馆舍，有限的人手要在多个出入口承担借还图书、阅览登记的工作任务，解决图书乱架问题乏力。为了解决这一问题，图书馆依据学校学生工作部《关于选拨学生参加2015年度校内实践岗位的通知》，并参照贵师院发〔2014〕42号关于印发《贵州师范学院课程学分制管理办法（试行）》第一章总则第四条：学校实行每学年两学期制，每个学期20周，其中16周教学、2周复习考试，2周机动；第三章学分管理第九条：课堂理论课教学学分按16学时1学分计。通识课程课内实践性教学按32学时1学分计，专业课程课内实践性教学可根据专业特点，按16~32学时1学分自行设定，制定了《图书馆学生实践岗位暂行管理办法》，并于5月5日面试选拔了75名同学，该批同学已上岗。从目前工作开展情况看，书库乱架、错架现象大有改观。

总之，服务育人、促进学风建设是高校图书馆的基本职能，我们必将进一步探索和实践，继续将其丰富的文献资源、文明的服务氛围、认真负责的工作态度、严谨细致的工作作风贯穿于图书馆工作中，使图书馆成为高校服务育人、促进学风建设的重要阵地。

参考文献

［1］教育部关于印发《普通高等学校图书馆规程（修订）》的通知［EB/OL］. http：//www. edu. cn/20020610/3058180. shtml.

［2］刘春颖，赵新乐. 倡导全民阅读首次写入政府工作报告［EB/OL］. http：//www. chinanews. com/cul/2014/03 -06/5920373. shtml.

［3］李莉，许云梅. 高校图书馆与大学生综合素质培养的探讨［J］. 科技情报开发与经济，2014（16）.

［4］杨木容. 高校图书馆读书活动的实践与思考［J］. 图书馆，2012（5）.

（作者系贵州师范学院图书馆副研究馆员）

浅论师范教育与教师教育[①]

万国崔

随着社会的现代化发展，教育现代化已成必然趋势，教育教学逐渐成为一项科学性、专业技术性及职业性很强的活动。传统的师范教育发展为教师教育成为时代发展必然要求，理顺传统教师教育发展脉络，明确作为培养教师的师范教育与教师教育的联系与区别对加快实现由师范教育向教师教育的转变，促进教师教育的科学发展具有一定意义。兹从梳理传统教师教育发展脉络入手，解析师范教育与教师教育的联系与区别，并阐明其特点与革新举措，以期为此域研究聊尽绵薄之力。

一、从传统师范教育到当代教师教育

我国最早的“师”和“范”作为词汇出现是在《后汉书·赵壹传》中云：“君学成师范，缙绅归慕”，以及《文心雕龙·才略评》中云：“相好如书，师范屈宋”。然而，具有现代教师教育含义的“师范”一词源自日本，明治初年，日本效法法国，建立现代师范教育体系。法国“师范”（normale）一词源于拉丁语 norma，其意为：评价事物的标准，本义为木匠的尺规。作为培养教师的师范教育也出现于近代，在《京师大学堂章程》中，梁启超提议设“师范斋”，他疾呼：“欲革旧习，兴智学，必以立师范学堂为第一义。”1902 年，清政府创设“京师大学堂师范馆”，即今天的“北京师范大学”。学部大臣张之洞在开学典礼上的训辞中说到：“师范教育，是为一切教育发源处，而京师优级师范，为全国教育之标准。故京师师范，若众星之拱北斗。”此后，“师范教育”成为培养教师的活动代名词。在西方，最早的师范教育机构是 1684 年法国拉萨尔（La Salle，1651—1719）于兰斯（Rheims）创办的

① 项目来源：贵州省教育厅基地项目（13JD143）。

教师训练机构，1695 年德国法兰克（A. H. Francke，1663—1772）于哈雷（Halle）创办的教员养成所。19 世纪七八十年代，欧洲许多国家颁布法令，设立师范学校，师范教育随之制度化，系统化。

新中国成立后，经过系统的院系调整，职前教师教育形成“三级师范教育体系”，在职教师教育则由各级教育行政部门组织承担。直到目前，中国教师教育仍保持两个体系的架构：职前培养体系和在职教师培训体系。随着我国经济社会的高速发展，相应的教育改革成为必然，教师教育也就面临着前所未有的变革和发展。近年来，我国有学者提出，师范教育不含职后进修与培训，只指教师的职前培养，导致职前职后脱节。而教师教育则是指教师的整个培养、培训全过程。经历教师教育的教师具有成熟的专业性，能适应当代教育发展的要求。他们认为，“师范教育”已经过时，应发展“教师教育”。相应地，教师教育的体制变革也在进行。

可以说，我国教师教育正处于由传统的师范教育向教师教育发展的“转型时期”，在这个时期，传统的师范教育体制已经逐步瓦解，新的教师教育体制却未最终形成。

二、师范教育与教师教育之同异

教师教育与师范教育一脉相承，既相互联系，又有一定的区别。在体制、就业和教育教学方式上论，两者都是培养教师的活动。教师教育因具有职业性、开放性、整体性、终身性、多样性，而与传统师范教育相区别。

首先，教师教育具有很强的职业性、专业性。传统师范教育强调教师身份的伦理性。“师”有“教师”和“法”的含义，“范”是“模范”、“榜样”的意思。教师是以“学高为师，身正为范”，“教书育人，为人师表”。正如叶圣陶所说：“教师的全部工作就是为人师表。”“师范”蕴含着更多伦理、道德色彩，强调师德师风。教师教育则侧重于职业化、专业化。现代教育教学是一项科学性、技术性很强的活动，现代教师越来越成为经历专门训练的专业化职业。在社会分工日益专业化的时代背景下，以强调伦理性的师德师风为重的师范教育由此而明显区别于强调专业性、职业性教师教育。

同时，教师教育的开放性也与传统师范教育的封闭性相区分。由于传统师范教育强调教师身份的伦理性，导致有利于师德的熏陶以及行为习惯养成的封闭式师范学院或教育学院培养模式的形成。教师教育体系以开放方式培养教师，主要表现在其多种形式的办学方式。如在师范院校中加强教师的职业、专业教育，或在综合性大学里设置教育学院来培养教师。

另外，教师教育的整体性、终身性也不同于师范教育的阶段性。传统的师范教育，可以说是一种教师终结性的职前教育，完全不包括职后教育。入职教育、职后教育大多在各级教育行政部门的统筹下进行，使之与职前教育互不关联，而前后脱节。现代的教师教育则从终身教育理念出发，使职前教育、入职教育、职后教育联为一体。教师教育体系针对教师职业生涯的所有阶段，整体化的、终身性的教师教育将原来的终结性教育作为教师终身教育体系中的一个阶段。

现代的教师教育相对于传统师范教育而言，拓展了培养对象的范围，不再局限于对中小学教师的培养、教育，而是包括中小学教师在内的各级各类的教师。

三、教师教育之变革

发展教师教育宏观上要建立相应的管理制度、体制和机制，微观上则是从课程内容、体系和教学方式方面进行。

从管理制度、体制和机制而言，改变师范学院重学术、轻师范的发展趋势，根本扭转其以综合性大学为发展目标的定位取向。职前教师教育采取分阶段培养模式。重学术的教育模式是普通高等院校的综合性大学发展模式，与重师范的专业性、职业性的教师教育模式有截然不同的区分。对此，调整教师教育课程三大部分，即公共基础课程、学科专业课程以及教育专业课程的设置比例。职前教师教育分阶段培养模式即学科知识教育加教育理论与能力的实践教育，两者是继时性进行。分阶段培养模式同时也可以弥补师范学院学术性过强之弊端。

从课程内容、体系和教学方式方面来说，发展教师教育要增强实践教育和教育实践的份额，加强教师教育课程内容、体系和教学方式与教育实践、实践教育的结合，与培养应用型教师的人才培养目标紧密结合。这样，在实践教育中，学生经常接受实践教育的训练，丰富了教学方法理论和实践经验。在教育实践中，学生深入课堂教学第一线，积累课堂、课外教育教学经验，发现问题，分析问题，解决问题，提高分析、解决教育教学实践问题的能力。同时，培养教师职场素养。

参考文献

[1] 陈学恂．中国近代教育文选［M］．北京：人民教育出版社，1983.

[2] 郎丰君．木铎金声世纪交响——写在北京师范大学百年华诞之际［J］．时代潮，2002（28）．

[3] 栗洪武．“教师教育”不能取代“师范教育”［J］．教育研究，2009（5）．

[4] 顾明远．师范教育的传统与变迁［J］．高等师范教育研究，2003（3）．

[5] 郝文武．师范教育向教师教育转变的必然性和科学性［J］．教育研究，2014（3）．

[6] 邱超．中国教师教育的过去！现在和未来［J］．教师教育研究，2014（1）．

[7] 潘懋元，吴玫．从师范教育到教师教育［J］．中国高教研究，2014（7）．

[8] 李金奇．对教师职业属性和教师素质结构的再认识——基于教师专业化的视角［J］．高等教育研究，2012（3）．

（作者系贵州师范学院教育发展研究中心副教授，中国哲学研究所研究员）

高校教学质量自我监测的业务流程研究

肖炜煌　邓　琴

国家在总结首轮高校教学评估经验的基础上，对新一轮高校教学评估进行了总体设计。新的评估设计是我国高校教学评估制度的重大创新，这种创新突出表现在内容整体性、学校主体性、监测常态性、分类指导性和管办评分离新体制五个方面[1]。为加强高校自我评估，健全校内质量保障体系，依据“管、办、评”分离的原则，各新建本科院校陆续成立了一个独立于教学单位和行政管理部门之外的保障高校教育教学质量的部门，这个部门的主要职能是对高校的教学质量进行监测并根据监测结果对相应工作做出适当调控以保障教学质量目标的实现。目前，这个部门的称呼不统一，有的叫督导办、有的叫教学质量评估中心、有的叫教学质量监测与评价中心、有的叫教学质量监测与评估办公室、有的叫教学质量管理办公室，以下统称为质评办。在遍历各新建本科院校质评办的网站后发现大部分质评办的组织结构形式简单且职能与其他部门的职能有不同程度的交叉，在实际工作中质评办与其他部门及质评办内部人员之间不协调、推诿的事情时有发生，究其原因主要是当前大多数新建本科院校对于这个新部门的定位和管理职能还不清晰，特别是对该部门和教务处的职能纠缠不清。组织职能必然表现为一系列的特定管理思想指导下的业务活动，依托业务活动来体现组织职能。因此，调整新建本科院校的管理人员尤其是教学质量监控人员关于教学质量监测的管理思想、理顺质评办的业务流程、提炼质评办的管理职能成为一个迫在眉睫的课题。

一、高校教学质量自我监测的总思路

1. 全过程监测

高校的总体定位和总体规划均有明确的时间界限，如 5 年、10 年等，高校的各项教学、科研和管理活动都服务于学校的总体定位和总体规划。因此，可将整个学校为实现学校总体定位、总体规划以及教育教学目标的各项工作视为一个完整的项目（可称之为教育项目），则高校人才培养、科学研究、社会服务、文化传承等活动就分别是这个教育项目内部的各子项目，这个项目的最终产品是符合高校总体定位、总体规划和人才培养目标的学生。任何项目都可以抽象为5个必需的项目过程组构成，分别是启动过程组、规划过程组、执行过程组、监控过程组和收尾过程组。因此教育项目的5个过程组可用图1表示。教育项目的左边边界是国家、社会、个人对教育的需求，右边边界是高校人才培养、科学研究、社会服务、文化传承等活动运行结果满足国家、社会、个人受教育的需求[2]。教育规划过程确定目标，作为管理和控制的基础；教育质量监控过程则保证项目按计划进行或进行必要调整。项目管理的基本方法是：计划+控制，动态控制的原理是："计划—实施—反馈—调整"循环。教学质量监控活动包含教学质量监测和教学质量调控两部分，只有通过监测活动发现教学质量的偏差才能对具体的教育教学过程做出调整或进行改革，从而提高教学质量和办学效益，促进学校的发展，因此，教学质量监测是涉及其他4个过程组始终的质量管理活动。

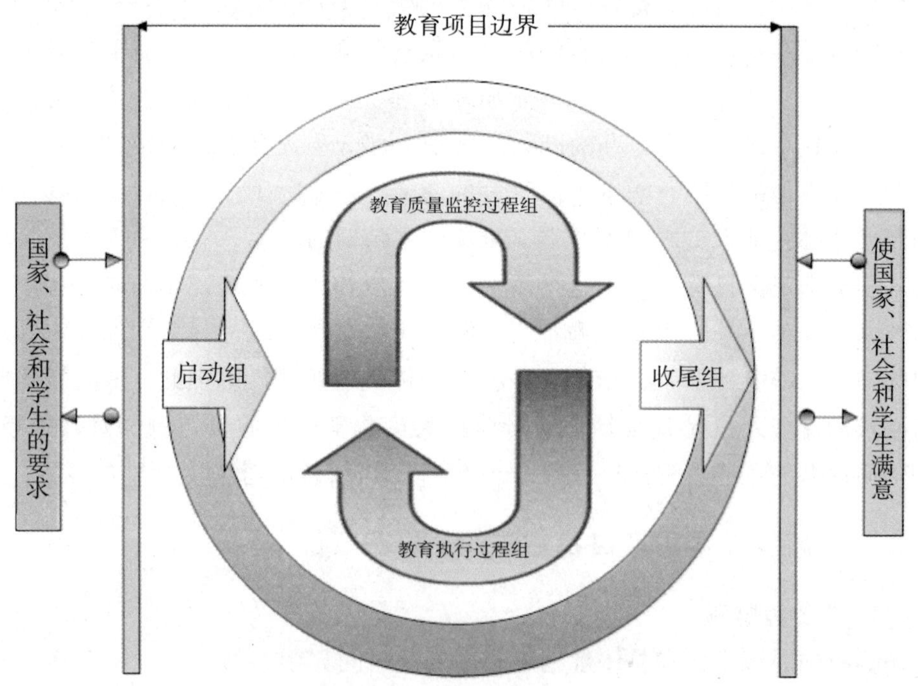

图1　教学质量全过程监控示意

2. **偏差纠正**

依据项目管理动态控制"'计划—实施—反馈—调整'循环"的原理，教学质量偏差纠正的管理思路为："制定质量标准→找出质量偏差→纠正质量偏差"。质评办主要负责对教学质量是否偏离预定的质量标准进行监测，并督促业务部门（指各教学单位以及和教学质量密切相关的行政管理部门，以下统称为业务部门）及时纠正教学质量偏差，教学质量偏差调整的具体工作由各业务部门自己完成，如图 2 所示。

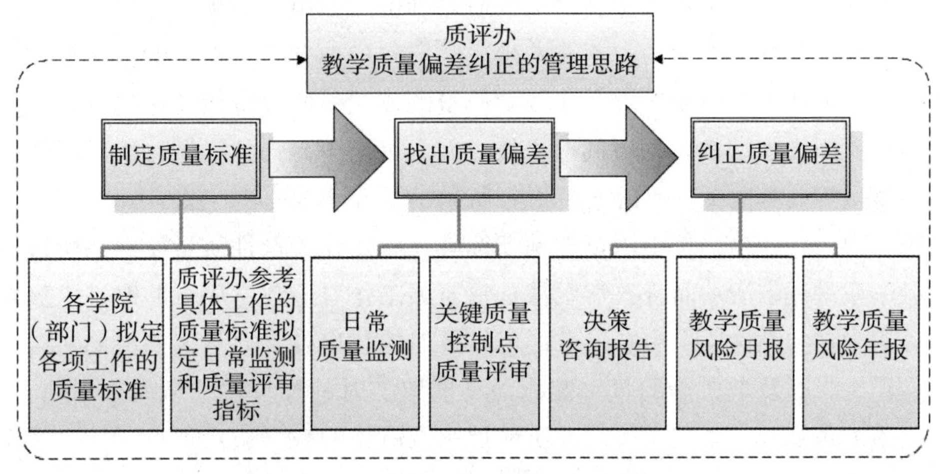

图 2　教学质量偏差纠正的管理思路

第一步是制定质量标准。教学质量监测必须以既定的目标和标准为依据，各业务部门必须首先拟定各项工作的质量标准，然后质评办参考具体工作的质量标准拟定教学质量日常监测和关键性质量控制点的教学质量评审指标。第二步是找出质量偏差。学校的教学质量监控体系包括教学质量监测体系和教学质量调控体系两部分，其中教学质量监测体系由教学质量日常监测和关键性质量控制点的教学质量评审两部分构成。质评办通过日常质量监测和关键性质量控制点的质量评审两条途径找出教学质量问题，具体的教学质量偏差调控工作由业务部门自己完成。质评办同时也负责督促和指导各业务部门建立教学质量调控体系。第三步是纠正质量偏差。所有的质量监测和关键性质量控制点的质量评审活动的最终目标都是纠正各种质量偏差。质量偏差纠正分为两步：一是各业务部门根据质评办的整改通知自觉地调整教学质量偏差；二是对于未能自觉纠正的质量偏差通过教学质量风险月报、教学质量风险年报和专项教学质量决策咨询报告反馈给校领导，由学校发出教学质量偏差纠正指令。

第二步中的日常质量监测活动和关键性质量控制点的质量评审活动的关系如图3所示。对于所有影响教学质量的关键性教育活动从起点到终点的整个过程都必须进行质量偏差的日常监测[3]，以便实时的调整质量偏差；如果某一项工作的质量标准当中有三个关键性的质量控制点，则必须在这三个关键性的质量控制点进行质量评审，质量评审结果如果达不到预定的质量标准则要求相关业务部门限期整改，减小本次教育活动的质量偏差程度并保证此教育活动的下一次执行能达到预期的质量标准。如果某一项教育活动一旦执行且在日常质量监测活动中不能发现教学质量的偏差，当在关键性质量控制点进行质量评审时即使发现存在教学质量的偏差，此教育活动过程也无法重复执行，因为大学教育的时间、金钱、人力等都不允许这样做，所以根据关键性质量控制点质量评审的分析报告所做的整改主要是为了保证此教育活动的下一次执行能达到教学质量的预期标准。相比在关键性质量控制点所进行的教学质量评审活动而言教学质量日常监测工作对于教学质量的改进更加重要，因为在关键性质量控制点做评审时虽然能找出教学质量偏差但此时偏差已经产生，而教学质量的日常监测活动能够实时的发现偏差从而加以纠正。从广义的角度看，其实在关键性质量控制点所做的教学质量评审活动也属于

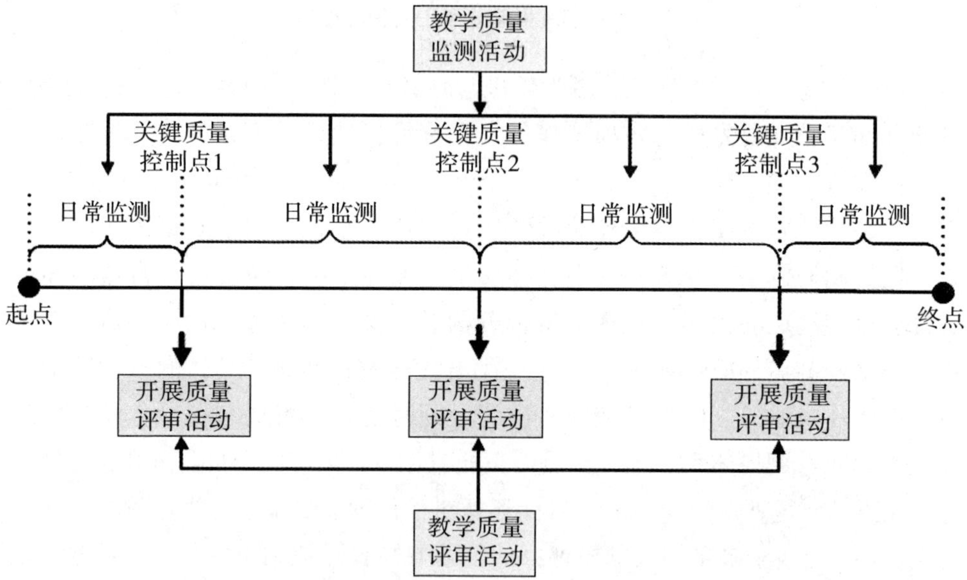

图3　教学质量日常监测活动与教学质量评审活动的关系

教学质量日常监测的范畴，只不过评审活动是在某个特定的早就计划好的关键时点所做的阶段性或总结性监测。

二、高校教学质量自我监测的业务流程分析

1. 质评办总的业务流程分析

依据高校教学质量自我监测的总思路，质评办的工作由四个业务环节构成，如图4所示分别是：拟定监测指标环节（拟定教学质量日常监测的指标和在关键性质量控制点进行教学质量评审的指标）、教学质量日常监测环节（进行教学质量的日常监测）、教学质量评审环节（在关键性质量控制点对教学质量进行评审）和教学质量偏差纠正环节（对教学质量偏差进行持续的管理与跟踪直至质量偏差被修正）。各项具体的教育活动的质量标准是教学质量监测工作的起点，教学质量的日常监测和关键性教学质量控制点的质量评审是找出教学质量问题的两条途径，对于各业务部门不能自我纠正的教学质量偏差、教学质量标准的偏差以及日常监测活动和关键质量控制点评审活动中发现的可能会出现的质量偏差需要持续的跟踪。

质评办总体业务流程：①业务部门厘清必须要对其进行质量监测的具体工作并制定具体工作的质量标准，这是教学质量日常监测工作的起点。②质评办从业务部门获取教学质量标准信息，参照各业务部门制定的具体质量标准拟定教学质量日常监测的指标和关键性质量控制点进行教学质量评审的指标。③质评办发布质量标准的监测信息，一是要求所有影响教学质量的具体工作必须制订质量标准，二是检查所有质量标准并及时发布质量标准缺失或质量标准不达标的情况。④质评办开展各项监测工作，记录各项工作的状态并从中找出教学质量偏差。⑤质评办定期对通过监测手段获得的数据进行科学分析并形成教学质量日常监测分析报告。⑥质评办面向全校发布在日常监测过程中发现的教学质量偏差并发出整改通知。⑦质评办开展各关键性质量控制点的评审活动。⑧质评办对各种评审活动中获得的教学质量偏差信息进行分类整理并形成教学质量评审分析报告。⑨质评办面向全校发布在评审活动中发现的教学质量偏差，并发出整改通知。⑩业务部门对质评办发布的教学质量偏差进行整改落实。⑪质评办检查业务部门对教学质量偏差的纠正情况。一是检查业务部门是否按照整改通知要求对发现的教学质量偏差认真整改落实，二是将存在教学质量偏差却又不能及时改进的现象视为“教学质量风险”记入当月

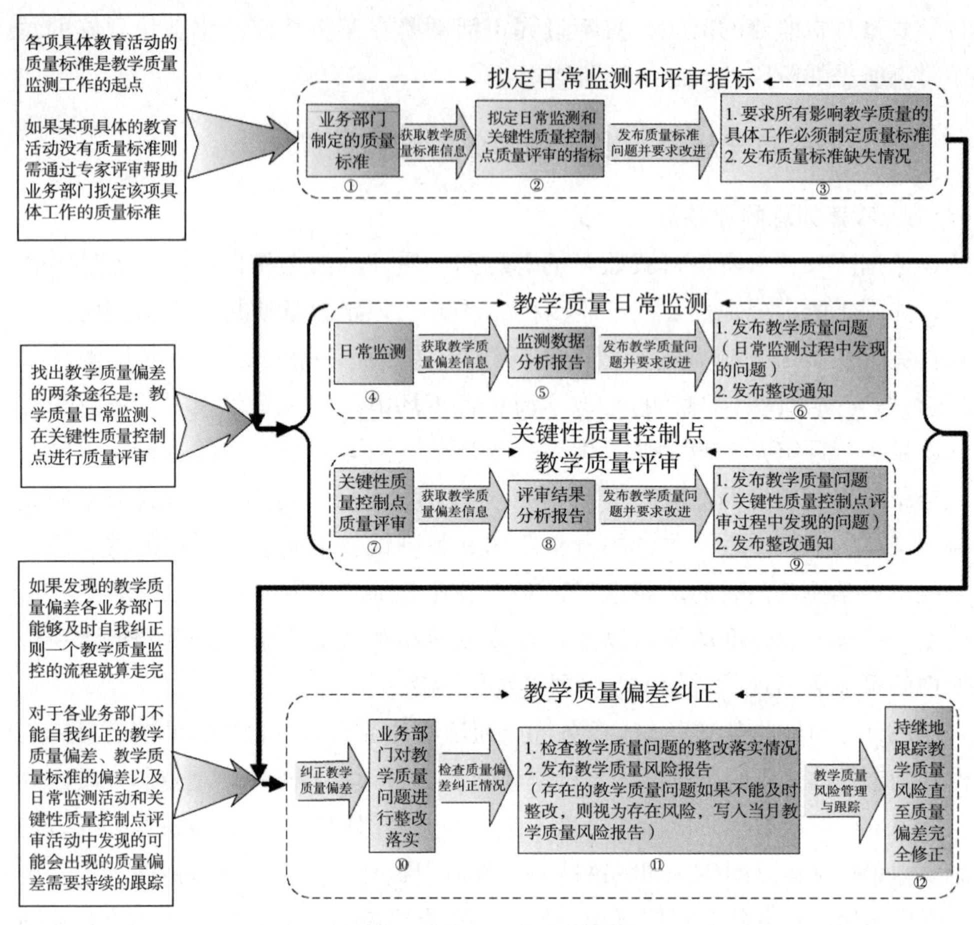

图 4　质评办总体业务流程

教学质量风险报告。教学质量风险报告由质评办提交给校领导，不能按照质评办整改通知自我纠正的教学质量偏差只能由学校发出行政指令，督促相关部门纠正教学质量偏差。⑫持续地跟踪教学质量风险直至质量偏差完全修正。

2. 教学质量标准监测的业务流程分析

教育活动的质量标准是衡量或判定教育活动价值的准则。《教育部关于普通高等学校本科教学评估工作的意见》（教高〔2011〕9 号）中对学校自我评估的要求是“根据学校确定的人才培养目标，围绕教学条件、教学过程、教学效果进行评估”，因此，教育活动的质量标准至少应包括三个方面。一是条件标准，即某项教育活动要圆满完成任务必须具备什么条件；二是过程标准，即某项教育活动要圆满完成任务必须承担什么责任；三是效果标准，即某项教育活动要取得什么效果才能算是圆满完成任务。另外，教育活动的质量标准必须具有可测性，否则后续的教学质量日常监测和评审活动无从开展，如图5所示。

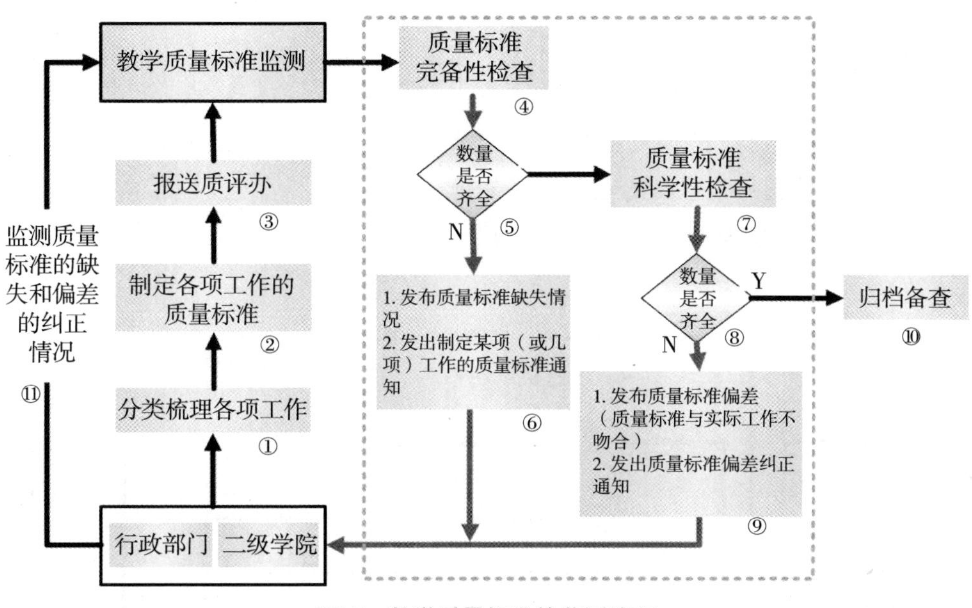

图5 教学质量标准的监测流程

一个新建本科院校肯定还没有制定出各项教育活动的质量标准，建立完备的质量标准体系是开展教学质量监测活动的第一步。首先由学校下文要求各业务部门分类梳理本部门的各项工作，为每一项可能会影响教学质量的教育活动制定质量标准并以部门为单位报送质评办。然后由质评办对各业务部门的质量标准进行完备性检查，检查质量标准的数量是否齐全，即检查各业务部门需要制定质量标准的工作是否都已制定质量标准。质量标准的完备性检查目的是帮助各业务部门梳理本部门内部的各项工作，避免质量标准缺失。一旦发现某项工作质量标准缺失则应写入当月《教学督导月报》并发出整改通知要求制定该项工作的质量标准。如果需要制定质量标准的工作都已制定了质量标准，则应对该业务部门质量标准的科学性进行检查，检查质量标准的质量是否达标，即质量标准与相应的工作是否吻合，是否符合学校人才培养的质量要求，是否包含条件标准、过程标准和效果标准，是否具有可测性等。如果发现某项工作的质量标准不达标则应将该“质量标准偏差”写入当月《教学督导月报》并发出“质量标准偏差”纠正通知，要求该业务部门修订存在偏差的质量标准。如果某业务部门的质量标准经过完备性检查和科学性检查都没有问题，则将该业务部门的所有质量标准存档备查，当所有业务部门的质量标准都在质评办存档时，学校的质量标准体系即初步建立。但是事物都是不断变化发展的，一旦内外环境发生变化学校的教育活动肯定要做相应的调整，所以学校的质量标准体系是一个不断自我完善的过程，质评办要不断监测质量标准的缺失和偏差纠正情况。

3. 教学质量日常监测的业务流程分析

教学质量日常监测的业务流程，如图 6 所示。

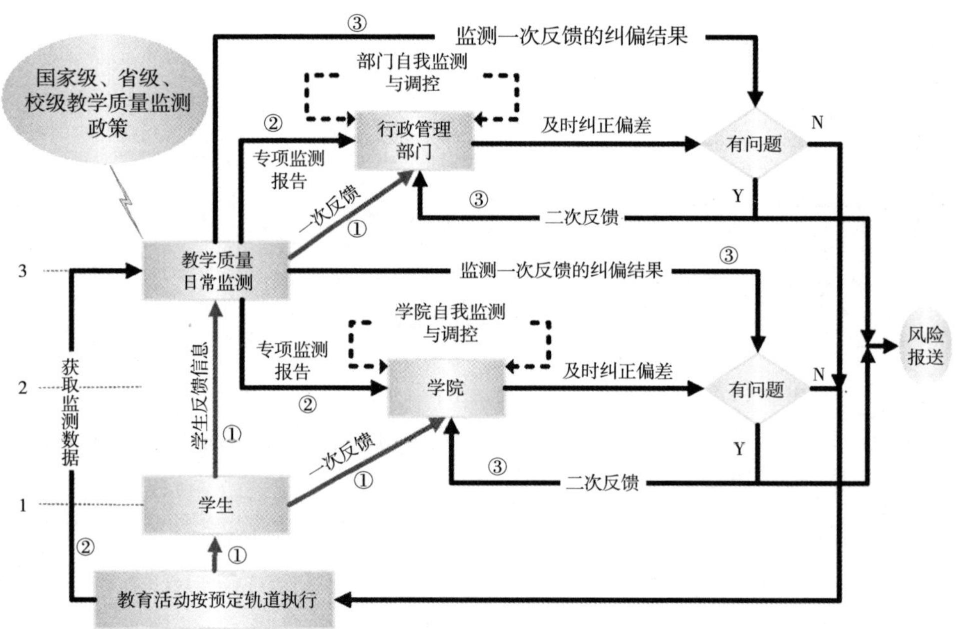

图 6　三位一体的教学质量日常监测流程

教学质量日常监测分三个层次，分别是学校层面的监测、学院层面的监测和学生层面的监测（本节中学院层面的监测包含行政管理部门的监测，因以二级学院的监测为主，为了称呼上的方便统一称为“学院层面的监测”）。学校层面由质评办负责监测必须要纳入学校视野的各项教育活动，学院层面由业务部门的质量监控人员负责监测本业务部门的各项具体教育活动的日常状态，学生层面由“学生教学质量信息站”各分站负责收集受教育者的亲身感受实时反馈教育活动中的教学质量问题。

三层监测体系流程图中标注①的线条表示学生反馈的教学质量问题，学生反馈的教学质量问题可分为两类，一类是针对本学院的问题，另一类是针对学校行政部门的问题。和学院相关的教学质量问题由各“学生教学质量信息分站”在送达质评办的同时送达各二级学院的教学质量监控负责人，和行政管理部门相关的教学质量问题由质评办送达各行政管理部门的教学质量监控负责人。标注②的线条表示学校层面开展的教学质量日常监测活动，学校层面的监测活动可分为三类，一是学校对全校各项教育活动进行分类整理，对那些影响学校整体教学质量的关键性活动进行日常监测或对具有共性的某项工作进行抽查式监测，二是横向比较型的监测，比如将不同学院的监测数据作对比或将本校的数据与外校的数据作对比等，三是学校领导指定针对专门的工作所开展的监测。学校层面的监测结果由质评办以教学质量日常监测报告的形式分别送达各业务部门，教学质量日常监测报告不仅要指出已发现的质量偏差还要对可能出现的质量偏差进行预警，教学质量日常监测报告的反馈信息也属于一次反馈范畴。标注③的线条表示质评办对各具体业务部门纠正学生和学校反馈的教学质量偏差情况进行监测，如果发现教学质量偏差未能及时纠正则进行二次反馈并同时将未能及时自我纠正的质量问题视为“教学质量风险”写入《教学质量日常监测月报》。虚线表示行政管理部门和学院对自身的各项工作进行自我监测和调控，这是三层监测体系中最重要的一层，学校层面和学生层面的监测只是对学院层面监测的监督和补充。学院层面监测需要业务部门对本业务部门各项教育活动进行分类整理，那些影响本业务部门教学质量的关键性活动都必须进行自我监测，但是学校的日常监测活动工作量太大，仅靠质评办是无法完成的，因此校级层面的监测需要校级督导协助，学院层级的自我监测需要二级督导协助，学生层面的监测需要成立“学生教学质量信息站”，依靠学生信息员每周收集教学质量的监测信息并将这些学生监测到的信息写入《教学质量日常监测月报》。

4. 关键性质量控制点教学质量评审的业务流程分析

与教学质量密切相关的教育活动都必须在关键性质量控制点开展教学质量的评审活动[4]。在关键时点开展教学质量评审的目的有二：一是对于那些还没有质量标准的具体教育活动帮助业务部门理清其质量标准和关键性质量控制点；二是对已经有质量标准的具体教育活动开展质量评审活动做出阶段性评价或总结式评价，从而找出质量偏差或质量标准的偏差。

从办学主体的角度运用系统的观点来分析，在关键性质量控制点开展的教学质量评审必须要有内外两种评审方式，即自我调控性评审和外部调控性评审。外部调控性评审又可分为指导性评审和利益相关者评审。指导性评审是指邀请省内外专家对专项工作进行评审，目的是帮助二级学院或行政管理业务部门厘清具体工作的质量标准和关键性质量控制点，回答的是“如何建设”的问题，指导性评审也称之为专家评审。某项工作在专家评审后，各业务部门结合专家评审的指导性意见拟定或修订具体工作的质量标准和关键性质量控制点，并对照具体工作的质量标准对自我建设过程周期性地在关键性质量控制点做自我评审，从而找出质量偏差，这是一种自我调控性质量评审，自我调控性评审也称为常态评审，回答的是“建设过程做得怎么样”的问题。所有教育活动的最终教育质量结果怎么样还得看“人民群众满不满意”，因此必须对利益相关者的日常满意度进行调查，通过实证调查的方式让社会、家长、学生和用人单位等利益相关者对人才培养的最终质量进行评审，其评审结果作为学校改进教学质量的输入信息之一，日常满意度调查回答的是“最终产品是否达到预期质量目标”的问题。专家评审、业务部门自我评审和利益相关者评审这三种评审方式存在一个时间上的线性关系，第一步是开展专家评审指导如何建设，一般是在第一个关键性质量控制点进行；第二步是业务部门在关键性质量控制点开展自我评审，检验建设过程做得怎么样；第三步是在各项教育活动的最末一个关键性质量控制点对利益相关者的满意度进行调查，检验建设的最终结果。关键性质量控制点的三种质量评审方式及关系，如图 7 所示。

学校层面针对某一项具体的教育活动在关键性质量控制点所开展的质量评审工作其基本流程至少包含十个步骤：拟定评审指标→制定评审方案→发出开展评审的通知→业务部门开展自评→收集并分析业务部门的自评报告→实施评审方案→拟定评审分析报告→发布整改通知→收集业务部门的教学质量偏差整改报告汇总未能自我纠正的质量偏差并视为教学质量风险写入《教学质量评审月报》。教学质量评审分析报告不仅要指出已发现的质量偏差还要对可能出现的质量偏差进行预警。

5. 教学质量偏差纠正的业务流程分析

教学质量动态控制过程类似导弹发射，是一个“寻找教学质量偏差→调整教学质量偏差→再寻找教学质量偏差→再调整教学质量偏差”如此循环往复的过程。这个过程如图 8 所示。

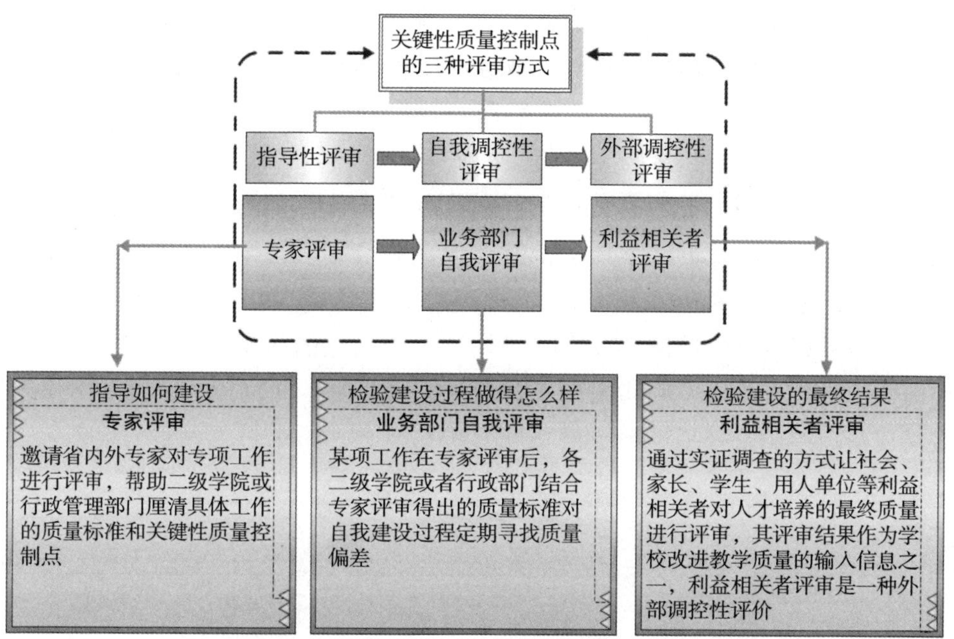

图 7　关键质量控制点的三种质量评审方式及关系

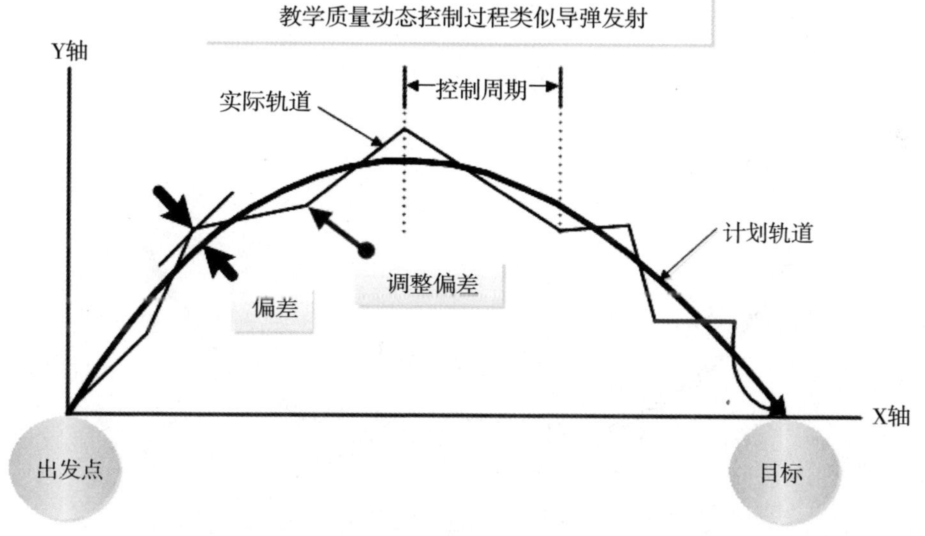

图 8　教学质量偏差调整示意

图 8 中弧形的粗线条表示教学质量的计划轨道，曲折的细线条表示教学质量的实际轨道，实际的教学质量与计划的教学质量出现偏差在所难免，但是为了保证预期的教学质量目标得以实现，我们必须要及时发现偏差并调整

偏差。寻找教学质量偏差有两种途径，一是教学质量的日常监测，二是关键性质量控制点的教学质量评审。各业务部门不能自我纠正的“教学质量标准的偏差”、“教学质量偏差”和“监测月报和评审月报中提出的质量偏差预警”的偏差调整工作需要质评办持续的跟踪直至教学质量偏差得以修正。

纠偏工作是质评办所有工作的终点，各项工作都是为了纠正教学质量偏差而进行。如果发现的教学质量偏差能够及时自我纠正则一个教学质量监控的流程就算走完，对于各业务部门不能自我纠正的教学质量偏差、教学质量标准的偏差以及日常监测活动和关键性质量控制点的质量评审活动中发现的可能会出现的质量偏差则均视为“教学质量风险”，纠偏工作的主要活动可用教学质量风险的管理模型图表示（见图9）。

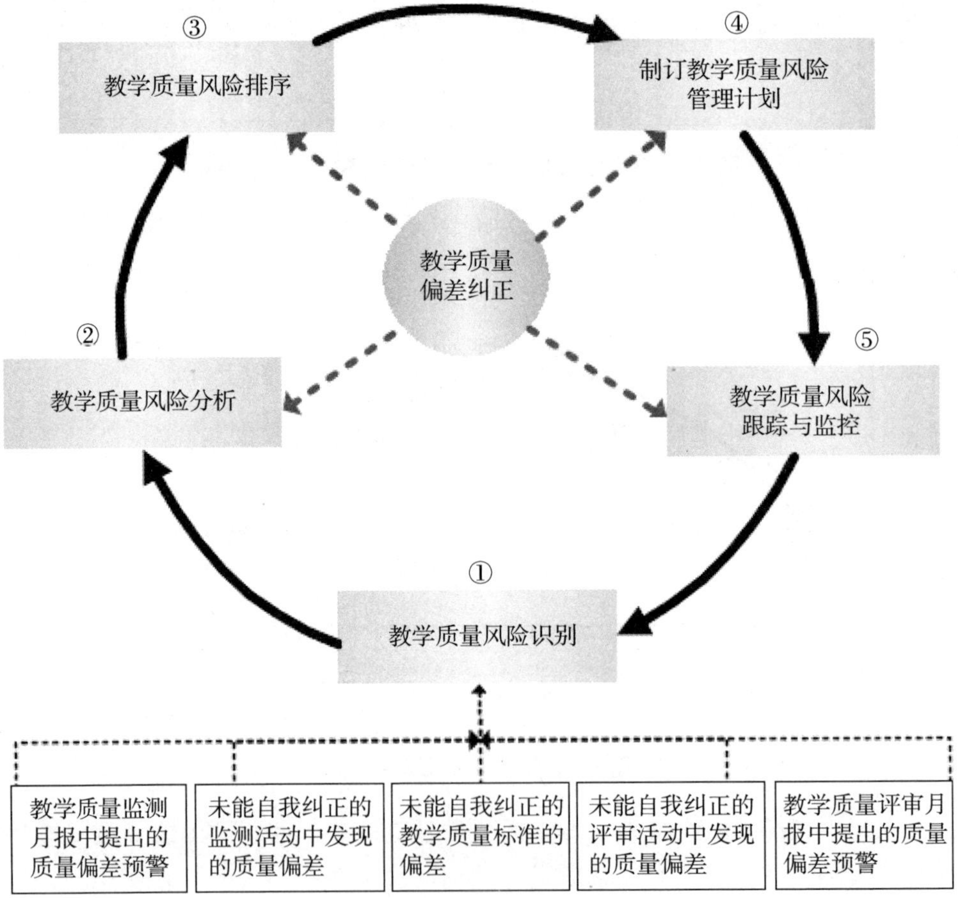

图9　教学质量风险管理模型

教学质量风险管理：①教学质量风险识别，记录影响教学质量的教学质量风险特征。②教学质量风险分析，包括定性和定量两种分析。定性风险分析这一活动用于分析教学质量风险对质量目标的影响程度。定量风险分析这一活动将已确定的教学质量风险对教学质量目标的影响予以量化。③教学质量风险排序，这一活动用于将教学质量风险按风险指数进行优先级排序，以便后续进一步分析。在资源有限的情况下，学校层面可以只针对风险性较高的教学质量风险进行管理。④编制教学质量风险管理计划，这一活动用于制订教学质量风险应对预案，降低教学质量风险对教学质量目标的威胁。⑤教学质量风险跟踪与监控，这一活动用于持续地跟踪教学质量风险直至质量偏差完全修正。教学质量风险如果经过一次跟踪仍未能纠正教学质量偏差，则应提升此教学质量风险的级别并进行二次跟踪。

质评办需要编制每月教学质量风险分析报告和年度教学质量风险分析报告。每月教学质量风险分析报告的内容至少包含两部分：一是当月必须要关注的教学质量风险，包括当月各二级学院未能自我调整的教学质量偏差，当月发现的教学质量标准的偏差以及当月在教学质量日常监测报告和教学质量评审报告中提出的质量偏差预警三部分；二是提出相应的教学质量风险应对预案。每月教学质量风险分析报告的数据来源于督导月报、监测月报和评审月报，质评办应将当月监测到的业务部门未能自我纠正的教学质量标准偏差写入督导月报，将当月监测到的业务部门未能自我纠正的教学质量偏差写入监测月报，将当月评审活动中发现的业务部门未能自我纠正的教学质量偏差写入评审月报。年度教学质量风险分析报告至少包含三部分内容：一是对每月教学质量风险的应对情况进行分类总结，二是教学质量风险的管理工作年度总结，三是找出严重影响本年度教学质量的前 10 项工作，作为学校对部门年度绩效考核的依据。

年度教学质量风险分析报告数据来源于督导年报、监测年报、评审年报和年度教学质量分析报告。基于教学质量风险管理的纠偏体系中还有一个重要环节就是业务部门的自我纠偏，质评办应指导和督查业务部门完善自我纠偏体系。业务部门的自我纠偏体系可以参照教图 9 中的教学质量风险管理模型运行，确保业务部门的教学质量风险是可识别的，它们的状态已记录并做出排序，制订并执行合适的教学质量风险管理计划并持续跟踪。表 1 给出一个教学质量风险管理计划实例以供参考。

表 1　　教学质量风险管理计划实例

教学质量风险类型	教学质量风险描述	教学质量风险责任人	教学质量风险解决措施	开始日期	结束日期	应急计划	当前状态

教学质量风险都是经过质评办一次跟踪后业务部门还未能自我纠正的质量偏差，而质评办与业务部门属平级机构，不具有领导权限，所以全部教学质量风险的纠偏指令都应由校级领导发出。教学质量风险月度分析报告和年度分析报告都应第一时间呈报学校领导，由校领导发出教学质量风险的行政纠偏指令，同时校领导可以要求绩效考核部门结合绩效考核制度对业务部门做出相应的奖励或惩罚。学校领导还可以要求质评办针对某一项具体的教育活动的教学质量偏差情况提交决策咨询报告，为校领导的决策提供事实依据。教学质量偏差纠正流程如图 10 所示。

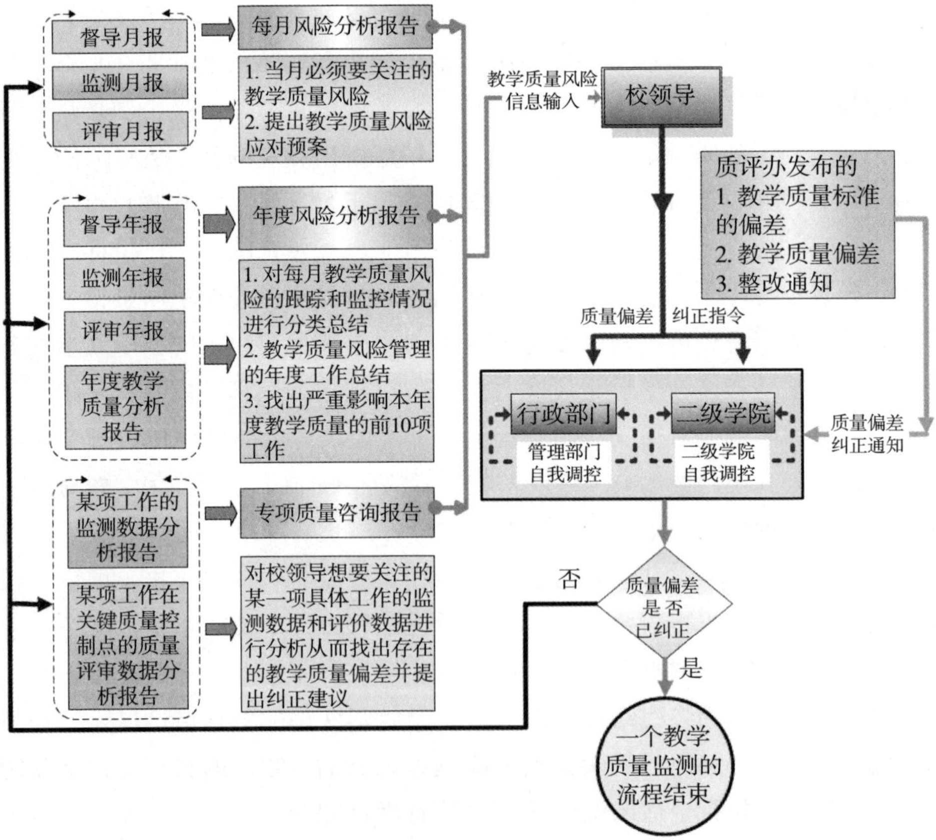

督导月报
监测月报
评审月报
每月风险分析报告
1. 当月必须要关注的教学质量风险
2. 提出教学质量风险应对预案
督导年报
监测年报
评审年报
年度教学质量分析报告
年度风险分析报告
1. 对每月教学质量风险的跟踪和监控情况进行分类总结
2. 教学质量风险管理的年度工作总结
3. 找出严重影响本年度教学质量的前10项工作
某项工作的监测数据分析报告
某项工作在关键质量控制点的质量评审数据分析报告
专项质量咨询报告
对校领导想要关注的某一项具体工作的监测数据和评价数据进行分析从而找出存在的教学质量偏差并提出纠正建议
教学质量风险信息输入
校领导
质评办发布的
1. 教学质量标准的偏差
2. 教学质量偏差
3. 整改通知
质量偏差　纠正指令
行政部门
管理部门自我调控
二级学院
二级学院自我调控
质量偏差纠正通知
质量偏差是否已纠正
否
是
一个教学质量监测的流程结束

图 10　教学质量偏差纠正流程

三、结语

高校教学质量监测的管理思路包含两部分，一是全过程监测，二是教学质量偏差纠正。质评办主要负责对教学质量是否偏离预定的质量标准进行监测，并督促业务部门及时纠正教学质量偏差，具体工作的教学质量偏差的调整由各业务部门自己完成。依据此教学质量管理思想质评办的工作可提炼为“拟定指标、教学质量日常监测、关键性质量控制点的教学质量评审和教学质量偏差纠正”四个环节。寻找教学质量偏差有两种途径，一是教学质量的日常监测，二是关键性教学质量控制点的质量评审。教学质量的日常监测工作对于教学质量的改进更加重要，因为在关键性质量控制点做评审时虽然能找出教学质量偏差但此时偏差已经产生，而教学质量的日常监测活动能够实时的发现教学质量偏差并纠正之。如果各业务部门能够及时自我纠正发现的教学质量偏差则一个教学质量监测的流程就算走完。而如果各业务部门不能自我纠正教学质量偏差、教学质量标准的偏差以及日常监测活动和关键性质量控制点的质量评审活动中发现的可能会出现的质量偏差则均视为“教学质量风险”，“教学质量风险”需要质评办持续的跟踪，其主要活动可参考“教学质量风险管理计划实例”和“教学质量风险管理模型”运行。

虽然对高校教学质量监测的一般性管理思想和业务流程做出了初步的探索，但是业务部门的自我调控体系该如何构建、如何保证具体工作质量标准的科学制定、日常监测的结果和关键性质量控制点质量评审的结果该如何有效运用、教学质量监测该如何突出学生的中心地位以及质评办的组织结构该如何重构、面向过程管理的关键性质量控制点质量评审和面向结果评价的校内自我评估该如何有效结合等问题还有待深入研究。

参考文献

［1］刘振天．我国新一轮高校本科教学评估总体设计与制度创新［J］．高等教育研究，2012，33（3）．

［2］王冀生．高等学校教育评估在中国的发展［J］．高教发展与评估，2005，21（4）．

［3］马廷奇．高等教育质量保障体系运行的权力逻辑［J］．中国高等教

育，2014，9（18）.

［4］刘献君．高等教育质量：本科教学评估的落脚点［J］．高等教育研究，2006，27（9）.

［5］同济大学教学质量保证体系研究项目组．大学本科教学质量保证体系研究［M］．北京：高等教育出版社，2004.

［6］傅大友，钱素平．常熟理工学院教学质量保证体系［M］．江苏：苏州大学出版社，2011.

（作者1系贵州师范学院教师、作者2系贵州师范学院教授）

【教学改革研究】

中、美教育教学理念差异的文化反思

刘海涛

对于中、美教育之间的差距，大量文章已有论述，但往往停留在对美国教育体制、管理机制、评估体系以及课程的选择与设置、教师的聘用与考核、学生的录取与培养等形而下层面的介绍。虽然美国教育思想家，如杜威、布卢姆、加德纳、马斯洛等人的教育思想也陆续引入中国，但似乎仅限于学术界的讨论与称赏。我们已经认识到美国教育在全球的领先地位，但将其理念、方法引入中国后，为什么会遇到重重阻力？中、美教育差异的根源在哪里？如何更好地让国外先进的理念为我所用？2015 年 1 月 11—31 日，在学校的安排下，笔者参加了在美国举行的“贵州师范学院教学改革与科研开发培训班”的学习培训及相关的教育教学考察活动。在学习与考察过程中，笔者认识到，中、美教育之间的差异，从根源上来讲是文化的差异，而解决中国教育的问题，应在中国文化的大语境下，吸收外来先进的理念，弥补自身的不足，如此才能扬长避短，少走弯路。

一、道德教育的问题

在来美国之前，我们通常认为中国人重德，美国人重才。如中国人讲《大学》即讲“大学之道，在明明德，在亲民，在止于至善”，即是讲思想道德境界的提升。如能“明明德”，则可以格物—致知—意诚—正心—修身—齐家—治国—平天下。而美国所宣扬的似乎都是个人英雄主义，以个人之力拯救地球、拯救世界、拯救人类，所以说他们都是“超人”。来美国学习，才发现美国人同样重视道德品质的修养，注重公民道德品质的培养。尤其是对政治人物、杰出人士，更是不能有半点瑕疵。就整个社会而言，美国人非常注重遵守交通规则，汽车过斑马线一定会停车，让行人先过，即使没人有，也会停一下。在美国的高速公路上，有一个车道专门是供车里有两人或两人以上的车子使用。即使前面塞车塞得非常严重，而这个车道又是空着，车里只有司机一人的车子也不会转到这个车道上。美国人也排队，就是静静地站在那里，有时甚至要排一个多小时，也没有喧哗吵闹。

中、美的文化都非常注重道德的培养，其差别在于培养的主体不同、方法不同，以及对道德与才能关系的认同上也存在差别。中国的文化传统中，非常注重家庭的教育，基本的道德修养都是在家庭中完成。所以中国古代有非常多的《家训》，就是强调在家庭中完成道德的培养，《论语》中也说“其为人也孝弟，而好犯上者，鲜矣；不好犯上，而好作乱者，未之有也。君子务本，本立而道生。孝弟也者，其为仁之本与”，意思就是在家懂得孝弟，出外做事就会遵守礼制，不会乱来。而美国人的道德培养主要依靠宗教的力量以及社会、学校的教育。孩子还没有学会识字，即已经在教会学会了朗读《圣经》，而社会、学校也反复告诫学生应该做什么，不应该做什么，都是道德的宣讲（也包含法律知识）。对于道德养成，中国传统文化强调自我反思，自我约束，即自律，如曾子说：“吾日三省吾身，为人谋而不忠乎？与朋友交而不信乎？传不习乎？”《礼记·中庸》则强调要“慎独”，即是告诫士人即使是只有一个人的时候，也要注意自己的言行举止，靠自己的意志力来战胜欲望：“所谓诚其意者，毋自欺也。如恶恶臭，如好好色，此之谓自谦。故君子必慎其独也！小人闲居为不善，无所不至，见君子而后厌然，掩其不善，而著其善。人之视己，如见其肺肝然，则何益矣。此谓诚于中，形于外。故君子必慎其独也。”这一段话讲别人虽然不在我们身边，但我们的所作所为，他人是一目了然的，就如同X光透视透过躯体直视“肺肝”一样，因为我们心里所想、所作所为都会在外在神情上表露出来。所以哪还敢放松对自己的要求呢？西汉·戴圣在《礼记·大学》中引曾子的话：“十目所视，十手所指，其严乎”，“十目”“十手”是指所有的人都在注视自己，即时时处于群众监督管理之下。当然，这种监督与其说是外在的真实存在，不如说是内心的自我警示，即是让人感觉到时时处在外在的监督之下。相比较而言，对于品德的修养与提升，美国人则更需要具体的外在监督力量。如我们说美国是一个非常注重个人隐私的国家，但在某些程度上，也可以说是一个透明度相当高的国家。在高等学校中，每位学生都会在网络上对任课的教师进行评价，而且这个评价结果在网络上是对全社会公开的，每个人都可以看到。换句话说，每位教师时时都会感觉到有人在注视自己，时时都可能会曝光，个人的一言一行都处在群众的监督之下，哪里还敢做坏事呢？另外，每一个美国人都有一个诚信记录，这个诚信记录会跟随这个美国人一辈子。如果有不诚信的事情发生，如考试作弊、行车违章、贷款记录不良、不按期交水电煤气以至于违法犯罪等，都会在诚信记录上被扣分。而且这种诚信积分也是公开的，人人可以查询。一个人的诚信积分越高，就代表信誉度高，做什么事都很方便，买车不用交首付，直接开走就行，因为卖家已经查过你的诚信积分，相信你会按时还款。如果诚信积分过低，卖家一定会让你交足了全款才让你把车开走。如果一个人犯了法，诚信积分就破产了。在美国，如果做生意失败，可以向法院申请破产，如果法院裁定确实破产了，你欠的钱也可以不还，但与此同时，你个人的诚信记录也破产了。诚信记录破产了，在社会上也就没法立足了，比如，想开个移动电话都开不了；想租一间房子，房东一查你的诚信积分，就不会租给你了，即使房东租给你，旁边的邻居一查你的诚信积分，就会向房东抗议，如果你不搬走，其他的邻居就要搬走。因此，普通的人如果道德评价过低，在美国则寸步难行。而在国内，每到年底，都会有小广告收购驾驶证空余的积分。如果中国也建立了诚信记录，还会有人出卖自己的诚信吗？

为什么道德修养，中国文化强调自我的约束，美国人则需要借助外力，其实这也与文化有关。儒家思想主张“性本善”，认为人皆有良知良能，皆有恻隐之心、羞恶之心、辞让之心、是非之心。人有良知良能，我们就相信他们会向善，相信他们会自我提升。而美国人出于宗教的信仰，主张“原罪说”。原罪一词是指人类生而俱来的、洗脱不掉的“罪行”。《圣经》中讲：人有两种罪——原罪与本罪，原罪是始祖犯罪所遗留的罪性与恶根，本罪是各人生所犯的罪。正是出于“原罪说”，所以美国人认为个人是无法依靠自已的力量来完成道德的修养的，只有采取外在的监督措施来加以约束。这也是美国人采用诚信积分来加强社会管理的理论根源。这里就有一个问题，如果美国现在废除这个诚信积分制度，会出现什么情况呢？不得而知。当下的中国，人的道德素质普遍滑坡，造成这个情况的原因是多方面的，如家庭教育这一方面受到了严重的冲击，本该由家庭教育完成的道德修养大打折扣，所以各种问题接踵而来。如何提升公民的道德修养已经是一个迫在眉睫的问题。这一点，应该向美国学习，即由社会与学校承担起道德培养的责任。中央强调弘扬中国传统文化，中央电视台有一个节目讲家风，在某种程度上，即是重新重视家庭教育的表现。而美国的诚信积分也给了我们一些启示。但制度建立比较容易，如何实施则是一个重要的问题。《纽约时报》曾报道过这样一件事：美国堪萨斯城郊的一所高中，118 名二年级学生被要求完成一项生物课作业，其中 28 名学生从互联网上抄袭了一些现成材料。此事被任课女教师 Pelton 发觉，判定为剽窃，于是这 28 名学生的生物课得分为零，并面临留级危险。在一些当事人家长的抱怨和反对下，校方要求女教师提高那些学生的得分，这位 27 岁的女教师愤而辞职。面对社会舆论压力，学校董事会不得不在体育馆举行公开会议，听取各方意见。结果绝大多数与会者支援女教师。该校近半数教师表示，如果校方降格满足少数家长修改成绩的要求，他们也将辞职。他们认为，教育学生成为一名诚实的公民远比通过一门生物课更加重要。Pelton 则说，她在带学生的第一天就和学生定下规矩并由家长签字认可。规矩中约定：“所有布置的作业都必须完全由学生自己独立完成，欺骗或剽窃将导致课程失败。女教师每天都接到十几个支援她或打算聘用她的电话。一些公司已经传真给学校索要当事学生的名单，以确保公司今后永远不会录用这些不诚实的学生。这些事情，在中国人看来可能是小题大做，但诚信即是靠点滴的积累。美国的诚信记录发展到今天已经有一百多年的历史，美国著名的三大信用评级机构穆迪（Moody）、标准普尔（S&P）、惠誉国际（Fitch）已经形成了一个庞大的产业，而其作为第三方独立运作的模式确保其评估的公正性。如果在中国一个单位内实施诚信积分，很多问题都要进行深入的思考：评价的标准如何定？谁来评价？在单位内评价，还是第三方评价值？单位内评价，岗位如何设置等。

二、公民教育与精英（精致的利己主义者）教育

就大学教育而言，美国人认为学校培养不出天才，而是要培养公民，公民培养好了，人才也就有了。这种教育的理念来自 19 世纪的英国教育思想家约翰·亨利·纽曼（1801—1890），纽曼在《大学的理念》（*The Aim of a University Education*）一书中提出“如果一定要赋予大学教育一个切实的目的，我的主张是培养社会的好公民。大学教育的艺术就是社会生活的艺术，其目的就是使人

适应这个世界。”在纽曼看来，大学是无法培养造就一批如亚里士多德、牛顿、拿破仑、华盛顿、拉斐尔、莎士比亚式的天才的，虽然这些人曾在大学的院墙中出现过。大学教育也不应把着眼点局限于某些特定的职业上，大学教育所应教会人们的是“看清事物的真实面目并直接抓住要害，教会人们解开思想的缰结，发现其中的诡辩之处，舍弃其中的不相关之处。”如此一来，大学教育即能“使人做好准备，可靠地胜任任何职位，轻松自如地掌握任何科目。”与此同时，大学教育还应“教会人们如何适应他人，如何设身处地为人着想，如何把自己的想法转达给他人，如何影响他人，如何相互理解、相互宽容。对于大学教育的宗旨，纽曼认为不是个人的提升，而应是公众、社会的提升：

大学教育旨在提高社会的知识氛围，培养国民的公心，净化国民的情趣，为浮躁的公众提供真正的公理，为公众的理想提供确定的目标，扩大时代的思想库并注入冷静的思考，促进政治权力的行使，提高人际交流的质量。

当我们读到这段话时，我们才会理解为什么美国人在公共场合总是很安静，安静地用餐，安静地排队，塞车时也没有人鸣笛。深受纽曼思想影响的美国哲学家、教育家约翰·杜威（John Dewey，1859—1952）则坚决主张教育即是培养合格的平民。杜威认为平民主义教育包括两个要素：发展个性的智慧和养成协作的习惯。因此，他大力提倡教育要培养富有个性精神和合作精神的平民和公民。纽曼、杜威的思想可以说是美国教育的基石，也是美国高等教育的指导思想。

反观中国的教育，北京大学教授钱理群先生在武汉大学老校长刘道玉召集的“《理想大学》专题研讨会”上曾说：“我们的一些大学，包括北京大学，正在培养一些‘精致的利己主义者’，他们高智商，世俗，老到，善于表演，懂得配合，更善于利用体制达到自己的目的。这种人一旦掌握权力，比一般的贪官污吏危害更大。”中国的教育从来都是精英教育，同时又只注重技能、知识、专业的培养。如果精神境界缺失，没有“为天地立心，为生民立命，为往圣继绝学，为万世开太平”的追求，其所剩下的就是在喧嚣浮躁的社会中追求个人利益的最大化，即是“精致的利己主义者”。

三、“适才适用”与“学而优则仕”

1. 个人的社会角色问题

行政管理专业有一个概念叫“适才适用”，即是说在一个单位，每个人的学识、技能、专长各不一样，这也就是我们所说的“尺有所短，寸有所长”。如何充分了解每个人的特点并安置到最适合其发挥才智和潜能的岗位上，使得事得其人，人尽其才，才尽其用，这是一门高深的学问。中国古代也有这样的概念，北齐刘昼在《刘子》一书中提到“适才”的问题时指出：“物有美恶，施用有宜。美不常珍，恶不终弃。紫貂白狐，制以为裘，郁若庆云，皎如荆玉，此毳衣之美也；压菅苍蒯，编以蓑芒，叶微疏垒，黯若朽壤，此卉服之恶也。裘蓑虽异，被服实同。美恶虽殊，适用则均。今处绣户洞房，则蓑不如裘；被雪沐雨，则裘不及蓑。以此观之，适才所施，随时成务，各有宜也。”刘昼在这里以华丽的裘皮大衣与粗陋的蓑衣做对比，指出其虽然在质地上有很大的差别，但在防雨防雪方面，裘皮不如蓑衣，进而指出蓑衣也是有其用处的。这是中国人的思维方式，即先将事物分个三六九等，然后再强调万物皆有其用，呼吁大家要一视同仁，不要厚此薄彼。就职业而言，中国也有三六九等之分。受“学而优则仕”传统的影响，在中国最受欢迎的职业就是公务员，虽然有的部门录取比率达到2461：1，但仍然无法减少年轻人报考的热情。与此同时，很多岗位急需的技术人员却无人应聘。孩子从小就形成了小学—中学—高中—大学—考公务员的观念，从小学算起，到比较顺利地考上公务员，中国的孩子犹如千军万马，要在这一座独木桥式的狭窄通道上，度过二十多年的光阴。二十多年，一代人的才情、激情全部都消磨掉了。更令人惋惜的是，如叶荣茂教授所指出的，中国与许多发展中国家一样，投入了大量的财力、物力、人力来建设基础教育，当这一代孩子中的佼佼者终于突出重围，接受完基础教育和最好的高等教育，本应该回报社会，为社会创造财富时，美国人又把他们弄到美国，其所创造的财富被美国人所据有，反过来倾销给中国，实质上就是美国人掠夺了其他国家的教育成果，这是一件非常令人痛心的事。

中国政府现在也意识到问题的重要性，提出在高中分流学生，即让一部分中学生毕业后读职业高中，免除学费，甚至还有入学补助，但就是在这种优厚的经济刺激下，职业高中却陷入了招不到学生的困境。上级领导指责学校宣传、招生力度不够，其实他们不知道，问题的根源在于中国传统文化“学而优则仕”的观念所造成的整个社会重普教、轻职教，重研究型人才、轻技能型人才的局面，在这种社会环境之下，加之职高生上升渠道不畅通，薪酬难以提高，前景更加黯淡。以职业高中的教师个人之力挑战整个社会，焉有不败之理？另外，中国的高职教育又被放在第三批次录取，更是让人感觉低人一等，尊严从何而来呢？

要解决中国的问题，只有重新回到“适才适用”的问题上，但要加以提升。中国人讲“适才适用”，往往是在一个单位、一个部门来讲。美国人也讲“适才适用”，则是将人放在整个社会中，放在国家的层面来讲，即这个人在社会中能从事什么职业，能为国家做什么事，他就去做这些事。这里有两点需要注意：①美国人没有等级观念，职业也没有高低贵贱之分，都是社会所需要的。只要能为社会提供服务，就会受到尊重，所以奥巴马总统国宴结束后，经常和厨师长合影，以示感谢。在美国，真正实现了“三百六十行，行行出状元”，而中国人说这句话时，往往带有一些安慰或自我安慰的色彩。美国人选择职业，多是根据个人的能力与兴趣爱好。在美国，已经消除了体力劳动与脑力劳动、城市与农村、工业与农业的差别，有成百上千类收入较高的工作只需要高中文化程度即可。如美国劳工部统计局对 2012 年职业收入的调查数据，列出美国高中毕业生可获得高薪的 7 大工作，其中包括地铁和有轨电车操作员、时装设计师、电力系统维修工，侦探和刑事调查、核电站反应堆操纵员、电梯安装和修理工、航空公司飞行员、副驾驶员和飞行工程师。所以也有相当一部分青年人不去读大学，高中毕业后直接去就业。②美国人的“适才适用”是自己去选择社会的岗位。孩子读什么专业，将来从事什么职业，都由孩子自己决定。虽然父母会给一些建议，也会帮助孩子分析以后会遇到的问题，但最终的决定权在孩子。孩子一旦做出了决定，他就要为自己的决定负责，由此也可以进一步培养孩子的责任感与勇于担当的信念。

2. 学校定位的问题

个人的“适才适用”首先需要给自己定位，即是一个什么样的才；对一个学校的发展来说，首要的问题同样是需要准确的定位。对于美国大学的定位，别敦荣在《美国大学定位与个性化发展》（《高等教育研究》2003 年第 1 期）一文中曾以“各级各类大学在发展定位上不拘一格，注重个性化，在知识的发现与传播、学生人格的养成以及社会的文明与进步等方面实现各自的价值”加以概括。简而言之，即使在非常完备的美国的教育体系中，研究型大学、教学型大学和社区大学层次分明，各学校定位非常明晰，如本次培训班所在的加利福尼亚州，除了拥有众多的私立大学和学院外，如著名的加州理工学院（Cal Tech）、斯坦福大学（Stanford）、南加州大学（USC），还拥有三大公立高等学校系统：加州大学（University of California，UC，10所），加州州立大学（California State University，CSU，23所）以及加州社区学院（California Community College，CCC，119所）。加州大学与加州州立大学虽然在校名上只有一字之差，但学校类型截然不同。加州大学（UC）注重高等研究领域，属于研究型大学（Research University），培养研究型人才。在美国，只有研究型大学才能培养博士生，培养博士生、硕士生的比例较高，一般要占到学生总数的1/3～1/2，以严进严出的方式保证教育质量。加州州立大学（CSU）属于教学型大学（Teaching University），培养应用型人才，加州60%的教师人力及40%的工程人才，以及加州每年一半的大学毕业生和1/3的硕士毕业生出自加州州大系统。教学为主型的大学以培养四年制本科生为主，具备条件的学科也培养硕士生。社区学院（Community Colleges）主要提供两年制的课程。它们的学生通常也称为副学士学生。学生在校期间有良好成绩，可申请转入四年制的大学本科学院，只需再多花两三年的时间修毕相关学士课程。其他的学生则会踏入职场。社区学院即相当于中国的职业技能学院。如参观考察的纽约市立大学皇后学院（CUNY Queens College）最好的专业是护理专业，培养护士。

美国州政府对公立大学一般也都有明确的定位要求，甚至通过立法来加以规定。大学一旦定位明确后，就成为教职工、学生共同追求的目标。学校的定位直接决定着不同层次人才的培养，学校也不追求升格大学定位，而是寻求学校、学科、专业及培养人才的个性化，努力打造办学特色，追求与其他学校的差异，以此来努力打造自身的社会品牌形象。因此，在不同学校之间，形成分工明确、竞争有序、合作共赢的高等教育体系。

就中国高校的定位而言，一直存在着定位不清且不安于定位的问题。中国高校大致可分为科研型、教学型、职业教育型三类，而且在潜意识中，将其分为三个由高至低的三个层次。因此，大部分学校不顾实际地希望成为科研型大学，如果不行，退而求其次，成为科研教学型或教学科研型大学，多少也要和科研挂上钩，认为不提科研就是低人一等。正是由于这种等级观念，2014年5月，教育部酝酿启动高校转型改革，预计在两三年内将600多所普通高等院校转向职业教育，培养技能型人才，此举更让600多所高校的教师感觉又低人一等。究其原因，在于中国人很少认真研究如何教书，从来也没有将教学方法作为一门学问，认为科研是劳心的，教书只是简单机械的重复，而“劳心者治人，劳力者治于人”的观念在他们心中其实是根深蒂固的。因此，很少有学校自己愿意定为教学型大学，更不要说转为职业教育学院。

一个学校的定位由多种因素决定，其中一个重要的因素是经费的投入。建设研究型大学，尤其是高水平的研究型大学需要巨大的资金投入，例如2001—2002年度哈佛大学支出经费为22.9亿美元，麻省理工学院支出经费为15.4亿美元。2002—2003年度斯坦福大学的运行经费为21亿美元（《美国研究型大学经费来源与支出结构的特征》）。没有科研经费又谈何科研呢？一个学校定位以后，其学校的运作都要从定位出发。教学型大学一个重要的问题即是将教学列在第一位。加州州立大学即是教学型大学，学校在对教师的考评中不要求教师在权威期刊上发文章，因为那是研究型大学教师要做的事。中国的一些学校，虽然定位为教学型大学，但在教师职称晋升时，却是只重视科研成果，有的老师课上得很糟糕，只因多发了一些论文仍得到晋升，此举势必影响教师教学的热情。教学型的大学，应将教师的教学水平考核放在第一位。

四、教与如何教的问题

对于大学的课堂教学，老师们通常会认为“我已经把该讲的都讲了，至于学生能理解多少，能掌握多少，那是他们自己的事。”而学生们的反映则是：“我之所以逃课，是因为老师讲得实在太烂了。”责任到底在哪一方呢？对于很多中国高校的教师来说，他们认为教师的职责就是韩愈所说的“传道、授业、解惑”。就“授业”而言，即是传授，而学生的职责则应是接受、有问题则问，进而自思，以求领悟。如果考虑到郑玄三年都没有见到他的老师一面，很多大学教师则更坚定地认为学习就是学生自己的事。其实在教师“讲授”与学生“接受”的过程中，往往存在一个空档期，如何将两者有效地连接起来呢？中国的传统文化强调老师给出暗示，学生要去感悟。如《西游记》中，师祖“将悟空头上打了三下，倒背着手，走入里面，将中门关了，撇下大众而去”，孙悟空即知道“祖师打他三下者，教他三更时分存心，倒背着手，走入里面，将中门关上者，教他从后门进步，秘处传他道也。”《五灯会元·七佛·释迦牟尼佛》记载，佛祖“在灵山会上，拈花示众，是时众皆默然，唯迦叶尊者破颜微笑”，迦叶微笑，即说明对他对佛理有了透彻的理解，对老师所讲的心神领会了。学生如果领悟不了，就会被认为资质很笨，也不值得老师教下去了。所以在中国的典籍中，都是记载学生的努力，而几乎找不到教师去考虑如何教学生的记载。而在美国，采用何种方法教授，以便学生能更容易理解、掌握，被认为是老师的职责所在，即老师不但要知道教什么，还要掌握如何教的方法。之所以如此，其文化背景在于美国没有那么多的师道尊严，老师与学生之间是平等的交流者，而且老师居于交流的主导地位，是信息的发出者，为了让学生更准确地理解自己所讲的内容，教师在授业前，可能会意识到学生可能会遇到的障碍，比如知识背景的不完善、理解可能的歧义性、大段概念讲述的枯燥性等，就会采用更有效的讲解方式进行讲解，学生理解就更容易一些，学习的效果也会更好。换句话说，既要考虑教材，更要考虑教学方法。这一点，中国的中小学教师做得要好一些。

如何教的问题，中、美之间也存在一些差异，如参与式教学方法（Participatory Teaching Method）是目前国际上普遍倡导的一种进行教学、培训和研讨的方法。联合国教科文组织（UNESCO）将参与式教学方法归纳为：课堂讨论、头脑风暴、示范和指导练习、角色扮演、小组活动、游戏和模拟教学、案例分析、讲故事、辩论、与他人在特定环境内练习生存技能、音频或视频活动，比如艺术、音乐、戏剧、舞蹈等决策图或者问题树。这些方法很受美国学生的喜欢，但在中国却很难推广。表面上看，中国的学生更喜欢成为一个安静的聆听者，而不愿意成为一个参与者和讨论者。之所以有如此差异，也是文化的差异造成的。中国传统文化教育孩子的就是谨言慎行，《论语》中此类的话就很多，如“多闻阙疑，慎言其余，则寡尤；多见阙殆，慎行其余，则寡悔”，“君子欲讷于言，而敏于行”。父母在家里也会教育孩子要听说，不要乱说话。在一个小组讨论时，中国的学生可能都会在心里默默地想，而不急着表达出来。中国文化比较传统，约束性较强；美国人的思维比较自由，上课也比较自由，美国鼓励学生挑战，从小培养学生创造力、独立思考的能力，如学生会问，大象为什么是灰色的，没有蓝色的？美国一年级小学生开学要读誓词：“我保证使用我的批评才能，我保证发展我的独立思想，我保证接受教育，从而使自己能够自作判断”（美国第三任总统杰斐逊撰写）。所以在这种教育的培养下，美国的学生从小就养成了独立思考、与众不同的思维，也乐于与人交流。这正是中国学生所欠缺的。

通过在美期间的学习与考察，自己对美国的教育理念、教育体制，高等教育的结构、育人模式及教育教学管理方法、课堂组织等方面有了感性的认识与了解，而对中、美教育差异的文化因素也进行了一些思考。不同的文化都有其优势与不足，在当今这个“东西相交”的世界中，我们只要立足于自身的文化传统，以更加开放的心态吸收外来的先进理念，同时注意调整变革，注意扬长避短，就能推动中国教育事业的发展与进步。

参考文献

［1］马麟．新时期学分制背景下高校教学的几点思考［J］．学理论，2010（33）．

［2］蒋福明，周良荣．“中国特色社会主义理论与实践”课教学创新探讨［J］．中共桂林市党委党校学报，2011（3）．

［3］王淑娟．中美大学问责异同分析［J］．清华大学教育研究，2010（10）．

［4］张琳．儒家思想和基督教对中美价值观的影响比较［J］．齐齐哈尔大学学报，2013（3）．

（作者系贵州师范学院文学院副教授）

《历史地理学导论》课程教学之杂谈

凌永忠

中国历史地理学是历史学科的重要二级学科，学界的相关研究成果丰富，对我国社会经济发展产生了重要的影响。因此，中国历史地理学的重要性日益突出，是我国高校历史学科必须开设的一门课程。由于历史地理学专业知识在中学历史教学中发挥着重要的作用，所以师范院校历史专业学生更应当学习该门课程。但事实上，有不少高校并未开设“历史地理学”这门课程，即使开设了中国历史地理学，也或多或少存在教学和实践上的问题，这应该引起历史地理学教学工作者的重视。

一、关于中国历史地理学

历史地理学是研究各历史时期地理环境各要素变化的过程、特点及其相互之间的内在联系，以及人类活动与地理环境变化之间的相互关系及其规律的科学，是一门研究人地关系的学科，与自然、人文和社会科学中有关的各分支都有密切的关系。具体的研究内容主要有历史自然地理，如历史地貌地理、历史水文地理、历史生物地理、历史气候地理、历史灾害地理等；历史人文地理，如历史政治地理、历史经济地理、历史军事地理、历史风俗地理等。关于其学科性质，学界并未形成共识，有认为属于历史学的，有认为属于地理学的，有认为是一门独立的综合学科的。

历史地理学因其在我国社会经济文化建设中发挥了越来越重要的作用，且作为历史学科的重要分支学科，而应为高校历史专业开设的必修课程。历史地理学是一门交叉学科，也是一门边缘学科，涵盖了多学科的知识。学习历史地理学，不仅要有历史学背景，而且有必要了解相关学科的知识，如地理学、环境学、生态学、气候学等。因此，历史地理学知识的掌握可以丰富学生的知识结构，活跃学生的思维，扩大学生的视野，同时有利于学生灵活、创新地学习历史知识，有利于学生更深刻地解释历史问题。但有些高校并未足够重视这门课程，部分学校开设了历史地理学，也是将其视为边缘化的课程，并未配备历史地理学的专业教师，导致教学效果不明显，因为非历史地理学专业背景的老师难以教出历史地理学的空间结构感，难以把握历史地理学的尽全时空观和人地关系这一核心特点。我校历史地理学课程是历史学专业的选修课，亦有被边缘化的趋势，这可能是由于对历史地理学的认识不足而导致的结果。我校历史学专业学生对历史地理学更是知之甚少，因此，对历史地理学有效教学的积极探索极为必要。

二、历史地理学导论的教学

在中国传统文化中，教学是分开的两个词，即教与学。教，即教育、教导之意，《论语·卫灵公》："子曰：有教无类。"《荀子·劝学》："生而同声，长而异俗，教使之然也。"其中所指便是教育之意。《说文解字》："教，上所施，下所效也。从攴从孝。"攴是手持某物体轻轻敲打的意思，引申为指导、指引的意思，实际上就是教的过程。学，学习之意。《论语·述而》："学而时习之"，引申为学问之意，《韩非子·外储说左上》："其学甚博。"可见，教学实为教与学的过程，教即教育工作者传授知识，启发受教育者思维的过程，学即教育对象学习知识并内化为学问的过程，可见，教学的过程是能动而非机械的过程。因此，大学教学的目的是要培养学生而非考生。历史地理学作为一门较边缘的历史学二级学科，而且其学科特点又不完全遵循历史学的学科特点，还带有诸多相关学科的知识特征。可以说，历史地理学对于历史学专业的学生来讲，是一门全新的专业，因此，历史地理学课程更应该重视教学。

首先，要求学生广泛地阅读。学界关于历史地理学的理论和实证研究非常多，学术力量也在日益壮大，很多不同学科背景的学者都在进行历史地理学的研究，为我们的学生提供了大量的优秀成果。教材是一个系统的概述，对于初学且又想全面了解历史地理学的学子来说，选择一本好的教材至关重要。当然，仅一本好的教材还远远不够，教师应当向学生提供相关的参考书目供学生选读，包括历史地理学前辈的文章和著作，当今历史地理学权威专家的文章和著作，以及历史地理学新人的成果和国外历史地理学成果。这其中有理论著作，也有典型的实证研究，阅读这些著作可以让学生更全面地掌握历史地理学的学科理论、科学特点、研究方法，真正理解历史地理学究竟是做什么的。更重要的是，阅读不能仅为完成任务而阅读，阅读后要形成自己的认识，以史学札记的方式记载自己的想法，要能从北平历史城市地理研究想到能否对贵阳历史城市地理做研究，要能通过历史气候地理的学习，思考气候变化对历史农业地理，甚至历史文化地理有什么影响等。

其次，历史地理学课程的教学工作应由专业教师担任，课堂教学不仅要增加学生的知识，而且要培养学生的能力。历史地理学的学科特点决定了具备历史地理学专业知识的教师才能更好地把握这门课程，才能教出历史地理学的空间结构特征和人地关系特点，才能引导学生了解中国历史的空间结构，否则，极有可能会回到以历史事件为线索的历史教学当中来，这就达不到学习历史地理学的目的。教学过程中，要注意图文结合，培养学生分析地图的意识和能力，条件成熟的情况下，还可以教会学生如何做地图，如何将自己的文字表述用地图来反映，也可借此来培养学生的空间感；为了培养学生的问题意思和思维能力，应当鼓励学生在课堂上随时提问，并将问题在师生互动中解决；甚至可以每节课抽出十分钟作为学生的自由发言时间，由某一位学生上台跟同学们分享自己的学习心得，这样既推动学生课后学习，提高自学能力，同时还可以提高学生的语言表达能力，实乃一举多得之事。

再次，重视课后的指导。课后主要是学生的自学时间，如何有效利用课余时间，这不仅是学生要考虑的事情，而且也是老师应该思考的问题。学生的自主学习或多或少存在一定的盲目性和随意性，当然也会遇到一些问题，这就需要老师积极开展课后指导工作。因此，教师不能认为自己的工作仅仅是课堂教学而已，课后帮助学生也是自己的职责。课后指导可以从以下三个方面进行：第一，指导学生如何读书，及时帮助学生解决阅读过程中遇到的疑难问题；第二，指导学生进行适当的写作，如札记、评论、学术论文等；第三，引导学生培养自己的人文情怀，运用历史地理学知识去关心周边的事情，如贵州石漠化问题、贵州少数民族时空分布演进、贵州历史的时空结构、贵州山地开发中的生态变迁等问题，这些都是历史地理学研究的重要问题和热点问题，通过类似问题的思考，可以培养学生关注环境、关注人类社会发展的意识和情怀。

最后，课后作业和期末考核更多的是对学生能力的检验，而不是学生记忆力的检验。课后布置几个简答题，考试仅凭记忆就能通过，这是中学时代培养考生的做法。在大学，这种培养方式不可取，因此，课后作业应是一些具有结构性和开放性的问题，要求学生运用自己的逻辑思维能力把自己的知识组织成一个严谨的体系，在这个体系里应有学生自己的想法，而不是简单机械地罗列几个知识点。对学生的考核方式要多样化，不要完全机械地停留在中规中矩的试卷上，更不应划重点，要避免学生考前背几天，考后全忘掉的怪圈。

总之，历史地理学课程的教学应该遵循历史地理学的学科特点，在选好教材的基础上指导学生广泛地阅读、跨学科地阅读。课堂教学活动应灵活多样，课余要适时地进行指导，课后作业和考核要避免机械化，而这一切都要以培养学生的能力和人文情怀为标准，如阅读能力、写作能力、思维能力、发现问题和解决问题的能力、语言表达能力等。当然，历史地理学课程的教学活动及其培养目标的实现，离不开一定的实践活动。

三、历史地理学导论的实践

历史地理学是一门实践性很强的学科，学习历史地理学课程，进行历史地理学研究离不开一定的田野调查工作，因为很多历史地理学知识来源于田野。

历史地理学所讲的田野是一个较大概念的田野，任何地方都可以成为田野，山川、平坝、古遗址、学校，乃至课堂都是田野。为了更好地完成历史地理学课程的教学工作，教师应适时地组织学生参加野外考察活动，让学生直观地感受地理环境或实测某种时期，增强学生的空间感。为此，教师应向学生传授田野考察的相关知识，指导学生阅读一些关于田野调查的理论成果，同时要求学生研读现有的考察报告，使学生懂得如何选择考察对象，如何做考察报告，从而提高学生田野考察的能力。这是历史地理学教学活动的重要内容，也是历史地理学工作者的基本技能。

在条件允许的情况下，组织学生选择适当的地点开展实践活动。由于实践活动要与课堂教学活动紧密相关，所以考察地点的选择不能随意。如学习历史军事地理之后，可以选择典型的古战场遗址进行实地考察，如明代播州战役发生地遵义，让同学们感受古战场的战略地位；为了满足历史城市地理的学习需要，可以组织学生对我国的古都进行考察，体验古都的城市风格和功能等。需要注意的是，必须要求每位学生认真写出调查报告，既锻炼了学生的写作能力，又使学生有所收获。

总之，历史地理学是一门跨学科的边缘学科，历史地理学课程的教学必须遵循其学科特征，培养学生的空间概念，不能简单地照搬其他历史科学的教学方法。好教材的选择是历史地理学教学的重要条件，当然，对学生的要求不能仅限于教材，要广泛地阅读。教学方式要灵活化，实现课堂教学、课后指导和田野考察的有机结合，高度关注历史地图在历史地理学教学中的重要作用，培养学生的空间结构感。教学、作业和考核都必须坚持以提高学生能力为目的，充分调动学生的主观能动性。

参考文献

［1］葛剑雄．中国历史地理学的发展基础和前景［J］．东南学术，2002（4）．

［2］蓝勇．对中国历史文化地理研究的思考［J］．学术研究，2002（1）．

［3］王均，陈向东．历史地理学信息化若干问题的探讨［J］．地理科学进展，2001（2）．

［4］邹逸麟．中国历史人文地理［M］．北京：科学出版社，2001.

（作者系贵州师范学院历史与社会学院教师）

“中国古代史”课程的教学困境与思考

杜　景

作为历史专业学生的专业基础课程，“中国古代史”的教学备受关注，能帮助学生形成较强的历史意识与历史分析能力，并具备较全面的文化知识素养与基本的历史认知能力。

一、问题与困境

1. 教学课时少

“中国古代史”课时比较少，在我院，此课程共开设2个学期，第1个学期因为新生入校较晚加之入学教育等时间的耽搁，只有14周的教学时间，每周3课时，共42个课时；第2个学期18周教学时间，每周3课时，共54课时；合计一学年的课时量为96课时。在这么少的课时内，教师要把时间跨度大、内容丰富、史料浩瀚的知识进行有效的取舍和把握，确实难度比较大。同时，我们还必须充分考虑教育对象的基本情况，“中国古代史”所接触的学生是刚从高中进来的大一新生，一方面学生的历史知识相对有限，另一方面对于大学的治学方法存在着一定的不适应性，所以，教师的教学大都采取传统的可控性较强的模式，即“满堂灌”的讲授方法，但是这样的教学模式确实又很难激发学生学习的兴趣，因为教师在课堂上没有留给学生思考的时间，很难培养学生的独立思维能力，而且整堂课学生是处在在单纯地记笔记和单向地接受教师的知识传递过程中，时间长了，学生的疲倦感和厌学感会普遍存在。

2. 教材建设滞后

教材建设存在滞后性，我们基本上采用的是范文澜的《中国通史》、翦伯赞的《中国史纲要》、詹子庆的《中国古代史》或者是朱绍侯的《中国古代史》作为中古史教学的教材。这些各有特点的专著，曾为我们的教学提供了重要参考，为我们的教学实践做出了重要贡献。然而，随着时间推移，曾起了重要作用的教材，有的观点渐显陈旧，有的结构不尽合理，更为关键的是它们皆无法吸收近几十年的新研究成果，所以如果一味强调教学唯教材论，会影响教学内容、考核内容以及对学生的评价。

3. 考核评价方式

目前高校“中国古代史”课程的考核方式同其他大多数专业基础课程一样，包含两个部分：一是平常考核，包括学生出勤、上课提问、参与讨论、课后作业和课程小论文等，占总成绩的30%左右；二是期末考试，即以试卷的形式让考生作答，占总成绩的70%左右。从形式上看，这种考核方式是没有任何问题的，但在具体操作中，由于专业课程教师的主观随意性较强，又缺乏考核的统一标准可供借鉴，难免在考核时出现不合理的情况。如对学生的平常考核。这方面考核包括较为客观一点的学生出勤，而上课提问、小组讨论、课后作业和课程小论文等方面的考核科学与否，不仅与课程教师的主观态度和组织能力有关，而且还与其对课程教学内容是否科学把握和讨论主题的难易程度密切相关。考核的标准是否一视同仁，是否客观公正，是否热情鼓励，都影响学生在这些方面的参与度和考核结果的可信度。从课程教师的组织能力来说，在上课提问、小组讨论环节，是要求学生有充分的准备，抑或临时发言；在做课后作业和课程小论文等时，是“默认”学生抄袭，还是严格要求“原创”；在学生讨论回答问题时，是要求有理有据、史料充足的“朴实”之论，还是鼓励天马行空的夸夸之谈，是赞赏老生常谈，还是欣赏新知新见等，也都会影响考核的实效。

而占据学生成绩主体的是期末考试。期末考试一般是采用统一试题和标准化答案的方式进行的。这种方式的长处在于其客观性、公正性，这是不言而喻的。而其短处在于其科学性与合理性得不到可靠的保障，主要体现在：①考试的知识点覆盖难以全面。这种全面不仅仅是指覆盖各章各节，还指各种具有有机联系的知识体，如从纵向方面来看，有不同社会体系的过渡，社会中间阶的嬗递，专制体制的变迁，经济形态与制度的变化，文化与科学的发展等；从横向的角度来看，则有政治、经济、文化、军事等方面的内容。要计算方方面面的分布非常琐碎，有的老师往往为了图省事而对之不太重视。②考试的知识点的难易程度不好把握。有的知识点只需要考察学生的认知能力，有的点则需要考察学生的思维能力。有的教师为了“放学生一马”，只考察学生的认知能力，而将题目出得太容易，使试题区分度太低；有的教师则为了充分地发挥学生的主观能动性，只考察学生的思维能力，将题目出得太难，使试题区分度同样太低。③所考知识点的重点与非重点不易把握。中国古代史由各类型的知识点构成，涉及方方面面的观点链，最后组成中国古代史立体式的理论体系，有的老师可能会出于"稳妥"考虑，也有的老师可能由于"无知"的原因，而对这一核心要素避而不考。

二、对策与思考

如何破解"中国古代史"教学困境，研究性教学是重要选择，一方面顺应了大学教学理念探讨与更新的潮流，另一方面研究性教学在实践中确实体现出了它的可行性和有效性。我们可从以下几方面来探讨：

1. 树立研究性教学的理念

首先，传统的教学方式能把知识点灌输清楚，但是学生始终处于被动做笔记的阶段；其次，单纯的知识积累而缺乏思考，不能养成一种独立思维。教师是知识的传授者，或者说是讲授者。教师通过备课，选好自己所要讲授的"中国古代史"的知识点，上课时向学生讲授，学生则是听课和记录。在这种传统的教学中，知识是单向进行传递的，即从教师到学生。教师以讲授完所准备的教学内容为目的，学生以接受知识点为己任，教学沉闷，学生被动。而研究性教学所采用的典型教学方法有案例教学法、基于问题解决的学习和基于问题的学习。"中国古代史"教师可以采用研究性教学的典型教学方法，原因在于中国古代历史发展是呈现阶段性特征的，且中国古代历史史料非常丰富。"中国古代史"教学要改革，对教师而言，一是要转变观念，二是要有一种破釜沉舟的决心。

2. 科研与教研相互结合

在传统教学理念之下，"中国古代史"教师容易养成惰性。"中国古代史"教师讲不出新意，学生学不出新意。教师按照一定套路授课，交代时间、事件、人物、原因、影响、意义等，内容涉及政治、经济、文化、军事、社会等。学生上课时容易产生一种错觉，"中国古代史"教学只是对初高中历史知识的重复，顶多算个扩充。拘泥于传统教学理念的重要原因是忽视教研，甚至是排斥教研。教学是一项复杂且艰巨的体力劳动和脑力劳动，教学效果的好坏，一方面是个人因素决定的，口才的好坏，思路清晰与否，是否具有

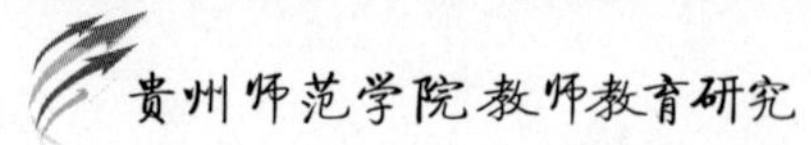

煽动性；另一方面是能否及时总结教学经验，把经验上升为理论，这也就是我们所认为的教学研究。“中国古代史”如何做好教学研究，首先要了解“中国古代史”教学研究的动态；其次要了解“中国古代史”的各种教材和教学资料，熟悉“中国古代史”教学的各个环节和细节；再次要能够尝试新的教学手段和方法，大兴“拿来主义”；最后要勤于思考，善于总结和提升经验。教研的功用在于教学理念的更新和教学技巧的改进。

3. 考核评价方式的改革

考核评价的时候要遵循以下要求：第一，在平常考核中要记住“四要”“四不要”，即：主题提出要科学，内容把握不要随意；回答内容要有难易，提问讨论不要混为一谈；鼓励学生要讲求实证与原创，切戒不要天马行空与抄袭；老师态度要热情与公正，对学生切记不要刻薄与偏私。第二，在期末考试时要求遵循三个“做到”、三个“避免”，即：考试知识点的覆盖做到涉及各章节及各类型知识体系，避免顾此失彼；所出试题做到难易搭配合理、成绩分布呈正态分布，避免太难或太易；考试重点做到紧扣中国古代史的主线，避免纠缠于琐细而失之于整体。

参考文献

[1] 高贤栋．中国古代史研究性学习探析［J］．中国成人教育，2005（12）．

[2] 管仲超，马建．十年来中国古代史研究回顾与展望［J］．武汉教育学院学报，1990（1）．

[3] 彭卫．21世纪初的中国古代史研究［J］．浙江大学学报：人文社会科学版，2014（1）．

[4] 程喜霖，周尚兵．中化学与中国古代史研究［J］．佛山科学技术学院学报：社会科学版，1999（1）．

（作者系贵州师范学院历史与社会学院副教授）

从林语堂的“大学宗旨”看大学历史老师的教育职责

张　勇

林语堂认为，“大学的宗旨，并不是教出一位有学问的人，因为这是四年中万万办不到的事。我们所求于大学的毕业生，并不是一位学问渊博的专家，只是一位知道学问的门径及有学问的旨趣，而最重要的还是一位头脑清楚思路通达的人，对于普通文化事物、文学、美术、政治、历史有相当批评的见解”。他的这段话就把大学的主要任务概括为：一是要培养学生做学问的能力，让他们掌握学习的基本方法与技能；二是要培养学生做学问的兴趣与热情；三是要培养学生进行独立思维的能力。林语堂的这段话比较贴切地反映了大学教育应该努力的方向，与《中华人民共和国高等教育法》本科教育的目标要求是基本一致的，对我们当今的大学教学的工作和教学改革研究有一定的启发意义。

一、大学教学要培养大学生“知道学问的门径”

正如林语堂先生所说，光靠大学四年的学习时间，一个人是很难成长为一个知识渊博的人才的，因此，大学教育不仅要教给学生系统的专业知识理论，更需要教给学生做学问的“门径”，即“授之以鱼，不如授之以渔”。当学生掌握了如何做学问的“门径”后，大学四年他们在教师传授知识之余就可以自己自主地更有效率地遨游于知识的海洋，学习和吸吮课堂上老师所不能传授的知识，并可在大学毕业后继续追求“学问”。这种“知道学问的门径”主要是指一个人的自学能力和研究能力。因此，大学老师在教学过程中，除了课堂教授外，要注重指导学生的课外学习与实践，教会学生如何制订自己的学习计划和人生规划，如何选择读书的范围和需要阅读的书籍，如何提高学习和研究的效率。很多学生在大学的四年之中，始终搞不清楚自己以后究竟要往哪一方面发展，缺少明确努力的方向，从而导致他们缺少看书的动力，也没有看书的计划性，不能组建系统的知识结构，也就无法为自己以后的发展奠定相关的知识基础。因此，每位大学老师在教学过程中都有责任和义务对学生进行这方面的指导。现在的社会处于知识信息大爆炸的时代，每年光纸质出版物都是天文数字，其中垃圾出版物也是天文数字，而一个人的人生时间是很短暂的，大学四年的时间更加短暂，在这种情况下如何选择性地去读书，如何鉴定书籍的可读性与价值性也变成了一门学问。由于年龄和经验的缺乏，很多大学生常常在这方面做得很不好，因此，每一位大学老师在自己的教学过程中都要为同学推荐一批知识性和学术性较强的专业书和通识书籍，并通过课堂讨论和作业的形式推动学生读书，引导学生学会如何读书，同时指导学生在阅读的过程中如何提出问题，如何思考，如何找到解决问题的方法。

在学习方法上，不同的人花同样的时间学习同样的内容，常常效率不一样，其中的原因固然有智力与知识基础的差异，但学习方法的影响常常更大。学生在小学、中学的长期学习过程中，常常也会摸索出一些比较有效的学习方法来，但由于其知识和经验的欠缺，大多数学生的学习方法还不够科学和有效，因此，教师应该要求学生注重学习教育心理学中介绍的科学学习方法，教师也可以把自己多年积累的有效学习方法和研究方法推荐给学生，竭力培养学生触类旁通、举一反三的能力。

二、大学教学要培养学生“有学问的旨趣”

《论语》中有句话：“知之者不如好之者，好之者不如乐之者”，这句话强调了兴趣和热情对学好某种知识和技能的重要性。如果一个人对学习某种东西不感兴趣，其学习效率自然不会很高，因为他既不可能发自内心地专心学习该事情，也不会把一切可以利用的时间花在学习这类事情上。因此，培养和激发学生对学习的兴趣，不仅是中小学老师的重要教育任务，也是大学教师的重要学习任务。学生对学习的兴趣的培养与激发有两种途径：一是通过教师高水平的课堂教学来培养和激发学生的学习兴趣。如果一个老师课堂教学照本宣科、枯燥无味，不仅不能培养和激发学生对该学科的学习兴趣，还会使得对该学科有兴趣的学生的学习兴趣受到消极影响，逐渐丧失已有的学习兴趣。如果一个老师能够在课堂教学中把知识性趣味性尽可能地结合起来，让学生在轻松的气氛中就学会和记住了应该了解的知识，学生自然就会产生对该学科的兴趣，有了兴趣后就会主动地学习相关的知识，不断丰富自己的知识储备。二是指导学生通过阅读来培养和激发学生对知识的兴趣。当一个人在阅读的过程中获得了新的知识，弄懂了一些过去想知道却一直不理解的知识后，他就会获得一种获得知识后的满足感和成就感，这种积极的情感体验就会转化为推动他进一步进行探索和求知的动力，在这种动力的推动下他就会采取进一步的学习行动，在新的学习获得中又会获得新的知识和新的求知的满足感，从而又推动他再继续进行知识的学习和探索，良性循环的结果使他越来越爱学习，知识越来越丰富，成就也就会越来越大。因此，大学教师要不断提高自己的教学能力和水平，要通过自己的优秀的课堂教学培养和激发学生们对专业知识和其他相关学科知识的兴趣；要通过指导和引导学生开展广泛的课外阅读来培养学生阅读的兴趣和习惯。

三、大学教学要培养学生独立思维的能力

大学生应该是具有较高知识水平和较强思维能力的读书人，是在一定程度上的知识分子。因此，大学生仅仅懂得很多知识道理远远不够，他必须还要对很多事物有自己的见识。仅仅读了很多书，懂得了很多道理的人，最多只能算一个“知道分子”，只能是一个人云亦云的“复印机”和“双脚书橱”，只有当一个人不仅懂得了很多道理，而且还能在很多事物上都有自己的合理见解，他才能称得上是一个“知识分子”。因此，在大学教育中，培养和训练学生的“思维能力”显得非常重要。因此，在大学教学中，老师要善于进行启发性教学，引导学生学会提出问题、思考问题和解决问题，做到既会学知识，也会问问题，更会解决问题。在传统的中小学教育中，学生习惯被灌输知识和观点，考试也基本上都是考书本上写明的前人的和别人的观点，虽然近年来中考和高考开始注重考学生的分析问题、概括问题的能力，但总体上来讲，对学生的独立思考能力的培训是远远不够的。因此，在大学教育中教师要加强学生独立思考方面的指导和训练，在传授学生知识的同时，经常有意识地引导学生思考一些问题，帮助他们发现问题，提出一些有独创性、新颖性的见解和观点来，使得大学生都成为有知识、有主见、有创新精神的优秀大学生。

四、大学历史教师应该通过自己的历史教学活动培养出既“知道学问的门径”，又“有学问的旨趣”，且对人和事物“有批评的见解”的大学生

按照《中华人民共和国高等教育法》的要求，大学历史老师的基本职责就是通过历史教学活动，帮助学生“比较系统地掌握本学科、专业必需的基础理论、基本知识，掌握本专业必要的基本技能、方法和相关知识，具有从事本专业实际工作和研究工作的初步能力”，大学历史老师要仅仅围绕这个目标开展历史教学活动。

俗话说，要想教给学生“一碗水”，老师必须要有“一桶水”，对大学历史老师来说，这种道理的正确性更是不言而喻的。一位优秀的大学老师，在课堂上应该是一位专业知识深厚、知识面广阔的优秀课堂演说家，他能用通俗简明的语言在课堂上深入浅出、旁征博引地把需要传授的历史知识传授给学生，既开阔学生的知识眼界，还培养和激发出学生对学习历史知识的浓厚兴趣。在知识不断更新的时代，伴随着越来越多的史料被发现、官方档案的被解密和越来越多的历史研究新成果的出现，历史知识也不断更新，大学历史教学必须能够及时地把历史新知识和历史新观点通过课堂教学传授给同学们。因此，大学历史教师像所有的老师一样，如果仅仅是“一桶水”是满足不了大学生的求知欲望和要求的，大学历史老师自己必须是“一桶活水”，才能交给学生“一碗水”的知识。因此，大学老师必须积极了解和掌握最新的历史研究成果，并通过自己的研究活动对历史现象不断获得自己的新认识，然后再课堂教学中把这些新史料、新观点传授给学生。

但大学历史老师并不能仅仅满足于搞好课堂教学。如果一位大学老师仅仅只传授给学生所需要的历史知识，培养和激发起了学生对历史知识的兴趣，那他至多是一位优秀的“教书匠”“传声筒”。历史老师必须要通过教学过程的组织，在传授给学生历史知识的同时，培养学习和研究历史的基本技能和方法。为此，历史老师要经常向学生推荐优秀史学作品和其他学术著作，指导学生学会查找、阅读和解析历史史料，并通过组织课堂讨论和写学术小论文等方式培养他们热爱历史学习、主动进行历史学习的精神和习惯，培养他们发现问题、分析问题和解决问题的研究能力，真正实现大学历史教育的宗旨和目的。

参考文献

［1］颜炼钢．当代中国教师履行核心价值观教育职责的主旨与建议［J］．浙江树人大学学报，2005（8）．

［2］王民．怎样进行价值观教学［J］．教育实践与研究，2010（9）．

［3］王玲．教师价值观及其影响因素分析［J］．江苏教育学院学报：社会科学版，2012（4）．

［4］刘刚．国家法理论视域下高校教师的科研自由与教育职责［J］．陕西师范大学学报：哲学社会科学版，2014（7）．

（作者系贵州师范学院历史与社会学院教授）

档案袋评价在无机化学教学中的应用

文　君　严安平　周权宝

评价具有导向功能。学生学什么和怎样学往往取决于他们如何被评价，学校、教师对学生的评价方式基本上决定了学生的学习方向，即学习内容、学习方法和学习态度。如果学校强调的是考试分数，那么学生就会自然地形成四阶段的学习模式，抄笔记—背笔记—考笔记—丢笔记。正是这种单调的评价方式和手段导致了学生学习方式单一、学习经历单调，使学生评价失去了应有的意义和功能，使大多数学生失去了充分、自由、全面发展的机会。如今，基础教育改革如火如荼，大学教学更不应该故步自封，更应该进行教学改革，这是教育发展的必然趋势。作为教育工作者，应顺应改革的大趋势，努力探索素质教育之路。首先要反思以往的评价方式，建立符合素质教育要求的学生评价，用动态、发展、全面的观点看待学生，通过多途径、多形式对学生进行评价。给学生全面展示、发展、超越、创新的空间和机会，以充分发挥评价对学生发展的促进作用。

一、反思传统的学生评价

传统的学生评价，是用统一和标准化的方式进行的，主要是以纸笔测验为主，强调量化成绩，忽视其他考查方式和过程性评价。教学中一般采取的模式是以期末考试的卷面成绩为主，占总成绩的70%，平时的出勤率、作业情况、小测验占总成绩的30%。这种评价方式看重的是学生的考试成绩，是以分数描述学生智力水平和记忆事实材料数量的差异。这种关注结果的评价，使教育评价失去了许多有价值的信息，学生多样化的个性就被抽象成为一个冷漠的数字，教育的复杂性与学生发展状况的丰富性则泯灭于其中。传统的学生评价主要存在以下问题：一是重学科知识评价，轻综合能力评价；二是重学习结果性评价，轻学习过程评价；三是重测试性评价，轻非测试性评价。如评价功能单一，忽视评价导向、反馈、检查、激励、诊断、发展的多重功能，强调评价的甄别与选拔功能。这样的评价对于考试的高分学生能够在一定程度上产生激励作用，但由于缺乏进一步评价的信息，这种激励作用发挥的时间非常有限。尽管低分也可以激励部分学生从挫折中奋发，但对于更多的学生来说，低分常常会导致意志消沉、学习自信心下降。这种只能找出学生的弱点与不足，却发现不了学生的潜能和特长的评价，除了少数的“优等生”，更多的学生会对学习失去信心；评价内容片面，主要是以智育为主，忽视了对学生的实践能力、创新精神、情感态度综合素质的评价；评价方法单一，主要是通过标准化考试，强调量化成绩，不利于学生创新精神和实践能力的形成；四是评价主体单一，评价的大权掌握在老师手中，无法正常发挥学生的主观能动性，评价重结果、轻过程，过于关注学生学业成绩的结果，忽视学生学习的过程等。

二、档案袋评价

档案袋评价产生于20世纪末西方教育界反思批判传统的以量化为特征的评价范式的“评定改革运动”，它以鲜明的特征、丰富的内容赢得了广泛的关注。在西方，越来越多的学校在接受了档案袋评价的理念后，纷纷采用这种方式来评价学生。在我国，档案袋评价是伴随课程改革一起进入中小学的。迄今为止，许多中小学都已制定并实施了档案袋评价制度。档案袋评价就是用档案袋展示学生成长过程并对其进行评价的评价方式。档案袋是由学生和教师有意识地、系统地收集每个学生具有代表性的学习成果和学习反思，以反映学生在特定领域的知识、技能与态度情感的发展，以及学生的努力、进步和成就，集中反映学生向预期目标进行的过程。从档案袋评价应用层面来看，其应用实践主要集中在中小学的学科教学，这与基础教育新课改的推行是相关联的，同时呈现出文科应用多、理科应用少的特点。目前在高校教学中的应用所占比例很小。

三、档案袋评价应用于无机化学课程的实施步骤

无机化学是化学专业大一学生学习的第一门重要的专业基础课，是学生学好其他化学基础学科、搞好学科教学的基础与前提。大一也是学生形

成良好学习习惯的重要阶段。为了激发学生的学习兴趣学好无机化学，并使学生从大一就开始养成良好的学习习惯，笔者尝试在无机化学教学中运用了档案袋评价。研究对象为化学与生命科学学院 2011 级化学本科一班、二班，时间为一个学期。开课之前对两个班学生的化学学习情况进行了摸底调查。通过一次关于中学化学内容的笔试发现两个班的化学知识基础接近。然后把笔试平均成绩低 1 分的一班作为实验班，把二班作为控制班。两个班同步进行教学，教学内容和进度均一致，对实验班运用档案袋评价，对控制班用传统的总结性评价，确保学生成绩的差异归结为学习评价方法不同所形成。通过一个学期的教学实验，初步探索了档案袋评价方式的实践价值，具体的操作策略和实施情况，为在大学教学更好地实施档案袋评价提供了实践依据。

1. 介绍档案袋评价理念，提供制作指南

在无机化学课程新课开始之际，以口头和书面结合的方式介绍档案袋的理念和提供制作指南，并向学生展示现有的档案袋成品，帮助学生更好地理解档案袋评价方式。同时向学生发无机化学课程学习档案袋制作任务通知书，确定了档案袋的材料内容、学生小组和教师评价的原则和方法。随后，学生开始了在档案袋陪伴下的无机化学的学习。每隔一段时间，组织师生一起相互传阅档案袋，互相评价，师生互评、同学互评，使评价成为多主体共同参与的活动，全方位多角度评价学生。

2. 档案袋内容的构成

在无机化学课程档案袋制作任务通知书里明确了档案袋材料的内容。共分为七个模块：

（1）封面——一个好的封面是艺术与美术的完美结合。培养学生的设计能力。

（2）目录——以提纲的形式展示各部分学习材料的关系，并配有页码。

（3）学习反思——对自己的学习过程和结果方面所进行的自省，如实验失败的原因分析等。培养学生更全面、更深刻地认识事物的能力。

（4）知识总结——对所学知识进行概括性整理，使零散的知识形成一个完整的体系，培养学生分析、概括知识的能力。

（5）学术讨论——发现问题，通过查阅资料形成自己的观点，再与老师同学讨论，获得更深的认识。锻炼学生进行学术研究的能力。

（6）创新园地——这是一个任由学生对所学内容所碰到的问题可以质疑、批判、创新的模块，培养学生的创新精神。

（7）交流——同学评价、家长评价和教师评价的一些信息。

要求收录到档案袋中的每一份材料都应注明日期，以显示随着时间的推移所取得的进步情况。

3. 档案袋材料的收集与反馈

根据教学进度及时提醒实验班学生递交档案袋材料，并根据学生呈现的问题给予及时的指导，确保档案袋评价能够促进学生综合能力的发展。

四、档案袋评价的成效

课程结束后期末考试的成绩，形成档案袋评价的量化统计结果。对两个班级的无机化学成绩进行了对比分析，得出实验班学生成绩的均数显著高于控制班学生成绩的均数。

专家预测，档案袋评价一般在 2 ~ 3 年内才可见成效，但根据学生成绩和教师学生的反映及表现可看出应用这种评价方法所产生的积极的影响。

从学生角度看，根据期末时进行的调查问卷，结合对 2011 级化学本科一班的 10 名学生进行的访谈：

学生甲："档案袋评价不仅提高了我学习无机化学的兴趣，还促进了自我发展，培养了自我反思、自我评价、相互沟通与协作的能力。"学生乙："制作档案袋我们最喜欢的就是能在其中记录下自己的所思所想，以及给老师说的话，增加了学生和老师的沟通机会。"学生丙："现代社会对个人能力的要求越来越高，档案袋评价提供了一个锻炼、提高自我综合能力的平台。"学生丁："档案袋让我看到了自己点滴的进步，这极大地增强了我学好这门课程的信心。"学生们纷纷表示档案袋评价方式的应用使他们建立了自信，促进了他们学习的进步和能力发展。

从教师角度看，针对两个班学生学习兴趣、学习效果，与同时上这两个班的其他任课教师进行了访谈：

干老师："感觉一班的学生更沉稳，更好学，还爱与老师同学讨论。"江老师："档案袋这个东西能让学生静下来，随时调整自己的学习，少了其他大学生的浮躁，学习兴趣普遍增强，学习效果更好。"

五、结语

经过一个学期的无机化学教学实践，证明档案袋评价在学生评价中是具有可行性的，这种评价方式的运用能较好地激发学生的自信心和学习兴趣，帮助学生认识自我、改进不足，促进学生在原有基础上不断发展。当然，档案袋评价也存在一些不足，如工作量太大，会加重学生和教师的负担；评价的标准很难确定；对教师素质要求较高等。由于传统评价根深蒂固的影响，新的评价方式因其自身存在的局限性，使其仍需在理论和实践上进行深入研究。提倡档案袋评价，但并不与传统的考试评价相对立，更不可能完全取代传统的评价方式。每一种评价方式都有其不足之处，使用单一的一种都不能全方位、多角度地对学生进行综合评价。多种评价不是相互矛盾或对立的，而是互补的，应多种方式结合起来运用。传统的考试形式可以多样化，既要有纸笔测验，还可以有口试、面试、成果展示与实验操作；既有闭卷考试，也可开卷考试等。如何使传统评价与档案袋评价有机地结合起来，这将是我们下一步要思考的问题。

参考文献

［1］李玉芳．多彩的学生评价［M］．北京：教育科学出版社，2009.

［2］教育部人事司．现代教育评价［M］．上海：华东师范大学出版社，2002.

［3］陈容，何云清．《无机化学》教学的改革与建议［J］．广州化工，2012，40（9）．

［4］支兴蕾．“不愤不启，不悱不发”——无机化学启发式教学的应用［J］．广州化工，2012，39（13）．

［5］彭智勇，周建国．学生综合素质评价研究［M］．重庆：西南师范大学出版社，2005.

［6］金娣．教育评价与测量［M］．北京：教育科学出版社，2002.

［7］蔡敏．突破深处评价改革的瓶颈［J］．教育测量与评价，2011（12）．

（作者系贵州师范学院化学与生命科学学院教师）

高校中国近代史研究性教学的思考

张大伟

随着教育改革向纵探方向的发展，尤其是素质教育的大力倡导，研究性教学正受到人们前所未有的关注。所谓研究性教学，就是将研究融入教学过程之中，实现教学与研究的有机结合，在教学中促使学生以主体的姿态积极参与研究，培养学生的创新精神，开发学生创新潜能的一种教学理念，是一种以研究为本、立足创新的教学模式。

笔者在承担本科历史系专业基础课“中国近代史”的教学过程中，主要从以下方面着手：

一、教学内容上

深入研究围绕研究性教学的中心，尽可能地优化授课内容，对课堂上要传授的知识在课前做精心取舍，力争做到突出重点、关注热点，注重授课内容的开放性、探索性；密切跟踪学术前沿，及时更新知识；围绕重点扩大授课内容的容量，最大限度地发挥每堂课的效率；联系本人或本系教师的研究实际，着重介绍进而深入探讨某些具体问题等。

具体而言，备课环节中在保证基础知识系统传授的前提下，紧紧围绕培养学生的原创精神、发挥学生主体作用，科学、有效地编排知识。根据所要讲授的内容的特点，特别是与研究性教学的相关程度，突出重点，当详则详、当略则略。比如，笔者在组织“中国近代史”教学时，就尽量略去对历史事件过程的烦琐讲述，而把主要精力放到对它们的前因后果的剖析、对历史事件错综复杂关系的解说以及对重大历史事件的影响的评述上，尤其是在那些有较大的空间可供学生充分思考的问题上，以便学生在课堂上有借以充分放飞思想的平台。如鸦片战争中清朝为何惨遭败绩？如何评价鸦片战争中的琦善？怎样看待拜上帝会与太平天国的关系，有关拜上帝教与中西文化的问题？

戊戌变法为什么会昙花一现？近代中国为何教案频发？怎样看待义和团运动的悲剧性？清末新政具有何种性质？辛亥革命的历史地位等。一般地，每堂课都会突出一两个类似的问题供学生充分讨论，以开阔学生思路，激活学生的思维，让青年学生的思想在无拘无束的氛围中得到充分展示。

优化内容还体现在课堂上尽量不把一些结论性的东西提供给学生，而更多地是原材料或“半成品”，把大量的精力放在引导学生自己去思考上。历史具有无从复原、不可实验的特性，对于历史的真相我们往往无法确知。现在的所谓认识都是在现有的条件下一种接近历史真实的认识，还远远不是终极的定论，这是由历史学科的特点所决定的。所以我们在向学生传授知识时，就不宜将公认的观点说得过于肯定绝对，而应该多介绍学术界的争论，也可谈谈自己的看法，然后让学生去思考，注意给学生留下主动探求的余地。另外，历史学科视史料为生命、坚持论从史出的独特之处，要求我们尤其不能忽视对学生阅读原始史料、正确理解文献能力的训练。因此，在课堂上可以经常向学生提供一些与所学内容有关的原始材料，引导学生自己去阅读、分析、判断，同时培养他们依据事实来说话的严谨学风。

优化内容还体现在要不断地更新知识，及时地跟踪学术前沿的最新动态。对于某些问题，有重要的新成果出现，教师要适时地在课堂上反映出来。对于那些已被新的研究所订正的陈说则要摒弃。让学生形成善于捕捉最新学术发展动态的敏感性，同时从学术的推陈出新、新见迭出中受到激励和鼓舞，培养学生敢于质疑和挑战传统的学术勇气。

优化内容更体现在要浓缩授课内容，保证每堂课有足够的容量，充分发挥每堂课的最大效益上。大学的课堂应该是一个高效的课堂，教师应力求传授给学生他们所能接受的足够多的信息。这样，他们才具备进一步深入思考的基础。具体讲授时，重在启发学生存疑求异，让学生在不断涌现的问题中思考不止。问题提出之后，不是急于将答案提供给学生而是点到即止、善用悬念、重在引导。因为许多学术问题本身就没有标准答案或不存在唯一答案，能否以理服人才是至为关键的。

优化内容还可以结合本人或本系教师的研究实际，深入探讨某些问题。让学生了解学术发展时，消除神秘感和隔膜感，拉近师生距离，培养学生对研究的兴趣。如在讲述近代中国社会形态的特征时，就穿插介绍本系教师的相关研究成果。又如在学习洋务运动时，一个无法绕过的问题就是过去长期以来被视为运动指导思想的“中体西用”，在讲述时，笔者就结合本人的一些研究对此问题作了相对透彻、深入的剖析。学生普遍反映这种贴近他们实际的讲解往往能产生比较好的效果。

研究性教学除了可从教学内容的精心编排上着手探索之外，更重要的是要落实到具体实在的教学实践中，尤其是灵活多样的教学形式上。

二、采取灵活多样的教学形式，实施研究性教学

1. 重在辩论的课堂讨论

笔者以为这是一种较好的方式。可以围绕一两个有讨论价值、有现实意义、且不只有唯一答案的问题，提早布置下去，在同学们有足够时间准备的情况下展开讨论。具体做法是先分小组讨论，让每个同学都有发表见解的机会，鼓励发散思维、不落俗套，提倡思想交锋、激烈争辩。可以将意见大致相同的重新组合为几组，由小组成员推举一两位代表上台主讲，其余同学过后可以补充。鼓励不同乃至对立的观点之间展开争辩，还学生以思维主体的地位。让思维在碰撞中迸发火花，加深对该问题的认识。最后可由教师作总结，总结时应结合学生讨论的实际情况，或归纳或提升，从中理出一个头绪，使学生的讨论能上升到一定的理论层次。

2. 穿插在每堂课中的自由提问环节

每堂课都预留一部分时间由学生自由提问或自由讨论，使问难或论辩成为经常性、习惯性的学习程序，而非课堂讨论课所特有。对学生的每一个提问，教师都要认真回答，并善于发现提问已经牵涉而学生未说出的更重要的相关问题，使学生产生某种成就感。教师可从学生的提问中了解学生的思想动向、思维水平、专业基础乃至兴趣爱好，以便在安排组织教学时能更多地顾及学生的实际情况。教师还可在综合学生提问基础上，将某些带有普遍性的提问作为自己未能注意到的教学重点、难点加以特别处理，使教学更多地照应学生的实际情况，使学生真正有所收获，能力得到实实在在的提高。

3. 撰写论文的训练和论文讲评

为了激发学生积极参与研究，让学生尝试撰写论文也是非常必要的。论文形式自由多样，可以是比较正式的学术论文，也可以是不那么正式的读书报告、习史心得等。题目亦可根据个人兴趣自定。目的是使学生对选题、查找资料、拟定提纲、组织运用材料、成文的完整写作过程有一个基本了解，

并能基于自己的深入思考写出有一定新意、有自己心得的文章来。

教师还可以对学生完成的论文进行课堂讲评。讲评环节能让学生意识到他们的优点与不足，明白今后努力的方向。从学生锻炼的角度看，是否能得到教师的点拨、点评，效果是截然不同的。

4. 走出课堂的实地教学

中国近代史中的许多内容在各地都能找到对应的实物教材，贵州完好地保存着大量与近代史相关的遗迹、遗址，它们都可以成为我们实施现场教学的宝贵的教学资源。所以，在条件允许的情况下，可以组织适量的实地教学，让学生模拟进入历史现场，近距离地、更直观地感知历史，激发学生学习中国近代史的兴趣，同时弥补课堂教学的缺陷，力争收到课堂教学所无从收到的效果。

5. 开展与课堂教学相衔接的学术沙龙、兴趣社团的活动

兴趣社团定期、不定期举办学术讲座、辩论会，使之成为课堂研究性教学在课外的必要延伸。借助学术社团的课外活动，那些受课堂时空限制无法深入展开讨论的问题有望得到进一步的探讨。鼓励学生争辩热点问题，使学生真正成为思想活跃、朝气蓬勃的群体。

6. 成绩考核时兼顾学生在研究性学习方面的综合表现

课程成绩的考核可与平时提问、讨论、论文等诸方面表现结合起来。让研究性学习自觉渗透、贯穿于学习的每一个环节之中，以此来刺激学生积极思考、探究问题。阶段考核时也应朝着有助于研究性教学的方向，在命题时注重知识的灵活运用和学生实际能力尤其是研究能力的考查。

三、认识与体会

在探索研究性教学的实践中，笔者对研究性教学形成了如下认识。

（1）研究性教学是一种能真正实现“教学相长”，学生、教师、社会共同受益的行之有效的教学理念和教学模式。

从研究性教学的实施效果看，非常明显的一点是，与过去的“一言堂”“满堂灌”教学相比，学生的学习积极性有较大提高，实际能力、综合素质亦得到一定加强，尤其是创新意识、创新潜力能得到发掘。而教师在教学过程中也会意识到，要从容地应对来自学生的、无法预知的各种提问，必须投入更多的时间和精力钻研教材，不断提高自己的业务水平，努力地丰富、完善自身。而从教师和学生相互促进所形成的良性互动中，最大和最终的得益者必然是社会、国家。

（2）研究性教学的主体是学生，对教师则重在启发、引导，这种教学的最终目的在于培养有更多灵活性、更广泛适应性的创新型、探索型人才。

笔者前面从教学内容和教学方法两方面归纳了教师在实施研究性教学过程中可资实行的具体做法，从中不难看出，教师在此过程中所起的只是启发、诱导、护航的作用，真正的主体是学生。与传统教学模式教师主体相比较，教师和学生的地位从根本上发生了颠倒和置换。这种新型的教学理念的落脚点是造就具有更多的能动性、主动性、创新性、高素质的新型人才。这正是知识经济时代所呼唤的。

（3）在探索研究性教学的方法时，首先要转变传统教育观念，结合各自面临的实际，在实践中不懈探索。观念的转变是前提，方法的探索是关键，扎实具体的实践是全面推行研究性教学的根本保证。

在进行这方面的探索时，观念的彻底更新是先决条件。只有摈弃陈腐的传统观念，进而树立崭新的研究性教学的意识，才能在实践中自觉地贯彻它们。而这种观念的更新最终还必须落实到具体生动的实践之中，才能使这种思想开花结果。因此，要花大力气探索适应本学科实际的、灵活多样的教学方法。这样，实施研究性教学才不会流于空言。

参考文献

［1］郑师渠．近代史研究应该有一个基本立足点［J］．近代史研究，1996（6）．

［2］李侃．近代史研究五十年［J］．文史知识，1999（10）．

［3］张海鹏．20 世纪中国近代史学科体系问题的探索［J］．近代史研究，2005（1）．

［4］罗志田．见之于行事：中国近代史研究的可能走向——兼及史料、理论与表述［J］．历史研究，2002（2）．

（作者系贵州师范学院历史与社会学院教师）

关于世界史课程建设的一点思考

——2014—2015 学年第一学期教学心得

虞乐仲

2001 年加入世界贸易组织意味着中国从此踏上了全球化和市场经济深入发展的道路。中国在更加坚定地走向改革开放的同时，不可避免地也要承受全球市场规范的挑战。在这种历史大环境下，中国越来越需要更全面、正确地认识世界。因此，在中学到大学的课堂上加强世界史知识的教育势在必行。然而，这个问题一直没有引起足够的重视。2009 年出席十一届全国人大二次会议的著名历史学家于沛老师就指出，在中国的教育体系中，世界历史在不断弱化、萎缩。在课程设计、课程内容等方面存在弊端，难以适应社会发展的客观需要，建议加强改进。

2011 年，在国内几位知名世界史学者的不懈努力下，世界史终于成为与历史学并列的一级学科。根据北京大学历史系高岱教授所做的调研统计，世界上大多数国家的世界史教学和研究在整个历史学科的研究中占有重要的地位。美国哈佛大学、耶鲁大学、加州伯克利大学、伊利诺伊州立大学厄巴那分校、南加州大学和纽约大学等世界著名大学的历史学系中，从事本国史教学的老师只占 1/3 左右（有的还不到 1/3），其余的教师都从事外国历史的教学。相比之下，现在中国高校的历史专业则过于突出中国史教学，在无意中忽视了世界史。随着中国与世界的联系越来越紧密，世界史成为一级学科之后，我国世界史学科在整个历史学科中所占分量太少的问题变得更加迫切需要得到改善。

2014—2015 学年第一个学期，我在贵州师范学院历史与社会学院承担了“世界当代史”和“美国史”的本科教学任务。一个学期下来，本人思考和总结了一下认为，这个问题的解决既需要学校加强对世界史教学的重视程度，也需要提高学生对世界史的兴趣，改善他们对世界史这一学科的认识。总而言之，可以从以下两个方面做起：

第一，增加世界史相关选修课的种类并开设第二课堂。

目前在贵州师范学院历史与社会学院历史专业世界史的相关课程中，除了世界古代、近代、现代和当代史之外，还有两门国别史——日本史和美国史，外加世界文化史。从课程数量看，世界史的分量似乎显得非常单薄。因此，首先应该考虑增加国别史的课程数量，并规定每一个历史专业学生都必须选修至少一门国别史。英国史、印度史、法国史等在条件具备的时候都可以考虑开设。另外，为了拓宽学生的知识面，同时充分发挥教师在各自独特的研究领域的学术特长，我院可以考虑积极鼓励教师结合自己的研究方向，在专业大类选修课程之外，就某个专题开设选修课。选修课和必修课在上课和考试形式、学时上，可以有所不同，尽量做到不拘一格，并且不指定教材。总之，选修课强调的是课程的多样性，但学时保持一定的灵活性。

一个学期下来，笔者发现，每一次上课都会有几个知识点学生很感兴趣或存在疑惑需要解答，但由于时间所限，教师不能充分讲解。因此，应该鼓励教师有针对性地开设第二课堂，在课后定期举行小型讨论会或者读书会，以便答疑解惑或深入探讨。教育实践证明，读书会是一种非常有利于开拓知识视野、培育多元化思维、促进知识交流、提升生活品质的文化活动。在作为思想交流平台的读书会上，不同观点的碰撞可以让学生在思维运转中成长，在彼此交流中精进，从而激发学生学习世界史的热情。

为了提高学生的跨学科素质，完善知识结构，我院还可以积极鼓励学生旁听或跨专业选修其他学院的课程。庞杂的知识结构非常有利于学生更加深入地理解中国和世界历史上发生的重大事件的前因后果。

作为教学的补充，为了保证学生在上课之余能够完成一定的课外阅读量，可以要求学生每个学期提交一到两篇读书报告。

第二，通过课堂讨论引发学生对世界史的兴趣。

除了增加世界史的课程分量之外，还应该让学生真正意识到世界史这门课程的重要性。事实证明，讨论能引发学生极大的学习热情。

北京大学历史系教授钱乘旦认为，作为历史学的一个组成部分，世界史有其特殊之处。在国外，“世界史”是历史研究的一个“角度”，它强调对整个人类历史的横向观察，着重不同国家与地区之间的影响与互动，因此与“全球史”“整体史”有相近的含义……如果把历史学看作一个整体，无论

“世界史”还是“中国史”都具备两个功能。第一是恢复历史，让人们知道过去是怎样的、发生过什么。由于这个功能，历史学的学科地位就无可取代。人类正是通过历史这门学科了解过去、认识过去，历史学承担着传承文明的使命。既然如此，历史学就必须求真，尽可能恢复人类真实的历史。尽管人们知道，完全恢复真实的历史是做不到的，但历史学家还是要尽可能去接近它。历史学的第二项功能也可以类比自然科学：自然科学家希望将科学的知识用于世界，达到影响或改造自然的目的；历史学家则希望通过观察历史、思考历史去影响社会，为人类提供历史的借鉴。这就是历史学的社会功能，也是历史学最伟大的力量所在。尽管一直有人不承认这个功能，但历史的借鉴作用却是真实的，人们一直试图从历史中吸取经验和教训。因此，世界史教学应该体现强烈的现实关怀。正如钱乘旦所言：“历史学家希望通过观察历史、思考历史去影响社会，为人类提供历史的借鉴。这就是历史学的社会功能，也是历史学最伟大的力量所在。尽管一直有人不承认这个功能，但历史的借鉴作用却是真实的，人们一直试图从历史中吸取经验和教训。”① 华东师范大学历史系教授杨奎松也认为，自从历史学以一门现代学科的身份逐步确立以来，相当长的时期里，历史学家与现实之间的距离是相当密切的。或许可以说在历史学界有着古代的和现代的两个关怀传统。它们之间也有着密切的传承关系。“正因为人类对历史的关心，通常都出于对今人及现实的关怀，因此，历史研究有用没用，用处大、用处小，自然在很大程度上也就会与历史叙说或研究的题材和内容，作用于今人和现实的程度，与这种历史叙说或研究的成果，能否表现成易于为今人和现实社会所接受的语言及其形式密切相关。”

通过把中国当下面临的问题与世界其他国家的发展历程联系起来，能有效地让学生认识到世界史这门课的重要性。教育学理论认为，讨论课是以讨论为中心的综合、启发式课堂教学，是学生在教师的指导下，为解决某个主要问题进行探讨，以获取知识的方法。讨论课的重要作用之一是能够改变当前教学中普遍存在的“满堂灌”现象，突出学生的主体性，从而有效地调动他们的学习热情。

讨论课上一般有三个主要角色：一是老师；二是踊跃发言的学生；三是

---

① 钱承担．“世界史”研究要以现实关怀为指向［N］．光明日报，2011－08－10。

保持沉默的学生。在讨论课中，第二个角色是讨论能否顺利进行的重要部分。因此，教师平时应该有意识地培养几个骨干学生。对于第三个角色，教师则没必要强迫他们一定要发言。因为讨论课中并不是每一个学生都可能参与进来的。那些习惯于沉默的学生其实是以活跃的学生充当听众的方式参与了讨论。讨论课的魅力就在于一些学生获得表达的快感，一些学生则在思维上获得启发。作为第一个角色的教师的作用是，一定要做到用激情去点燃学生的热情。

讨论课可以分为不同的方式。既可以整节课讨论，也可以抽出部分时间讨论；既可以是全班一起讨论，也可以是分成几个小组进行讨论。然而，由于学时有限，很多学校很难在一个学期专门划出一定的课时和腾出教室来上讨论课。笔者认为，对于历史教学而言，比较可行的方式是在教学过程中适时地穿插讨论，做到张弛有度。

总而言之，在学校这个层面上，重视选修课的开设；在教师这个层面上，积极运用讨论教学法，是加强世界史课程建设、提高学生兴趣的值得借鉴的方法。

参考文献

［1］谭杰．关于高校世界史课程实施“双语教学”的思考［J］．佳木斯大学社会科学学报，2008（5）．

［2］滕红岩．普通高校历史学专业世界史课程特色教学改革的探索［J］．通化师范学院学报，2011（9）．

［3］张海星，高晓．素质教育理念下的高校世界史教学［J］．历史教学：高校版，2007（1）．

［4］张志梅．合理配置教师资源，探索世界史教育新模式［J］．雁北师范学院学报，2003（3）．

［5］陆梅．二十世纪世界史教学中的新探索——与国际法的结合［J］．时代教育：教育教学版，2009（2）．

（作者系贵州师范学院历史与社会学院教师）

对高中历史教科书四种版本“英国君主立宪制”一节的比较

梁中美

按照《普通高中历史课程标准（实验）》的要求，“英国的君主立宪制”划归必修（Ⅰ）专题七“欧美资产阶级代议制的确立与发展”一章。课标在该专题的子目（1）中具体要求：“了解《权利法案》制定和责任制内阁形成的史实，理解英国资产阶级君主立宪制的特点。”就英国的君主立宪制这一节的内容而言，根据新课标编写的四种版本的教科书（人教版、人民版、岳麓版、大象版），总的来说都较好地体现了课标精神和专题旨意，在教材的编写上有所突破，但四个版本在对“英国的君主立宪制”各方面的阐述上角度有所差异，同时有一些内容也值得商榷。

一、导言及标题的比较

从教材结构和体系的处理上看，四种版本在“英国的君主立宪制”一节之前均有对其所属章节的一个整体性论述。

人教版放在第三单元“近代西方资本主义政治制度的确立与发展”一章中。导言是“近代以来，随着资本主义经济的兴起和发展，资产阶级日益壮大。他们要求冲破封建统治的束缚，建立有利于资本主义发展的政治制度，并为此展开了一系列的斗争。17 世纪中后期，英国资产阶级通过革命，确立了君主立宪制度……在资本主义制度下，封建时代的君权神授遭到否定，形式上代表民意的议会可以行使立法权，制约政府的行政权、司法权也相对独立。这是历史的进步。”

人民版则是作为专题七“近代西方民主政治的确立与发展”。其导言的阐述为：“资本主义经济的兴起和繁荣，要求打破封建王权的束缚，建立资产阶级民主政治，以维护新兴资产阶级的利益。在这一过程中，民主与专制之间的斗争异常激烈。民主制的确立几经曲折和反复。英国是近代议会制度的发源地，英国议会有‘议会之母’的称誉，而议会制度的真正确立却是在‘光荣革命’之后，以《权利法案》的颁布为标志。英国君主立宪制和政党政治的形成，对其他国家民主政治的发展产生了深远的影响……资产阶级民主政治的确立，有利于稳定社会秩序，缓和社会矛盾，从而保证了资本主义经济的持续繁荣。”

大象版将“英国的君主立宪制”一节放在第六单元“近代欧美资产阶级的代议制”一章中，但没有以导言性质做宏观的论述，而是以“探究提示”的方式作为学习的纲领。

岳麓版将此节划归第三单元“近代西方资本主义政体的确立”中，以“在资本主义发展的推动下，欧美资产阶级掀起了反对专制集权、争取民主法治的伟大斗争。在17世纪的英国，议会战胜了国王，结束了建立在君权神授基础上的君主制，代之以建立在宪法原则上、受到议会制约的新型君主制——君主立宪制。正如马克思后来指出的：这是具有世界历史意义的事件。在此之后，凡是资本主义发展起来的地方，君主制只有向君主立宪制转变，才能延续下来。而立宪政体的不断完善，则为资本主义经济的发展提供了政治保障……资本主义国家最终都选择了君主立宪制或共和制，这两种政体的核心特征是代议制民主。民主化、法律化、制度化逐渐成为社会普遍接受的原则，体现了人类政治文明发展的重大进步。”

从四个版本对该章的标题命名上看，人教版和岳麓版的标题较为中性，而人民版和大象版则点出了西方政治制度的核心词语“民主”和“代议制”。在导言的叙述上，四个版本有相同之处，即都肯定了英国君主立宪政体对世界历史的影响。不过也有差异，人教版认为代表民意的立法权、制约政府的行政权和相对独立的司法权等的建立是历史的进步。人民版则表述为立宪民主政治的确立，有利于稳定社会秩序，缓和社会矛盾。岳麓版客观地评价了民主化、法律化、制度化所体现的普遍政治原则，称其为人类政治文明发展史上的重大进步。

总体而言，四种版本均将“英国的君主立宪制”单独成节进行叙述。人教版的标题为“英国君主立宪制的确立”；人民版的标题是“代议制的确立和完善”；大象版为“英国的君主立宪制”；岳麓版的标题是“英国的制度创新”。笔者认为，四种版本都把“英国的君主立宪制”单独成节，体现了对新课标要求的准确把握，同时也突出了英国立宪政体在西方政治文明发展史中的传承性和创新性。但是相对而言，人教版和大象版的标题“英国君主立宪制的确立”更加突出了这一专题的主旨，不过较为传统。人民版的“代议制的确立和完善”则是很好地体现了西方政治制度的核心理念。而岳麓版的“英国的制度创新”则更为抽象化，但也的确凸显了英国在人类文明史上的重要地位。

二、“英国君主立宪制确立”的历史语境

在“英国君主立宪制确立”的历史语境叙述方面有较明显的差异。大象版仅用极少的话语叙述了英国革命的过程，而将重点放在光荣革命和《权利法案》的颁布上。尽管紧扣《标准》的要求，但是很明显对英国政治发展史、英国议会制的来源关注度不够。而人教版和人民版对这些问题有所介绍。

值得一提的是，人教版和岳麓版两个版本都增加了对《大宪章》和议会起源的描述，不过岳麓版更为详细。它以大字的形式突出了《大宪章》的意义，即“限制王权”，同时配有签署大宪章纪念亭的插图。简要介绍了《大宪章》的来源和重要内容，列举了其中的两条：国王在国家所有重要事务上，包括征税，必须征求贵族的意见并且得到他们的同意；国王不得随意侵犯贵族的人身自由。之后对英国议会的诞生亦作了解释。孟福尔召开的议会成为英国议会的开端，议会由贵族、僧侣、乡绅和市民组成。

对于推动英国革命爆发所产生的动力机制的表述，四个版本也有较大差异。大象版谈到了詹姆士二世继位后的表现为“一上台就决定要给天主教徒以信仰自由和平等的公民权利，并任命天主教徒担任政府要职”。此表述如果缺乏应有的解释，恐怕会使读者产生歧义。实际上天主教徒在英国早已从宗教改革起就逐渐获得了信仰自由权，只是因为亨利八世颁布《至尊法案》，表明英国和罗马教廷决裂，不受天主教会的干涉，形成完整的民族国家的目的，才不允许天主教徒担任公职。

岳麓版和人教版对革命产生的都动因有新的认识。即认为革命之所以出现，主要是因为国王的“独断专行”（岳麓版）“厉行专制”（人教版），代表大众利益的议会则是“要捍卫自己的权利”。

克伦威尔是英国近代史上一位颇有争议的人物，以往传统史学界对于他所建立的共和国给予高度评价——革命的顶峰。而岳麓版和人民版则定义为

专制独裁（人民版）或“军事独裁”（岳麓版），其本人则是“英国的独裁者”（人民版）。并且在人民版中还设置了一个专门就共和国和君主立宪制哪一个更适合英国的思考题。大象版和人教版则没有提及克伦威尔。

三、《权利法案》的表述异同

1. 相同点

四个版本均对《权利法案》的作用表述为“限制了国王的权力”“建立君主立宪制”。国王权力的来源，大象版为“君主的权力由法律赋予，受到法律的严格制约”；人教版与之相似。在对议会权力的阐述中，此两个版本也十分接近，大象版是“议会的权力超过国王的权力，国王实际上是一个‘统而不治’的虚君，成为国家的象征。”人教版是“议会的权力日益超过国王的权力，国王开始逐渐处于‘统而不治’的地位。”不过这里应当指出，英国的“虚君制”并不是从《权利法案》一颁布就确定的。实际上“虚君制”经历了一个较为漫长的历史阶段，威廉三世、安妮女王和乔治三世在位期间，王权的作用仍不容忽视。这与当时的法律、习惯、宪政理论和君主个性相关，体现出英国君主制的渐进性发展特点。一直到19世纪中期的维多利亚时代，随着责任内阁制的确立，英王才沦为仅具有被咨询权、鼓励权和警告权的虚君。而且所谓的“虚君制”只是一种相对性提法。若就任期和实际作用而言，因英国多数君主在位时间比起同时期首相的任期要长得多。“尤其是维多利亚女王，在位长达64年，经历了20届内阁11位首相，这使她能够更多地参与和了解国家事务，能够在内阁不断更替的情况下，对新任首相及时地提出合理化建议，从而保证政府政策的连续性。”①

对《权利法案》内容的处理上，除大象版没有引用具体的条文外，其余三个版本均有摘录。人教版直接引述了三条原文；人民版归纳了七条；岳麓版则概括了五条。

在对议会的发展历程上，四个版本中有人教版和人民版涉及此话题。人教版谈到了议会的选举及组成，是为代议制，目的是“防止专制独裁”。并以“历史纵横”这一补充形式概述了议会制度完善过程。人民版则提到1701年的《王位继承法》，议会对王权进一步具体限制，并以较大篇幅谈到18—19

---

① 阎照祥．英国虚君制的逐步形成［J］．历史教学，2012（1）．

世纪的议会改革。

2. 不同点

首先是《权利法案》的问题设置上有所不同。除大象版没有设置思考题外，其他版本均有相应的问题让学生思考。人教版围绕《权利法案》的三条摘录原文设置了两个问题。一是“这些规定限制了国王的哪些权利”；二是“权利法案颁布前后英国国王和议会的权力各有什么变化”。笔者认为，第一个问题中的“权利”应改成“权力”，原因在于这两个词的词义有着根本的不同。权力（Power）作为公权力的概念，属于政治的范畴。帕森斯说，权力的概念用来指一个人或群体反复地把他或它的意志强加于他人的能力。[①] ①权力是不平等的社会关系。权力概念反映的是构成权力双方的不平等性。权力是“单方面的依赖。相等力量的相互影响标志着缺乏权力”。[②] 权力关系标志着一种不平等的社会关系。②权力是强制性力量。权力实际意味着被统治者的被迫服从，权力的施加具备强制力量。因此，权力反映的是凌驾于他人之上的、影响他人行为的能力。权力主要有强制性、支配性、扩张性、排他性、不平等性等特点。而权利（Right）则从属于法律概念。从词源看，在西语中，“权利”一词与“公正”“正义”等价。权利的特点是强调“利”，强调人的价值与尊严，强调人所要求的价值。“权利”的内涵包括了以下几个基本点：①权利需要具备权力的强制力才能维护自身的存在。②权利主体应该受益。③权利应该得以保障而不能被任意剥夺。④权利主体有享受权利的选择自由。因此很明显，此处应该指的是“国王的权力”受到限制，而且也只有限制王权，才有民权的出现。第二个问题的设置笔者认为过于简单。

人民版则提出了一个相对有深度的问题，即比较都铎王朝的伊丽莎白女王和当今伊丽莎白二世女王在英国政治生活中所扮演的角色和所拥有的权力有何差别。

岳麓版的思考题则紧紧围绕《权力法案》与《大宪章》的问题来设问，即“《权力法案》吸取了《大宪章》的什么思想”。笔者认为这样的编排让教材的逻辑性更强，承接性更好，也有助于学生能更好地把握英国政治发展史

---

① ［美］彼德·布劳．社会生活中的交换与权力［M］．北京：华夏出版社，1988.

② ［美］艾伦·艾萨克．政治学：范围与方法［M］．杭州：浙江人民出版社，1987.

的基本特征，即“王在议会，王在法下”的原则。这一原则的体现和重申标志着现代政治文明的创立。

其次是议会权力的表述上有差异。大象版是“议会掌握了制定法律和决定重大经济政策的权力。”人教版是“议会不但掌握制定法律的权力，还可以监督政府和决定重大的经济政策。”人民版为议会“把包括王位继承和任命法官等重大问题的决定权都掌握在议会手里。其结果是把实际权力逐渐转移到议会手中，确立了议会权力高于王权、司法权独立于王权的原则。”岳麓版则更为鲜明地指出“英国实行议会与国王集体统治，统治方式从人治转向法治”。这是四个版本中唯一强调英国的君主立宪制作为“法治”为“现代政体”。

此外，人民版在议会的改革方面比其他版本阐述更为清晰。详细描述了1832 年的议会改革的过程，如降低选举资格的财产限制，并提到了 19 世纪二三十年代欧陆革命浪潮、英国本土群众斗争的激烈和各阶级要求获得参政权的呼声。尽管各版本在历史史实的取舍上各有千秋，但是笔者认为，单就议会改革这一点而言，人民版的叙述更为丰满、立体，也更能让学生对英国议会的制度从创生到成熟有一个常识性的认知。

四、“责任内阁制形成”内容的不同呈现

四个版本均对“责任内阁制的形成”作了较为详细的介绍。关于内阁的起源，人教版的叙述最为简单。“英国国王很早就有在宫中召集一些贵族、大臣和高级教士开会，商讨国家大事的传统。光荣革命以后，国王经常在一个秘密的小房间里召开这种会议，因此人们称之为内阁会议。”该版本在时间的表述上使用“很早”这一模糊的词语，显得不够严谨。同时，内阁会议也不是在光荣革命以后才出现的，而是在 17 世纪查理二世时，他从枢密院顾问中挑出 6 人请入内室研究政务。“内室”会议就是内阁制度的雏形。因此，这是一处十分明显的史实错误，应该纠正。

大象版的叙述是“英国的内阁是由枢密院发展而来的。中世纪时，枢密院由政府大臣、王室成员和国王的私人顾问组成，是国王的咨询机构，协助国王处理政务。17 世纪初，国王往往召集枢密院中的部分亲信，讨论决定重大政务。因为这种会议经常在一个秘密的小房间里举行，人们称之为‘内阁’会议。”这一表述基本抓住了内阁出现的渊源和内阁在初期的基本特征。

人民版则是专门设置一个小标题——“小密室的演变”来阐述内阁的形成过程。光荣革命之前，国王有一个最高的咨询机构——枢密院，由国王指定的贵族担任枢密大臣。光荣革命后，威廉三世经常召集几位重要的枢密大臣在一个小密室中商讨国家大事，英文密室一词便逐渐用以指称内阁。内阁逐渐取代枢密院，成为国王直辖的最高行政机关。此版本的表述与人教版相似，也是将内阁出现的时间延迟至光荣革命之后的威廉三世时期。而且对英文密室一词的提发也有待讨论。因为单讲“密室”，常用词为 secret chamber，这与“内阁”的专用词汇 Cabinet 相去甚远。因此，最好在密室一词之后用英文 Cabinet 予以提示。不是密室一词指内阁，而是内阁一词有密室的含义，否则很容易使学生对概念产生混淆。

在这方面解释较为清晰的是岳麓版。它以提示框的形式阐述了内阁的含义。“内阁的英文是 Cabinet，原意是密室。光荣革命前，英国国王挑选少数贵族充当顾问和助手，分管政府几个部门的工作。他们经常在一间小密室开会，‘内阁’和‘内阁会议’由此得名。”

英国责任内阁制的真正形成是在乔治一世时期。在此之前，内阁均由国王主持。但是由于乔治国王不谙英语，不懂英国政务，因此他从 1717 年起不再参加内阁会议。因此，首席财政大臣罗伯特·沃波尔得以长期控制议会和内阁。1721 年他主持内阁会议，成为首任首相，并形成了英王不得参加内阁会议的惯例。这实际上反映了英国资产阶级在革命后对英王权力逐步限制和削弱。1742 年，下院不再拥护他，沃波尔立即辞职，他的内阁全体成员也同时辞职。这开创了内阁失去下院信任任时全体辞职的先例。这一点在四个版本教材中均有一定程度的体现。例如岳麓版的“内阁全体成员对政府事务集体负责，并与首相在政治上共进退，如果议会通过了对政府的不信任案，内阁就要下台。”

政党与内阁制有千丝万缕的联系，四个版本对此也进行了阐述。大象版和人民版最为简单，分别是“英国的内阁首相，由国王任命议会多数党的领袖担任。”“伴随着政党组织的日益完善，首相和内阁作为多数党的党魁和领导核心，对议会下院的控制大为加强。”人教版则用小字配插图的方式呈现了英国两党制的产生——托利党和辉格党，并简要概述了两党制到今天的演变过程。最为详细的是岳麓版，其中还增加了对托利（Tory）、辉格（Whig）两个词的含义，以及今天的保守党和工党的来源。

在责任内阁制的历史意义陈述方面，以岳麓版和人民版的最有特色。人民版将英国人对内阁的称呼——第三院作为对其的总结。岳麓版的表述则是“英国的君主立宪制是以代议制为基础、以责任内阁制为核心的。”它“掌握行政权和立法创议权，事实上成为国家政治生活的最高决策者和领导者。”

此外，岳麓版与其他版本相比，增加了对代议制的评价。表述为“代议制是指公民通过选举代表组成代表机关，间接参政议政，讨论决定国家大事，行使国家权力的一种民主制度和组织形式。资本主义国家往往用对选民或候选人实行财产资格限制，或者用金钱操纵选举等方式来实现对代议制机构的控制。”应当指出的是，事实上在早期西方国家确实对选民有财产资格的限制，这一点也是基于西方的传统意识，即精英政治。

另外，当时还有性别的歧视。19 世纪前半叶的世界各国几乎都将妇女排除在政治之外，这并是西方独有的问题。相反，是英国首先进行议会改革的，特别是宪章运动之后，英国已逐渐取消财产资格的限制和实行普选。截至 1920 年，西方主要国家在性别问题上已取消男女差别。1890 年，美国怀俄明州允许妇女在当地选举中有选举权。1893 年，新西兰成为世界上第一个承认妇女选举权的国家。此后澳大利亚、芬兰、俄国、英国、德国、美国均赋予女性选举权。东方国家由于西学东渐的影响，自由、平等、民主等思想才传入东方传统社会，因此对这些问题的处理均晚于西方。

对金钱操纵选举的识读更有待进一步的思考。实际上，英国在沃波尔时代，当时政府财政部用于收买议员和选民的专项经费，每年用度为 4.5 万 ~ 10 万镑；1734 年大选时高达 11.7 万镑。① 1860 年林肯竞选总统时，共和党大概只花了 10 万美元，但那时的 10 万美元相当于现在的 280 万美元。可见，竞选从来就不是一件省钱的事。

随着互联网的普及和“自媒体”时代的来临，网络竞选因其相对低廉的成本被越来越多的候选人所采纳。2008 年奥巴马将互联网和“自媒体”的优势发挥到极致。但这些手段目前仍局限在年轻人和高知识群体，对于普通选民，仍然需要电视广告的“狂轰滥炸”。另外，电子投票设备的普及也在某种程度上提高了大选的成本。高昂的选举费用使得任何一个候选人如果缺乏足够的资金支持，根本没有资格投身到任何一场选战当中。但这并不是说候选

① 阎照祥．英国近代内阁制的萌芽和形成［J］．历史教学，2012（3）．

人本人必须富可敌国、腰缠万贯。罗姆尼的资产在2.5亿美元左右，但都没有打败贫寒出身的奥巴马。毕竟，在美国家境一般的选民占大多数，他们更愿意选一个和他们一样通过艰苦奋斗而成功的普通人。对于竞选活动而言，这些钱大都不是财政资金，而是来自民间的捐助。2012年，在奥巴马的竞选官方网站上，起捐额仅仅是区区的5美元。在他的募捐记录中，低于200美元的小额捐款竟然占了56%。对政治不感兴趣的普通百姓根本用不着捐钱。因此，金钱不是决定大选的唯一因素。每次大选，美国选民都捐款踊跃。他们通过捐款选择自己中意的领导人和民意代表和表达自己的政治诉求和影响这个国家的前进历程。的确，金钱在选举中发挥着举足轻重的作用，但它代表的不再是“资本家的垄断利益”，而是表达了无数普通选民成为“民主股东”的愿望。①

综上所述，四个版本对“英国君主立宪制”的阐述导言和标题的设置、内容的介绍等都各有千秋，有详有略。在英国革命、权利法案、内阁制的定义和解释方面都有一定程度的突破。但是其中仍有部分细节值得更深入的挖掘和探究，以培养学生对现代政治制度的演进有较为清晰、客观的认知。

参考文献

[1] 钟小玲.《英国君主立宪制的建立》教学案例［J］.广西教育，2013（34）.

[2] 戴世锋.创设探究情境有效落实目标——以“英国君主立宪制的建立”教学为例［J］.教学月刊：中学版，2013（5）.

[3] 文晓霞.比较不同版本高中历史教科书的史料运用——以“英国的君主立宪制”一课为例［J］.华中师范大学研究生学报，2011（3）.

（作者系贵州师范学院历史与社会学院副教授）

① 张海平.美国大选是金钱政治吗？［J］.炎黄春秋，2014（9）.

人教版高中语文《外国小说欣赏》一课一得

戴军平

语文学习的最终目的是要全面提高语文素养，既包括精神的充实、情感的完善与人格的提升，也包括读写听说能力的养成。人教版高中语文选修课教材《外国小说欣赏》就是学生提升自己的资源和平台。它借助所选16篇外国经典小说（《桥边的老人》《墙上的斑点》《炮兽》《安东诺夫卡苹果》《丹柯》《炼金术士》《娜塔莎》《素芭》《清兵卫与葫芦》《在桥边》《牲畜林》《半张纸》《山羊兹拉特》《礼拜二午睡时刻》《沙之书》《骑桶者》），一课一得，一篇小说重点探讨一个问题，从而集中有效地完成“场景”“主题”“人物”“情节”“结构”“情感”“虚构”等方面的鉴赏，让学生初晓小说艺术，提高文学鉴赏能力，培养高格调的审美情趣，提升人生境界。

为了强化学生的小说鉴赏能力并在试卷中有效运用，一课一得，指导学生用小论文的形式呈现，既突出了篇章的重点，整体构建了小说欣赏的知识框架，又兼顾了考试答题的规范性。下面就结合十二篇小说谈谈十二得。

一、谈谈《炮兽》中场景描写的功能

（1）给全篇“定调”。小说开头的场景就带给我们紧张的气氛，结尾的场景则给我们带来不详的预兆。从喧嚣的静寂、阴郁的气氛弥漫开来，一直渗透到全篇，给小说定下了悲剧的调子。

（2）导引人物出场。《炮兽》整个场景的设计，都是为了引导全书的主角之一——朗德纳克侯爵出场。

（3）营造意境与渲染气氛。《炮兽》中一开始对大炮疯狂的破坏场景的描写，为我们渲染出了一种紧张、急迫、恐怖的气氛，既写出了情势的险恶，又为人物的出场作了铺垫。

（4）揭示人物性格。比如第三部分中炮手与大炮搏击的场景，就集中表现出了炮手的英勇无畏、侯爵的智勇双全以及坚毅果敢的性格。

（5）作为象征。《炮兽》中，大海的风暴、船上的劫难，象征了命运所面临的威胁和凶多吉少、不可预测的未来。

二、谈谈《安东诺夫卡苹果》在写景状物方面的特点

（1）调动多种感觉。如第一部分描绘清晨的果园，先是视觉印象：满目金黄、树叶开始凋零，稀稀落落的大果园，槭树的林阴道。然后是嗅觉印象：落叶的幽香、安东诺夫卡苹果、蜂蜜和秋凉的芬芳。接着是听觉的印象：到处是人声和大车叽叽嘎嘎的响声。

（2）变换观察角度（多角度写景）。如第二部分描写姑母的庄园生活图景时，作者的观察由远及近：先写远景——天空、朝阳、雨后的钢轨般的道路；再写近景——“大片大片倾斜的冬麦田”、盘旋的“鹞雏”。紧接着，“鹞雏”又将视线由近及远：“一根根轮廓分明的电线杆朝阳光灿烂的远方奔去，而横在电线杆之间的电报线，则像是银光闪闪的琴弦，正在沿着晴朗的、斜悬的天空滑动，电报线上停着好些青鹰，活像乐谱上黑色的音符，像极了。”

（3）调配亮丽色彩。作者一定是懂得绘画技巧的，因为他的小说中体现出作者出色的色彩感觉，色彩对比强烈。他笔下那高超的色彩运用，丝毫不逊色于高明的画家。如深邃的蓝天、绚烂的朝霞、绿色的麦田、亮晶晶的大路、黑色的青鹰停在银色的琴弦上等。又如第三部分中“沉甸甸的铅灰色的乌云”与“水汪汪的浅蓝色的天空”不仅在色彩上形成鲜明的对比，而且将沉重与轻盈的质感并列在一起，达到巧妙的错落平衡。

（4）动静相宜。对姑母古老宅第的描写先是静态的，写出它的古老、坚固、富有生命，永远不会有倾圮之日。“没有一刻不安详地停着好些吃得肥肥的鸽子”和“数以千计的麻雀却像阵阵急雨，由一个屋顶倾泻到另一个屋顶”，给这个静寂的景象增添出活泼的动感，表现出动静的完美平衡，顺利引出了“安乐窝”这个对贵族宅第的评价。

（5）运用多种修辞手法。

三、试从族人、自然环境、丹柯三个角度谈谈《丹柯》主题的多义性

（1）族人的角度。族人最终决定把自己的自由献给敌人，是被自己内心的恐惧所摧垮的。此处揭示道理：在困境中人往往不是被外界，而是被自己内心的恐惧所打败的；在困境中最需要的是行动改善处境，坐等只会徒增恐惧。

族人跟从了丹柯，在危难之中又埋怨、审问，甚至想弄死丹柯。此处揭示道理：困境中人是多么善变与自私，多么容易出尔反尔、怯懦卑劣，人性深处隐藏的兽性，只要有机会便释放出来。

走出困境后，族人忙着迎接自由与光明，没有反省与感恩，只有遗忘与践踏。此处指向对复杂人性的反思与拷问。

（2）自然环境的角度。从先前“那些有力的桠枝紧紧地抱在一起”“整个林子发出低沉的响声，好像在威胁那些人，又好像给他们唱葬歌一样”“树林发出胜利的喧响”，到丹柯燃心高举时，“树林忽然在他们面前分开了，分开了，等到他们走过以后，它又合拢来”，从以胜利者的姿态出现到主动地分开、合拢。自然环境的描写，可以揭示这样的道理：自我牺牲、无私奉献的举动是一种伟大的力量，具有慑服与震撼的力量，当人真正无所畏惧、勇往直前、充满内心的勇敢时，就会勇者无惧，拥有强大的精神力量，黑暗也会避让，当人倾尽全力付诸行动时，整个世界都会为他让路。

（3）丹柯的角度。丹柯有着不被族人理解的孤独痛苦，但“他爱他们，而且他以为，他们没有他也许就会灭亡”，最后掏出燃烧的心照亮族人前进的路，可见，丹柯有着热爱族人、拯救族群、承担责任的信念，是一个先行者、痛苦者、孤独者、殉道者、高贵者。从这个角度看，小说赞颂的是舍己为人、为理想献身的精神。

四、《炼金术士》主题的形成，得益于象征手法的运用和结局的陡转、出人意料，请具体谈谈

（1）《炼金术士》的寓言色彩非常明显，故事中的人物和事件一般具有象征的意义，主题的哲理包孕在故事之中。

圣地亚哥梦中的财宝不过是个人梦想的象征；卖爆米花的小贩是以经济实力为借口无限期延迟寻找自己的梦想，最终碌碌无为的人们的象征；茫茫的沙漠、遥远的埃及则象征着寻梦之旅的重重磨难……

（2）结局陡转，出人意料。与中间的步步铺垫不同，小说的结尾显得出人意料。上帝没有让圣地亚哥在金字塔下直接挖到宝藏，非但如此，圣地亚哥还被一群难民暴打并洗劫一空，但他却从一个不肯相信自己天命的难民口中知道了财宝的真正埋藏地。原来圣地亚哥长途跋涉、九死一生寻找的财富就在他自己的国家西班牙。但如果他没有向着梦想出发过，他的一生就注定了只能是那个普通的牧羊人。小说运用结局的陡转，为主题添了最后也是最重要的一笔闪光点，让小说的意味更加浓厚。

五、谈谈《素芭》中素芭这个人物的形象以及塑造手法

（1）人物形象：哑女素芭是个美丽的、感情丰富、善良、命运悲惨的姑娘。上天没有给她一张能说会道的嘴，但给了她清澈的眼睛、丰富的感情和敏感的心灵。她可以观察世界、倾听世界、感受世界，用眼神表达世界。只是身边的人忽视了她的表达，包括父母和朋友帕勒达帕。她能够和无言的大自然亲密接触，和小动物们亲密“交谈”，可是她却不能获得人类的理解和关心，最终，因为她的缺陷，无法避免地推向悲剧的结局。

（2）塑造手法。

①浮雕式的肖像刻画展现了素芭的恬美多情。“素芭不会说话，却有一双长长睫毛掩藏着的大黑眼睛”，时而如静悬的落月，时而如疾急的闪电，贴切而惊人的比喻把这双黑眸勾勒得让人遐想又艳羡。读者的第一感觉会是：这是一个惊人美丽的女孩子，她配得上所有美好的东西。

②正面心理刻画展示了素芭的独特、善良和聪慧。泰戈尔用了大量的笔墨对她的心理进行极为细腻的表述，如：“她心里总想让他明白，她在这个世界上不是一个毫无用处的废物，但这里真的没有什么可分配给她做的。于是，她从内心祈求造物主赐予她非凡的力量，她借此一念咒语，就会出现奇迹……”对素芭的心理描写中，我们看到了她的孤独、她的无奈，她奇幻的思想是她渴望打破现状的心理暗示，随着心理描写的不断丰富，素芭充分展示了她的独特、善良和聪慧。

③侧面环境烘托让素芭的形象更为动人。泰戈尔用了几乎两章的篇幅，

把素芭放置到比社会环境温暖得多的自然环境中。在充满了诗情画意的大自然面前，在可爱的小动物面前，素芭没有任何交流的障碍，她甚至能比常人更为轻易地表达自己。自然会回应她，小动物会依恋她、安慰她。在这里，素芭不仅是美好的，还有着无言的快乐。侧面的烘托让素芭的形象更为动人。

④鲜明的对比，感受到了素芭的悲哀。素芭身边的人们可以用话语交流，他们是一群普通的劳动者，但是对素芭表现得极为冷漠和麻木，素芭在他们身上看不到关心，找不到温暖。素芭因为残疾而变成了亲人的负担，因而得不到更多的爱护，父母打算用欺骗的手段把她嫁到加尔各答。整个事件的过程中，素芭只有独自流泪伤心，得不到任何关心，唯一的好友只是专心致志地钓鱼，丝毫没有离愁别绪。在鲜明的对比中，我们可以清楚地看到，她和人的关系，远远不如和小动物们，和大自然来得亲密。在这里，看不到亲情的可贵，只有欺骗和交易。这不仅仅是素芭的悲哀，也是泰戈尔对人们这种漠视的态度感到悲哀。

六、谈谈《清兵卫与葫芦》的情节运行方式和特点

（1）情节运行方式。

开端　　清兵卫爱好葫芦

发展　　清兵卫买到喜爱的葫芦

高潮　　教员没收葫芦，父亲砸碎葫芦

小高潮　　葫芦被卖出高价

结局　　清兵卫改变爱好

（2）情节特点。

①倒叙：这篇小说采用倒叙的手法，设置悬念：清兵卫本来与葫芦有不解之缘却为什么断了关系，又热衷绘画？引人入胜，推动情节发展。同时做到了首尾呼应，增强了小说的悲剧意义，深化了小说的主题。

②对比，细节描写成功：小说交代葫芦卖了 600 元，这个结果与前文父亲呵斥他：“什么话，你懂什么，也来多嘴！”他买这个葫芦只花了一毛钱，教员把葫芦当作脏东西让老年校役扔掉，校役把葫芦卖了 50 元，构成对比。说明清兵卫对葫芦确实有非凡的鉴赏力，嘲讽了大人的愚蠢保守。

③结尾陡转，出人意料，又在情理之中。前面的情节颇为平淡，精彩却在最后浮出水面。清兵卫的葫芦，古董店开价 5 元，校役居然还卖了个 50 元

钱的好价，而卖给当地的富家价钱是600元。似乎出人意料，其实在情理之中。清兵卫先前对葫芦痴迷，看过了很多的葫芦，和客人与父亲的谈话显示出他独特的鉴赏力，从老太婆那里买葫芦的紧张，都为后文这个一毛钱买来的葫芦很可能值大价钱做了铺垫。正是这结局的陡转，造成了情节的跌宕，深化了主题，令小说陡增回味。

④摇摆。当清兵卫玩葫芦被教员发现后，不是马上叙述其后果，而是插上一笔，写教员的爱好，使时间暂停。这样既可以看出两者爱好的不同意义，也暗地里对两者的爱好进行褒贬。至于面对教员的家访，清兵卫担心教员发现自己另外的葫芦，但是小说也是充满摇摆，故意不让他发现，待到他松了一口气之后，又让他的父亲发现了，最终被毁。这样使叙事具有跌宕起伏之美。

⑤危机爆发式。清兵卫上课玩葫芦，教员没收葫芦，教员家访，教员与清兵卫的矛盾冲突，为下文父子矛盾的爆发蓄势；父亲揍骂清兵卫，父亲砸葫芦，父子矛盾爆发，又为表现清兵卫与常人眼光的不同蓄势。可见，危机爆发式的情节安排，可以使故事的发展曲折生动，故事的情节丰富多变，并在情节的展开中展现人物的个性。

七、谈谈：《在桥边》的情节运行方式及特点

（1）情节运行方式。

开端：战后“我”在桥边数从新桥上路过的人数并上报。

发展：“我”爱上了过桥的姑娘，姑娘路过的时段，我没有统计人数。

高潮：主任统计员要来检查，我内心紧张矛盾，但还是没有把姑娘统计进去。

结局：“我”被主任统计员认为是“好人，很可靠”，被调去数马车，获得了进一步接触姑娘的机会。

（2）情节特点。

①情节随矛盾冲突而生发。激动的爱情与死板的计数，赖以生存的饭碗与真心热爱的姑娘，构成了小说的矛盾冲突，矛盾冲突推动了情节的发展。

②三次摇摆。灰暗而毫无意义的计数生活中，因为姑娘的出现而心情愉快，这是情节的第一次摇摆；正沉浸在爱情的美好中，统计员要来检查了，生存受到了威胁，情绪跌入谷底，这是情节的第二次摇摆；“我”计数依然漏

掉了姑娘，以为计数不准确会滑向悲剧结局，可是，主任统计员认为“我”是很可靠的人，被调去数马车，有更多的时间去看望心爱的姑娘了，这是第三次摇摆。摇摆，使故事情节跌宕多姿。

③结局富有戏剧性，出人意料，又在情理之中。以为计数不准确会滑向悲剧结局，可是，主任统计员认为“我”是很可靠的人，被调去数马车，有更多的时间去看望心爱的姑娘了。似乎是出人意料，其实在情理之中。主人公生存在一个只关心数字而完全忽略人的精神存在的社会，这更是一群只知道盲目陶醉和满足于“我”送上的数字的官员。这样的一个社会氛围，这样的一种官僚主义作风，注定会有如此荒谬的结局。

八、谈谈《牲畜林》中的延迟法

延迟法：小说的情节本来十分紧张，但作家却多次使用“延迟法”来给情节的进展设置障碍。一次成功，会使作品显得过于简单容易，朱阿共有六次打算射击，其中五次准备射击却因为各种原因而没有发射，这是小说结构上的“延迟法”。具体“延迟”如下：

（1）“天哪！如果我想打死德国兵，遇难的却是花大姐，怎么办?”于是，朱阿没有开枪，情节舒缓下来，德国兵得以继续表现。

（2）当德国兵抓住粉红色的小猪时，朱阿准备瞄准，两个小孩挂着泪珠说“朱阿，请你瞄准点。要是把我们的猪打死了，我们就什么也没有了”，于是，朱阿又没有开枪。结局的到来又一次延迟了。

（3）当德国兵把羊扛在肩上，朱阿正要扣动扳机，白胡子的老牧羊人祈求说“朱阿，不要杀死我的小羊，你只打死他，千万别打死我的羊。”于是，朱阿连扳机在什么地方都不知道了。德国兵又幸存下来。

（4）戴红头巾的胖姑娘的诱惑和威胁“朱阿，你如果打死德国兵我就嫁给你，要是打死了我的火鸡，我就割断你的脖子”，让朱阿没有开枪，结局的到来又一次延迟了。

（5）朱阿准备打提着兔子的德国兵，满脸雀斑的小姑娘说：“别打死我的兔子，反正德国人已经把它拿走了。”这是第五次延迟。

（6）第六次，尽管吉鲁米娜“要是你把我的鸡再打死，那我就更伤心了”，朱阿还是鼓足了勇气，扣动了扳机。

延迟法的作用：①这样的“延迟”使得原本紧张激烈的情节节奏舒缓下

来，牲畜林这个“容器”里的各种动物可以自由地登台表演，成为故事的真正主角；②突显主旨：战争的阴影被更有生命力的和谐自然挤到一边。

九、谈谈《半张纸》中“半张纸”的意义

（1）结构上贯穿全篇。作家围绕半张纸进行布局选材。半张纸成了小说中贯穿始终的结构线索，是小说结构的要点，是小说的容器。

（2）年轻房客两分钟内情绪发生转换的关键。主人公在未注意到半张纸时，有人去楼空的失落感和淡淡的哀愁。当他发现半张纸，用两分钟读完十几个电话号码，重温了两年的时光，半张纸给了他那么多的人生快乐，他决定留作纪念，去开拓新的人生之路。离开公寓时，他是个骄傲的快乐的人。情绪的前后转变，都围绕着半张纸。

（3）深化主题。主人公重温了半张纸上的两年时光后，感悟到他“已经尝到一些生活所能赐予人的最大幸福”，以更积极的人生态度奋然前行，而不只是停留在缅怀逝去的快乐生活，深化了主题。

十、谈谈《山羊兹拉特》中风雪的作用

（1）推动情节发展。正是因为暴风雪，阿隆和兹拉特才会迷路，才会在暴风雪中相互救助，才让阿隆下定决心不卖兹拉特。暴风雪推动了情节的发展。

（2）为人物活动提供背景。山羊与主人的情谊正是在大风雪中得以凸显。阿隆卖羊以及和羊一起共患难，都在风雪中完成了。

（3）营造意境，渲染气氛。卖兹拉特途中，漫天的雪花被大风戏谑着，凛冽的风很快穿透了他单薄的棉衣，一系列突变的恶劣天气，渲染了一种紧张的气氛，让人为阿隆和兹拉特的命运担心。

（4）烘托人物心情。“夜空一下子变得明亮起来。圆月在雪地上洒下片片银辉。阿隆钻出草堆，环顾周围的世界。一切都那么洁白，那么安静，沉静在宏大天地的梦幻之中……”既暗示着情节的发展——他们已经战胜了暴风雪，又烘托出阿隆战胜暴风雪之后的喜悦和幸福。

（5）衬托人物形象。面对突如其来的罕见的暴风雪，阿隆觉得没有什么可怕，并冷静机智地找到了避风雪的草堆。暴风雪的强悍，烘托了阿隆的冷静、机智、勇敢和爱心。

（6）深化了主题。正是因为暴风雪，兹拉特才没有被卖，情感战胜了贫困，深化了小说的主题。

十一、谈谈《礼拜二午睡时刻》情感的节制

《礼拜二午睡时刻》在表达人物的感情时，用了节制的手法。整篇文章，叙述简洁而平静，不动声色，每一类人物的感情，作者都没有渲染，没有张扬，而是处理得内敛而节制。

（1）母亲失去儿子的悲痛是节制的。母亲是“安贫若素”的，这是一个贫困的妇女，一个苦难的家庭，但她没有因为自己的贫困而低微怯懦。她在讲述儿子是小偷这件事上，一直是“镇定安详”的。正是因为节制，这镇静更能显出隐藏着的无比悲痛，和宽广的超越道德和伦理的爱。

（2）小姑娘对哥哥的关心和失去哥哥的悲伤也是节制的。她只是关照准备献给哥哥的鲜花，只是在母亲和神父谈话的时候帮哥哥说话，这样平静地叙事，读者更能感受到小姑娘对哥哥的爱以及失去哥哥的悲痛。

（3）神父和神父妹妹对母女俩的关心和同情也是节制的。他们劝母女俩等太阳落山的时候再去，还要借给母女俩伞，还让母女避开围观的人们，这些关心和同情都隐在平静而朴素的语言里，没有直接抒发，也没有用大量的笔墨渲染。

（4）小镇上围观的人们对母女俩的鄙视也是节制的。作者没有写小镇上的人们如何地鄙视小偷的母亲和妹妹，而是只写他们围观，但读者却能感受到小镇人们的好奇、鄙视和嘲笑。这也是一种情感上的节制。

十二、谈谈《沙之书》的虚构与真实

《沙之书》让虚构嵌入现实之中，与现实浑然一体，让沙之书这本“无限之书”显得合情合理。

虚构：①沙之书，是一本“无限之书”，这本书像沙子一样无始无终，页与页之间总还有其他的页，无穷无尽；②“其中一页印有一个面具。角上有一个数字，现在记不清是多少，反正大到九次幂”；③“我想把它付之一炬，但怕一本无限的书烧起来也无休无止，使整个地球乌烟瘴气。”

真实：去过孟买的推销员，交易的过程，“我”夜读书的情景，以及“我”把书藏在国立图书馆的情景，这些都是现实生活场景。

这些经典小说既来自现实大地，又高蹈于云霄。作家想表达的，或是不受作家主观愿望制约而客观呈现出来的，是空中的明月，而作家呈现的文字和读者的鉴赏方式，则是指向明月的手指。手指可以让我们找到明月所在，但它本身并不是明月。我们引导学生所做的，是借助手指找到那个明月。

参考文献

[1] 贺海燕．外国小说欣赏课堂教学的有效策略．课程教育研究，2013（34）．

[2] 刘相春．《外国小说欣赏》的教学定位与实践．中学语文，2011（27）．

[3] 陆静．高中《外国小说欣赏》选修课：专题探究提实效——以《礼拜二午睡时刻》为例．课程教育研究，2015（2）．

[4] 翁超群．论《外国小说欣赏》与记叙文写作教学．新课程（中学版），2012（4）．

[5] 欧惠惠．《外国小说欣赏》之教学实践研究．当代教研论丛，2014（4）．

（作者系贵州师范学院外国语学院副教授）

贵州省高校思想政治理论课主体性教学现状及对策探讨

司云云

高校思想政治理论课承担着对大学生进行系统的马克思主义理论教育的任务，是高校思想政治理论课的学科性质决定了其教学目的不能仅仅满足于学生掌握好书本知识，而应更加注重学生对思想政治理论知识的理解和运用，提高运用马克思主义的立场、观点和方法分析问题、解决问题的能力，这就需要充分发挥学生在学习过程中的主体性作用。正因为如此，近年来，主体性教学模式已为越来越多的高校思想政治理论课教师和学生所青睐，不少高校也积极倡导思想政治理论课主体性教学模式。

为了全面、客观地了解高校思想政治理论课主体性教学的现状，笔者对贵州大学、贵州师范大学、贵阳医学院、贵州民族大学、贵州财经大学等几所高校的在校大学生进行思想政治理论课主体性教学相关问题的实证调查，调研结果显示：虽然一些同学对“主体性”这一概念不是特别清楚，但他们的思想观念和行为等都体现出自我发展的强烈愿望，如在问及“学生是否应当参与大学的一些重要决策”时，90.2%学生认为“学生是大学的一部分，应该有学生代表参加与学生利益密切相关的决策”。这说明，绝大多数学生渴望主体性的发展。与此同时，调研结果也显示，当前高校思想政治理论课主体性教学推行的效果不尽如人意，还存在许多不容忽视的问题。

一、贵州省高校思想政治理论课主体性教学现状分析

（一）大学生主体意识淡薄

强烈的主体意识，是大学生以主体身份与责任意识自觉、主动参与思想政治理论课教学的内在驱动力，也是高校思想政治理论课教学能否顺利开展

及价值目标能否实现的关键。然而，调研结果显示，在问及“在思想政治理论课的课堂教学中，对老师提出的问题，您经常会……”的问题时，选择“积极思考但不主动发言”的占72.6%，选择“积极思考并主动发言”的占10.8%，选择“等老师提问到再思考”的占11.6%，选择“不去思考”的占5%。这说明，当前高校思想政治理论课教学中，学生的主体意识还较为缺乏。

（二）大学生主体行为参与缺乏

思想政治理论课课堂教学应是教师与学生双向互动的过程，在这一过程中学生是主体，教师是主导。学生应作为独立的主体积极投身到思想政治理论课教学活动中，然而高校思想政治理论课教学过程中，“由于双方的知识、年龄、背景、身份存在差异，一方是相对成熟或具有某种知识优势的主体，而另一方是尚未成熟或虽有一定成熟度但没有知识优势的主体，又具有明显的不平等性”。调查中有63.6%的学生认同“教师是权威”，这很容易导致学生自己探索和创造力下降，沦为被教育、被说教的对象，而教学则成为教师一种权威的演讲。如在调查中，当问及“您认为目前大学教学存在的最主要问题”，32.6%的学生认为“教师讲得太多，学生参与太少”，23.4%的学生认为“教师仍是权威，学生发表意见和看法的机会少”。这说明，教师在教学过程中忽视了师生间的平等互动，学生参与教学活动的机会较少。

（三）大学生主体作用发挥不够

高校思想政治理论课是一门必须注重实效性的课程，也是一门需要充分发挥师生的主体性来确保实效性的课程，其教学是在一定前提条件下进行的特殊认识与实践活动。这就要求教师充分发挥教授主体性、学生充分发挥学习主体性作用，明确各自的作用、地位和职责，对教学内容、教学目标、师生交往方式与教育教学方式、方法认识统一，激活教学过程，才能消除教学实践中被动、应付等现象，实现高效思想政治理论课的目的，促进学生的全面发展。然而，根据笔者的调研，目前，高校思想政治理论课教学中“教师教，学生学”的传统教学模式现象仍然突出，影响了大学生在师生关系中主体性的发挥。调研结果显示：在课堂教学中师生关系是否平等、和谐，沟通是否畅通等问题上，有53.6%的大学生对此感到一般和不满意；有56.2%的学生认为在思想政治理论课教学中，学生主体能力没有得到充分发挥，从而影响了教学效果。

二、贵州高校思想政治理论课主体性缺失原因分析

（一）传统教育理念的影响

主体性教学是一种适合高校思想政治理论课教学的先进教学理念，但是目前这种教学理念并没有得到思想政治理论课教师应有的重视。传统的教育以赫尔巴特的“三中心”（教师中心、课堂中心、书本中心）为典型代表。在这种教育理念下，过分强调教师的主导地位，教学活动中往往偏重向学生系统地讲授书本知识，强调大学生对于书本知识的记忆和理解，从而形成了教师是课堂的教学主体，课堂是教学活动的中心，教材是知识载体，学生是单向接受的容器的局面，不利于调动大学生在思想政治理论课课堂教学中的积极性、主动性。这种主导方式的实质是教师“主而不导”，教师唱独角戏，教学“满堂灌”，学生参与度不够，学生的主体作用难以充分发挥，影响了教学的实效性。

（二）传统教育关系的影响

中国长期存在“师道尊严”的思想，这种教育传统将教育者和受教育者截然分开，强调教育者的神圣性和不可违背性，规定受教育者的无条件服从性。这种过分强调教育者的神圣性和不可违背性的传统教育关系在高校思想政治理论课中依然存在，阻碍了大学生在思想政治理论课中主体性的发挥。一些教师以专业知识技能“闻道在先”、教育教学理论与实践“轻车熟路”、对教育教学内容“烂熟于心”、对学生的身心发展“了如指掌”为据，忽略或轻视学生在思想政治理论课教学中作为主体人所具有的社会参与性、学习自觉性、思维能动性，从而导致师生关系异化，师生之间缺少情感交流和知识沟通，课堂互动不强，使得学生的自信心不足，难以形成独立思考、判断的习惯，难以形成独立人格，不利于学生主体性的发展。

（三）传统教育模式的影响

思想政治理论课教学不是单向宣传与说教的过程，而是师生互动共同探

讨、运用马克思主义理论解决人生问题、社会问题的过程。教学过程中如果缺少主体精神的参与，那么任何观点、思想、理念都难以融入大学生的精神世界。随着网络技术的高速发展，当代大学生获取信息的途径日益广泛、便捷，自我意识、怀疑意识不断增强，传统的信息权威已经不能使他们信服。但是，在实际教学实践中，一些教师仍然把结论式教学、封闭式教学、灌输式教学等传统教育模式作为主要的教学方法沿袭使用，使学生被动听课、师生之间缺乏互动，学生的问题意识和发现问题、提出问题、研究问题、解决问题的能力得不到锻炼，很大程度上弱化了学生学习的积极性，阻碍了自主学习的形成和创新能力的培养，成为制约大学生主体性发展的重要原因。在教学手段和管理上，有的教师缺乏现代化教学资源运用的能力或意识，放弃了生动形象的多媒体教学；有的教师虽使用了现代化的教学工具，但只将其作为简单的呈现工具，缺乏针对性、创造性的运用；有的教师对学生放任自流，出现教师只讲不问、学生只听不记的现象，缺少有效互动。此外，在高校思想政治理论课教学环节上，实践教学课时较少、实施不是很到位，也影响了大学生主体性意识和能力的培养。

（四）教学资源短缺

贵州省高校普遍面临思想政治理论课教师短缺现象，其中包括省属高校贵州师范大学、贵州财经大学、贵州师范学院等均需要外聘思想政治理论课教师甚至是在校硕士研究生来解决教师短缺这一问题。而在教师短缺、教室短缺、教学经费不足等原因的共同作用上，思想政治理论课普遍采用大班教学。

在访谈中，有不少思想政治理论课教师表示很愿意去尝试课堂教学改革，用先进的主体性教学理论去构建课堂，但教学任务重、课时少、班级人数多，往往导致了教学改革流产，重回“满堂灌”的老路。

三、加强高校思政政治理论课主体性教学对策探讨

（一）加强教师队伍建设

思想政治理论课教师是思想政治理论课教学活动的设计者、组织者和管理者，其主体性的发挥是学生主体性培养和发挥的前提和基础，是思想政治

理论课教学目标实现的重要保证。同时，主体性教学强调师生的双向互动，教学过程中思想政治理论课教师必然会遇到许多新问题，这对教师的专业知识、组织协调能力和课堂驾驭能力都提出了更高的要求。因此，必须坚持以教学科研组织建设为平台，以选聘配备为基础，以培养培训为抓手，以学科建设为支撑，以制度建设为保障，以实现教学状况明显改善为目标，培养一批坚持正确的政治方向、理论功底扎实、善于联系实际的教学领军人物、中青年学术带头人和骨干教师，努力建设一支政治坚定、业务精湛、师德高尚、结构合理的教师队伍。

（二）更新教育教学观念

高校思想政治理论课是一门注重实效性特别是隐形效果的课程，这需要教师充分发挥主体性，而关键在于学生接受、内化、运用马克思主义理论。传统观念认为教师是高校思想政治理论课的主体，教师在教学过程中负有首要责任，普遍采用注入式的教学方式，忽视了大学生的主体性发挥。随着时代的发展，以人为本，全面发展学生的主体性已成为大势所趋。因此，改变高校思想政治理论课教学中学生主体性的缺失现象，必须以高校思想政治理论课教学理念的更新为先导，由以教师为中心的“权威型”向以学生为中心的“民主型”转变，牢固树立新的主体观、交往观、目的观，即现代主体性教学观。从交互主体性角度出发，更加注重师生对教学过程的主动参与和创造，注重教学过程中师生思维、情感和行为的互动与统一，把教学视为一个课内课外相结合的价值链进行整体设计与构建，真正增强思想政治理论课的吸引力和实效性。

（三）创新教学方法

科学的教学方法是保证思想政治理论课实效性的关键。方法得当，事半功倍；方法不当，事倍功半，甚至劳而无获。为了解决目前高校思想政治理论课教学主体性缺失的问题，就必须在“以人为本”的主体性教学理念指导下，不断创新教学方法，实现在现有的大班教学下实现从单向注入走向双向互动，由课堂走向生活，从教法改革到学法指导。

首先，坚持传统教学与现代教学理念的统一。灌输教育、讲析教学都是传统的、常规的课堂教学模式，可以短时间、大容量地传播思想政治理论课概念、原理等知识性内容，是党思想政治教育工作的法宝。既有教师的讲解，又有学生的分析，就既传授了知识，又培养了能力，反之则可能变成“满堂灌”。主体性教学理念下运用此种模式时的关键是坚持启发式教学，调动学生的主动性和积极性。

其次，坚持教与学的统一。我国古语也有云“授人以鱼，不如授之以渔”，但是，长期以来，无论是教学理论研究还是一线马克思主义理论教学都存在对学法指导的严重忽视。主体性教学要求将学法改革与教法改革结合起来，通过教学改革促进学法的指导，反过来学生学法的提高又进一步促进教师教法的发展。在思想政治理论课教学中，教师可以通过以下三种途径创新教法，促进学生学法的提高：①渗透式。思想政治理论课教师可以结合教学各个环节，有意识地进行学法指导，使学生在潜移默化中掌握马克思主义理论运用于实践的学法要领。这就要求教师要时时心里装着学生，处处为学生的全面发展着想，做好学生学习的向导；②交流式。在学习的过程中，学生会通过自己的经验、教训，探索出符合自身特点的学习方法。这些学习方法源自学生，符合大学生的身心发展规律，具有很强的操作性和推广性，思想政治理论课教师应注意学生学习马克思主义理论好的方式、方法，并组织交流和推广；③诊断式。学习有法，学无定法。在信息化高度发展的今天，大学生自我教育的途径、载体大大拓宽，但是在马克思主义理论学习过程中却走了很多弯路，遭遇挫折，其中不少是因为方法问题所致。思想政治理论课教师要加强学法指导的针对性，坚持因地而异、因时而异、因人而异，结合学生的自身特点反复实践、不断完善，帮助学生形成行之有效的学习方法。

最后，坚持理论联系实际。思想政治理论教育只有根植于社会生活，才能散发出浑厚的力量。长期以来，思想政治理论课都以课堂教学为主，实践教学只是辅助教学。主体性教学则要求打破教育者对知识和课堂的垄断和教室的局限，利用一切有利于学生发展的条件进行课程教学。因此，必须把实践教学有效纳入思想政治理论课教学计划之中，积极推行案例教学、情景教学、研究型教学等方式，真正建立理论教学与实践教学相统一的思想政治理论课学科教学机制。

此外，网络为思想政治理论课教学提供了丰富的文字、声音、图片、图像等多媒体资料，既丰富了课堂教学内容，也推进了教学手段的现代化，增强了教学的吸引力和感染力。思想政治教育理论课可以充分利用现代网络教学平台、交流平台，包括论坛、博客、微博、QQ 等新媒介展开正面宣传，进行网上调研和组织社会实践活动，进一步丰富教育教学手段，充分发挥网络在大学生中的影响，增加思想政治理论课在大学生中的影响力。

（四）建立科学的教学评价体系

教学评价是重要的教学环节，对教学工作具有极强的导向、激励、调控功能。思想政治理论课是集德育与智育、社会功能和促进学生全面发展为一体的特殊学科，这就需要由单一的教学评价方式向多元的综合评价方式转变。高校思想政治理论课的教学评价对其教学过程的影响是多元的，应体现学生的自主性、创造性和差异性。为此，要构建科学的思想政治理论课教学评价体系，不仅要考查学生掌握马克思主义理论知识的情况，还要考评学生的社会实践、公益劳动、志愿者活动、创新能力等社会实践活动和运用马克思思想主义理论的实践能力，将理论考试与德育测评结合起来、课堂与实践结合起来，对学生认知领域、情感领域和行为领域进行全方位、多角度的考察，使学生成绩评价的空间变大、变开放，才能真正提高学生学习思想政治理论课的自主性，促进学生的全面发展。

参考文献

［1］郭英，刘宪俊．师生交往：彰显教育主体间性的基本途径［J］．四川师范大学学报：社科版，2006（5）．

［2］王道俊，郭文安．教育学［M］．北京：人民教育出版社，2009.

［3］《中共中央宣传部教育部关于进一步加强高等学校思想政治理论课教师队伍建设的意见》教社政发〔2008〕5 号文．

［4］刘强．思想政治学科教学新论［M］．北京：高等教育出版社，2009.

［5］《中共中央宣传部教育部关于进一步加强和改进高等学校思想政治理论课的意见》教社政发〔2005〕5 号文．

（作者系贵州师范学院经济与政治学院教师）

贵州特色重点学科中的遥感课程教学改革研究

李　松　邓宝昆

遥感出现了“多传感器、多平台、多角度、高空间分辨率、高光谱分辨率、高时相分辨率”的趋势。随着数理统计、计算机和空间科学技术的进步，遥感作为空间信息科学的核心技术之一，已经成了各部门、各领域最重要的信息获取手段，并在数字技术中占有重要的地位。尤其2008 年的汶川大地震以来，遥感也成了一个热门甚至时髦的词汇，从专业领域进入人民大众的视野，遥感课程也引起越来越多的重视。在综合整合多种资源的基础上，从2013 年 7 月 1 日到 2015 年年底，利用优于 1m 分辨率的多源遥感影像，利用以遥感为基础支撑的中国地理国情普查项目，调查地形地貌、植被、水域、荒漠及裸地、交通网络、居民地及设施、地理空间等，查清中国自然和人文地理要素现状和空间分布，提高地理国情信息对政府、企业和公众的服务能力。在这样的背景下，本文探讨面向贵州师范学院的贵州省环境特色重点学科建设的，针对非遥感专业的遥感课程教学及考核现状和改革方法。

一、遥感课程现状

遥感是一种以物理方法、数学方法和地学分析为基础的综合性探测技术，具有很强的理论性和实践性，是中国发展最迅速的学科之一。由于遥感应用需求的增长，在武汉大学率先开设遥感专业后，越来越多的高校纷纷开设遥感专业，如南京信息工程大学、山东科技大学、长安大学等。在没有开设遥感专业的学校，遥感也成为重要的专业必修课程，在人才培养中占有重要地位。课程的理论性和实践性都很强，学习难度大。

遥感学科性质和课程特征显著影响遥感课程教学方法。关于遥感是科学还是技术的争论，目前还缺乏统一的认识。著名遥感学者，中国科学院李小文院士更倾向将遥感界定为一门科学。李德仁院士则更多地倾向于将遥感定义为一种先进的信息技术。本文认为，遥感是一门理论性极强的技术课程，并采用“2 +1”模式进行遥感课程教学设计，其中“1”即应用型人才培养目标，“2”是从理论和技术两方面进行教学设计。第一阶段的教学需要扎实的理论基础，同时教学还需要围绕遥感的技术性特征。第一阶段安排 36 个课时进行理论教学。第二阶段安排 18 个课时，在理论教学基础上，围绕应用型人才培养目标，基于遥感软件有针对性地进行教学。第二阶段主要以上机和实践课程形式开设，在 GIS 实验室完成，在教师演示的基础上通过师生互动的形式完成教学。

二、遥感课程教学内容

遥感教材比较多，面向 21 世纪教材《遥感导论》和《遥感概论》作为一个系列，相互补充使用，作为遥感课程教学的优选教材，配合《遥感基础与应用》进行遥感课程教学。对于遥感机理部分，借鉴《遥感应用分析原理与方法》《遥感物理》《遥感原理与应用》《定量遥感理念与算法》，适当补充遥感机理教学。遥感前沿性内容主要来自国内外最新的研究论文。由于课时的限制，遥感课程以《遥感导论》为制定教材，并开列相关参考书目，由学生根据兴趣进行选择性学习。教学内容包括遥感概述、遥感基本原理、遥感图像处理、遥感目视解译和计算机分类、遥感应用。遥感技术课程以上机和实践课形式开出，在 ENVI 遥感软件上进行，主要包括相关处理和遥感应用，相关处理包括几何校正、辐射校正、图像增强、影像融合、目视解译和计算机分类，包括精度验证。课时分配如下表所示。

三、教学方法探索

遥感课程教学遵循基础性与开放性相结合、技术性和理论性相结合、应用性和前沿性相结合等原则，进行课程教学内容和方法设计。基础性和开放性相结合，就是要求学生掌握基础的知识，同时增加一些重要但有一定难度的内容，扩展学生的视野和知识面；技术性和理论性相结合的原则，就是结合“2 +1”教学模式，以应用型人才培养为基础，从理论和技术两个层面进行课程教学；应用性和前沿性就是应用能力培养，注意跟踪前沿性的基础知识。考核方法主要在教学大纲和考试大纲的范围内，根据学校的相关规定，基于基础性、开放性、导向性、验证性、应用性等原则进行考核。基础性就是考核时以基础知识为主，开放性就是尽量避免死记硬背的考法，导向性和应用性就是要能够学以致用。考核综合成绩为期末卷面成绩×70% +平时成绩×30%，其中平时成绩的30%包括作业、考勤等方面，70%可以包括笔试和机验。

遥感课程教学大纲计划学时和实际所需学时对比

课时 课程名称	大纲计划学时	理论性课时	技术性课时		际所需课时	理论性课时	技术性课时	
			室外	室内			室外	室内
遥感概述和机理	9	9	—	—	12	8	4	—
遥感数据特征	6	6	—	—	8	6	—	2
遥感图像处理	9	6	—	3	12	7	—	5
遥感图像的目视解译	9	5	—	4	10	6	—	4
遥感影像计算机分类	6	3	—	3	8	4	—	4
遥感应用	12	4	3	5	16	4	4	8
课程综合复习	3	3	—	—	4	4	—	—
总学时	54	36	3	15	70	39	8	23

其教学方法具体如下：

1. 综合式多媒体教学

遥感理论部分采用多媒体为主，结合传统教学方法的综合式多媒体教学方法进行。多媒体教学可以利用强大的网络资源、信息量巨大、演示形式丰富多样、图文声光电并茂、动静结合、直观简洁明了的特点，便于学生接受课程教学内容，提高课程教学内容，是一种不可多得的现代化教学方法。实践课程在GIS实验室教学，以ENVI软件为基础，结合遥感理论课程和试验大纲的安排，分专题进行软件操作演示，针对学生存在的问题进行师生互动，解答学生专题学习和软件操作中的问题。

遥感是与计算机相关联的学科，课程教学适合多媒体教学方法但是多媒体教学方法常常局限于“以课件为中心，教师充当播音员甚至放映员”，这种“照屏宣科”变成现代版的“照本宣科”，容易导致师生互动失调，很大程度上降低了学习积极性和主动性。因此，在课程准备和教学设计时，应尽量做到幻灯片趣味性和知识性结合，增加师生互动环节，提高学生的主动性和积极性。同时，在教学手段方面，必要时应结合传统教学的方法，提高教学效果。注意教学方法多样化，针对不同内容采取不同的教学方法。例如遥感机理部分的辐射传输原理，属于补充内容，难度较大但有助于学生理解遥感机理。课程教学还需要学生具有较好的空间抽象思维，必要时结合教具进行。在教学过程中采取多媒体结合传统教学的方法，可以弥补抽象思维能力较差的缺陷，结合板书解析辐射传输过程，对提高教学效果有积极作用。在此基础上，以暗目标法（或暗像元法）为例，讲解相对辐射校正以及基于ENVI平台的辐射校正过程，并结合喀斯特地区地形起伏较大的特点，在辐射校正的基础上，进行地形辐射校正教学。

2. **启发式教学**

与传统的“填鸭式”教学相比，启发式教学方法有利于培养学生的创新思维和发散思维，是提高教学效果和教学质量的有效方法，可以作为多媒体教学方法的有效补充，有效捕捉学生的学习思维。在教学准备过程中，应进行问题设计，通过必要的师生问答，提高学生的学习积极性，培养学生独立思考和创新的能力。利用启发式教学给学生预留问题，结合平时作业考核指标，给学生预留问题，通过图书资料和网络查询有利于学生掌握系统性的遥感知识。例如针对热红外遥感内容的教学中，分别引入美国对中国的限制，以及东北大小兴安岭林区的话题，通过问题设计激发学生的学习兴趣，提高热红外遥感教学效果：为什么美国会如此限制中国在遥感尤其是热红外遥感方面的发展？东北大小兴安岭发生了火灾，在当地尚不知情的情况下，为什么北京反而会知晓并电话告知？让学生带着问题学习，能够显著提高教学效果。

3. **项目式教学**

大多数教学方法都是学生被动接受知识的过程。项目式教学方法赋予学生主动吸取知识的热情。结合科研项目，在教师进行项目分解的前提下，学生结合项目方案，通过知识学习，有针对性地进行遥感知识的掌握，在科研项目的支撑下，学生的被动学习可以有效转化为主动学习。遥感是完成第一次地理国情项目的基本前提。在遥感教学的基础上，学生进入项目组后，可以发现自己知识的盲点，有针对性地查缺补漏，极大地提高学习效果。在地理国情普查项目中，学生的主要工作是室内作业，以及必要的外业验证，所利用的知识点是遥感目视解译。遥感解译需要大量的先验知识储备，由于课时的限制，课程教学的目视解译内容不足以支撑项目的完成。所以，项目对学生的基本要求只限于图斑界限的提取。但是，参加项目的学生都表现出了极大的学习热情和积极性，主动认识各种地物类型的遥感解译标志，尽量争取外业任务。

几何校正部分，先通过理论知识的学习，学生掌握几何畸变的来源及相应的校正方法，在此基础上进行校正模型教学。校正模型的学习主要包括二维和三维的几何校正。在相对高差不大于1000米的情况下，针对一般的应用目的，可以忽略高程对几何畸变的影响，采用二维几何校正方法，是教学过程中应精讲的内容，由于课时限制，教学重点是多项式几何校正。不能忽略高程影响时需要使用三维几何校正的方法，在多项式二维几何校正的基础上讲解有理函数模型，归纳了有理函数的一般模型。在学生实际应用任务过程中，加深了对二维和三维几何校正的理解。

四、结束语

遥感是一门难度较大的课程。遥感和GIS专业的教学，除了“遥感导论”课程外，有专门的“定量遥感”“遥感地学分析”“遥感图像处理”等课程，理论和实践课时都比较充足。对于非遥感专业背景下，贵州省环境特色重点学科中的遥感课程建设，在有限课时下很难达到理想的教学效果。由于学生的计算机和数理基础都比较差，应注意教学内容的难度控制，实际教学课时也会明显大于教学大纲的控制学时。在此基础上，教学科研相结合，充分调动学生的积极性和主动性，利用课堂之外的时间学习遥感知识，可以取得较好的效果。但是，结合科研项目的教学方法目的性太强，知识系统性较差，从效果和作用上都不能取代主体教学方法。因此，增开一门“遥感导论”的补充课程，是解决问题的根本途径。

参考文献

［1］李德仁．利用遥感影像进行变化检测［J］．武汉大学学报：信息科学版，2003，8（S1）．

［2］朱旭龙，张占睦．遥感图像获取与分析［M］．北京：科学出版社，2000.

［3］李小文．定量遥感的发展与创新［J］．河南大学学报，2005，35（4）．

［4］李德仁．浅论21世纪遥感与GIS的发展［J］．东北测绘，2002，25（4）．

［5］梅安新，彭望球，秦其明，等．遥感导论［M］．北京：高等教育出版社，2013.

［6］彭望球，白振平，刘湘南，等．遥感概论［M］．北京：高等教育出版社，2009.

［7］邓良基．遥感基础与应用［M］．北京：中国农业出版社，2005.

［8］赵英时．遥感应用分析原理与方法［M］．北京：科学出版社，2008.

［9］徐希孺．遥感物理［M］．北京：北京大学出版社，2005.

［10］李小文，刘素红．遥感原理与应用［M］．北京：科学出版社，2011.

［11］梁顺林，李小文，王锦地．定量遥感理念与算法［M］．北京：科学出版社，2013.

［12］阎波杰．组件式地理信息系统开发课程的教学改革探讨［J］．测绘与空间地理信息，2011，34（6）．

［13］王行风．《遥感原理与应用》课程教学及改革初探［J］．文教资料，2006.

［14］陈优良，徐昌荣，陈淑婷．GIS专业面向对象程序设计［J］．教学改革与探讨，2010，8（1）．

［15］李松．滑坡信息遥感识别和空间分析研究［D］．北京：中国科学院研究生院，2009.

（作者系贵州师范学院资源环境与灾害究所教师）

终身体育视域下的大学体育课程改革研究

——以足球选修课程为个案①

王　鼎　黄伟明

大学体育是学校体育的最后环节，也是学生获取体育锻炼知识和方法，培养终身锻炼习惯的关键阶段。这一阶段的体育教学将直接影响大学生终身体育观念和习惯的形成。2002 年新的《全国高等学校体育课程教学指导纲要》明确指出了培养学生终身体育意识的指导思想，这为新时期的大学体育课程改革指明了方向。2011 年《体育与健康课程标准》提出："学校体育是终身体育的基础，体育课程的基本理念包括激发运动兴趣，培养学生终身体育的意识。"

受传统教育的影响，当前的大学体育课程内容僵化、教学模式陈旧、考核方式单一，既无法有效调动大学生的体育学习兴趣，也难以使学生形成终身体育的意识和习惯。如何改革目前的大学体育课程内容和教学方法，以培养大学生的终身体育意识和适应社会发展的要求，是一个需要高校体育工作者深思的问题。足球是世界第一运动，深受大学生喜爱，因此成为培养大学生终身体育理念与习惯的最佳运动项目载体。鉴于此，本文以足球选修课程改革为个案讨论在终身体育为视角下大学体育课程改革的路径和方法，为大学体育课程改革的进一步细化和深化提供参考。

一、足球课程要确立终身体育的指导思想

"终身教育"一词是由法国教育学家保罗·朗格朗在 1965 年联合国教科文组织主持召开的成人教育促进国际会议上提出的教育理念。"该理念从纵向

① 基金项目：贵州师范学院 2014 年校级教学内容和课程体系改革项目（文科）"大学体育课程教学改革与实践——以贵州师范学院为例"（贵师院发〔2015〕4 号）。

寻求体育教育的连续性，从横向寻求体育教育的深化整合过程，促进人一生在动态的环境变化中对体育学习方式和生命质量的改变。”终身体育是终身教育的重要组成部分之一，对于提高健康水平和体力，缓解工作、精神压力具有重要作用。

大学体育课程是学生踏入社会之前所学习的学校体育课程的最后阶段。大学体育所承担的任务不仅是促进大学生的体质健康，更重要的是培养他们的终身体育观和健康的生活习惯，这也是学校体育的社会价值所在。因此，“大学体育课程的设置要以终身体育理念为指导思想进行正确的定位，在教学实践中要以终身体育理念为主线”，以促进学生终身体育技能、意识和习惯的形成为目标，引导学生树立终身体育的价值观，为学生的终身体育奠定基础是足球课程改革的理念基础。

二、以终身体育为选择取向，优化教学内容

传统的大学体育课程强调教学内容的技能化和技术性，注重学科知识的连贯性，缺乏对学生现实生活需要的关切和对学生人文素质的培养。本文以终身体育为轴心点来优化教学内容，让学生了解足球文化，理解足球规律和原理，培养学生的终身足球兴趣，进而促使学生掌握足球终身锻炼的方法，养成终身体育的行为习惯。

1. 足球技战术知识为基础，学会灵活运用技战术

足球基本技战术知识是学生从事终身足球运动的基础，因此成为教学内容的关键。在教学内容的设置上应强调培养学生的技战术应用能力。体育运动不是“没有灵魂的身体动作堆积”，体育教学也不是固化、僵化的教学内容的传习。凸显足球课程的实用性价值，让学生在学习技战术知识的过程中感悟足球的本质。引导学生根据场上条件的变化（队友、对手的站位、距离、角度、位置等变化），培养学生理解比赛的能力和灵活运用技战术的能力，从而提升学生参与足球运动的持续兴趣。

2. 把握足球锻炼对促进健康的意义

强化对学生体质健康和身体锻炼知识的宣传与引导，使学生深刻认知体育课程的意义，了解和掌握足球锻炼的知识、方法和手段，以及体育锻炼对身体的积极影响和作用，从而激发学生的体育学习动机，培养学生终身自我锻炼的能力。

3. **重视培养欣赏足球比赛的能力**

通过对足球比赛的欣赏，让学生领略足球的独特魅力，感受赛场的紧张、刺激、惊险、拼搏的场面给人带来的愉悦体验。在欣赏过程中，体会足球技战术的运用，领悟足球的真谛，培养学生的体育兴趣和情感，萌生对体育更高、更深层次的热爱，为学生的终身体育夯实基础。

4. **领悟足球精神，促进身心健康**

足球是集体对抗性项目，要求场上队员统一思想，并按照比赛阵型进行步调一致的攻防行动。足球比赛进程同社会生活一样，同样会有跌宕起伏和顺境、逆境，需要学生通过团队精神和集体的力量来扭转逆境，克敌制胜。教师在教学内容的安排方面应考虑学生的团队精神和心理适应能力，促进学生整体体育素养的提升和身心全面发展。

三、以学生兴趣为主导，更新教学模式

受传统教学思维惯性的影响，教师在教学过程中过分强调其知识权威和主导作用，重视对学生技能的标准化、统一化培养，忽视学生的个体需要和兴趣爱好。这种以教师和课堂为中心的教学模式深受工具理性的影响，强调体育课程的生物功能，注重对学生技能、技术的培养。重教轻学的教学模式忽视了对学习主体的关注，忽略了对学生自主学习能力和自主锻炼意识的培养，容易使学生对大学体育课程产生抵触心理。

“运动兴趣和习惯是促进学生自主学习和终身坚持锻炼的前提。无论是教学内容的选择还是教学方法的更新，都应十分关注学生的运动兴趣。”在教学过程中，体育教师应充分尊重学生的主体地位，改变视学生为知识和技能容器的传统观念。在教学过程中，教师要坚持以学生为中心。在制定教学目标时要突出学生的个体特点，根据学生的实际情况和教学内容灵活使用“分层式教学法”“启发式教学法”等教学方法，引导学生自主探究式学习。从而调动学生学习的积极性，使学生乐而好学，自觉进行课外学习，逐步形成终身体育的习惯和思想。

四、以激励为主，完善评价体系

传统的体育课程评价方式单一，方法单调，内容僵化。教师评价学生的体育成绩过分注重学生的运动技能学习结果，过多倚重量化的考核方式。

在评价方面过度强调共性和一般标准，忽视了学生在各个时期的进步状况和努力程度，对学生的个体差异性缺乏关照。这种考核评价既不利于调动学生参与体育活动和课余锻炼的积极性，也十分不利于提升大学体育课程的效能。

大学体育的课程考核不能只以量化的知识、技能掌握水平为评定学生成绩的标准。体育成绩的评价应以学生的体育基础为起点，并关注学生的进步幅度和学习态度，在此基础上参照学生的体质健康测试成绩的变化情况和学生参加课外体育活动、体育社团的表现情况等，参考学生的技术考核结果，最后作出最终评价。在评价过程中强调评价的过程与结果的有机统一，以学生自评、互评和师生互评等方式构建科学、公平的教学评价体系，以此调动学生的学习积极性，使学生摈弃功利主义思想，注重其学习过程和常态化体育学习，促进学生健身习惯的养成和终身体育意识的形成。

五、结语

“大学体育课程作为一门以身体练习为主要手段，以增进身心健康为主要目的的必修课程，”在保证锻炼时间、约束学生锻炼行为、促进锻炼习惯的养成等方面具有非常重要的作用。新时期下，为了适应大学体育课程改革的需要，促进学生形成健康的终身体育价值观，高校应牢固树立终身体育的指导思想。体育教师应在终身体育的观念下优化教学内容、更新教学模式、完善评价体系，在教学过程中尊重学生的主体地位，循循善诱，使他们学会欣赏体育运动、掌握体育知识和技能、了解体育锻炼的方法和途径、领悟体育运动的人文精神和独特魅力，使学生通过学习大学体育课程养成良好的生活方式和体育锻炼的习惯，为他们的终身体育奠定基础。

参考文献

[1] 李平，张景凯，牟延帮．浅析“终身体育”与高校公共体育课程［J］．鸡西大学学报，2013，（11）11.

[2] 朱亚伟，王静，王雪峰．终身体育视角下的职业实用性高职体育课程规划［J］．湖州师范学院学报，2012，2（1）．

[3] 黄金萍．终身体育与普通高校体育课程改革的研究［J］．齐齐哈尔医学院学报，2009，30（4）．

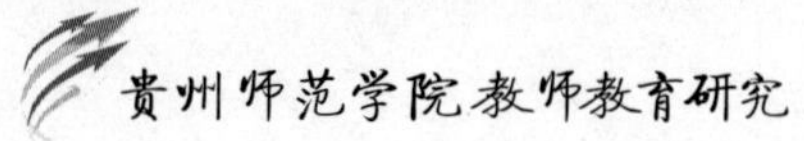

［4］黄爱峰．体育教师教育的专业化研究［M］．武汉：华中师范大学出版社，2007.

［5］体育与健康课程标准［DB/OL］［2012－02－08］. http：//www. ygtyw. com/ html/zygx/2012/0208/570. html.

［6］麦少颜，孟宪飞．终身体育视域下高职院校体育课程改革浅析［J］．吉林省教育学院学报，2014，9（9）．

［7］李林．体育课程内容资源开发的理论与实践［D］．北京：北京体育大学，2004.

（作者系贵州师范学院体育学院教师）

高校体育教学中创新利用和失范学习行为

王　亮

体育课教学内容由多个项目组成，每个项目都能达到强身健体的效果，但每个项目又不同，有的项目具有先天的优势，在授课和学习时本身带有极强的娱乐性。因此学生学习时，肯定会出现大部分学生对个别的项目情有独钟，导致这部分学生在学习其他项目时，迟到、早退、旷课、上课时捣蛋。学生的素质一定会存在差异性，在项目教学时身体素质好的人嘲笑身体素质差的同学，这些都属于学生失范行为行列。体育教学课程中，有的学生学习某项技术，虽态度积极，勇于尝试，但占用了其他同学的练习时间；还有学生上课积极发言，积极参与讨论，出现与别的同学甚至教师观点不同时，激烈言辞，不予想让。这些都是出现在教学创新的课堂中的情况，间接变成了失范学习行为。

现在的教学改革更加注重教师与学生的友好相处，更加提倡学生的自主学习。但大学生曲解如今的教学改革，违反学校校规校纪，导致失范的行为发生，这就引起我们对如今的教学创新改革和学生学习行为进行反思。难道持续地放任学生自由真的是教学创新想要看到的吗？纵使学生利用一些先进的手段，更加有效地获得了所需技能和知识，难道这是教学创新改革精神所鼓励的吗？

一、失范学习行为和教学创新

1. 失范学习行为概念界定

界定学生失范行为首先要明确学习道德，学习道德是由社会制定或认可，规定人们的学习行为应该如何而非必须如何的一种非权力规范，学习道德依靠社会的舆论、学习者的内心信念、学习传统、学习习惯、学习者的良心等来反映和调整，是人们在具体的学习过程中，应该遵循的关于如何处理人与人之间以及人与社会之间关系的行为规范的总和。因此，失范行为就是不遵守学习道德的行为。

推动学生学习的动力就是学生的学习动机，它是社会和学校教育以及父母对学生学习的客观要求的体现，在不同的学生身上有不同的特性，总体来说它具有动态性、领域特殊性、环境制约性，并且往往带有直接性、实惠性和内容功利性等。不同的学习动机导致他们学习方式的不同，不加以限制就导致学生失范行为发生。体育学科又是一门比较特殊的学科，它天生带有竞技性，体育专业学生有更强的独立性，因此他们的想法较其他专业学生更多，必然导致他们有多种学习动机，根据学习动机的动态性、领域性特点，可能更容易导致他们失范学习行为的发生。

2. 失范学习行为和学习行为

学生的学习符合学习道德，我们称之为良好的学习行为，它是与失范学习行为相对应的。其内涵是良好的道德认知感，拥有自发的学习乐趣感，学习中自我诚实和对人诚实，还有谦虚的学习态度、充足的学习自制能力和勇敢的学习尝试。良好的学习行为被认为是一个好学生所具备的基本素质。曾有人提出，学生拥有良好的道德情感、积极诚实的学习态度、勇敢的学习精神是一所高校形成大学文化的基础。

失范学习行为和良好学习行为最大的区别在于是否遵守了学习道德，但出现在新体育教学中的一些情况却有其特殊性。在课堂上，有些学生积极响应教师号召，发挥学生主体性的作用，但结果事与愿违，往往由此引起课堂的混乱。

3. 失范学习行为和教学创新利用

教学创新利用是失范学习行为的一种主要方式，当事学生通过利用教学改革达到满足自己的动机，尽管有时这种行为会受到道德的谴责，然而却很难通过正常的课堂规则来束缚它。主要原因在于：①失范学习行为尽管和违纪等比较相似，通过挑战课堂常规获得满足自我实现或满足自己的虚荣心，但有时候又看似是教学创新所容许的，因而又不是违纪。②失范学习行为更多的是一种试探性的行为，它挑战现行的教学课堂，在某种程度上还依赖于教学创新课堂，利用教改对于教师和课堂的限制，试图扰乱教师对于课堂的精准控制。

对于失范学习行为的评定以及是否可以被接受，现阶段确实有很多棘手问题。很多专家对待高校体育教学创新课堂中的这种失范学习行为，特别是学生所要显示的主体地位更多的持肯定态度。有学者在文章中提到，有些失范学习行为是体育艺术与教学艺术的结合，是大学生丰富的内心世界和精神生活在体育运动中尽情展示的结果，也是对学生“独立个性”发展能力的培养。

二、失范学习行为纠正措施及引发结果

失范学习行为的产生在引起大众关注的同时，更会引起教学创新改革制定者们对制度的不断调整和完善。众所周知，课堂是以课堂准则来约束的，课堂准则不但对学生加以限制，还要保证教学顺顺利利地进行，因此，完善教学创新中教学准则就成了学校和教学管理者首要考虑的问题。一方面，学校要根据教学过程中出现的问题或课堂需求，不断改进、完善课堂准则，以杜绝失范教学行为发生；另一方面，学校和教学管理者要仔细研究教学准则条款，确认什么可以做，什么不可以做，特别是什么行为做出后会存在争议，哪个环节是学生经常去试探的，结果学生做出失范学习行为后，又受不到应有的惩罚。尽管有些时候教学创新的确给课堂带来了乐趣，但这种创新真的能够使学生得到料想中的发展吗？学生们究竟会做出什么样的行为呢？

1. 学生行为符合教学创新的目标

体育教学创新是以树立高校体育教学向综合化、科学化和人性化方向发展为目标，旨在提高学生的创造能力与自学能力。要求在教学中多方面促进体育教学的艺术化，激发学生兴奋点，促进学生发展，构建新型的师生关系，培养和尊重学生的审美意识。这就要求学校和教师提前估计到学生在教学课程中会抱有什么态度，将要做出什么样的行为，是否会触及教学准则，将会产生什么样的效果等，从而引导学生真正进入到课堂中来。当学生完全明白教学创新的用意，创新课堂完全可以引导学生做出正确的学习行为，那么学生就会完全按照教学准则来学习，任何学生都不会受到处罚，都会找到满足自己动机的办法。这样教学创新准则就能真的变成指导准则，学生遵守就会获得肯定，反之，他们触犯时，就会受到指责，甚至批评。

2. 学生行为背离教学创新目标

教学创新开展得不好，就会导致学生千方百计地利用它。无论教师多么

用心地去经营课堂，都会被视为放松性的课堂。为了满足自己多方面的动机，学生会花尽心思钻教改空子，其目的就是让自己玩得高兴，又美其名曰尽量体现学生课堂的主体作用。在实际教学中就经常有这样的例子，例如在篮球教学中，教师在讲到篮球的强对抗特点时，让学生两人一组进行对抗练习，于是学生分组进行对抗练习，教师巡视指挥，但有的同学练着练着就高兴了，对抗练习就开始演变成拳击练习，甚至变成散打练习了。学生就是利用了教学创新要求中的体现学生主体地位，让学生多动，使学生从亲身体验中获得技能。本身教学创新的出发点是好的，但结果却事与愿违。

三、失范学习行为的应然策略

失范的学习行为分为两种，一种是适度的失范学习行为，另一种是过度的失范学习行为。前者是学生违背了教学准则，但是只是起了活跃课堂气氛的效果，其行为虽然是不对的，但并没有影响其他同学的学习，更有利于教学创新课堂的发展，比如在田径教学中，有个身体素质、运动技能很好的学生练习高抬腿时，故意迈起沉重的步子引得其他同学哄然大笑，教师拿他开了玩笑，预防及防止了其他同学的错误动作。在体育教学中，适度的失范学习行为是被容许的。后者指学生利用课堂漏洞，满足一己私利，严重影响他人，影响课堂秩序。这不仅不利于教改的进行，而且也不利于学生自身的发展。

适度的失范行为是可以被接受的，过度的失范行为应被坚决制止，那么如何才能避免课堂中的过度失范行为呢？

1. 提高学生自我实践的智慧

实践的智慧是亚里士多德德性伦理学中的一个重要概念，是指实践的理智德性。简而言之，是指参与者如何根据当时变化不定的环境选择适度的、本身是善的行为方式。提高学生的实践智慧需要多方面努力。

学校和教师应该对学生进行经常性的指导和帮助，对学生的学习行为进行及时的评价和正确的引导，让其明白什么是正确的，什么是错误的。如果学生的行为违反了学习道德，但学生的理论和技术一直都是最好的，就不给于批评，这就进一步强化了学生的失范行为，让其变成了一个问题学生，不利于发展。比如班级里技术很好的学生，不但不帮助同班同学进步，反而占用学习资源，讽刺挖苦技术差的同学，教师不加以制止，会导致该学生养成坏习惯，甚至变得没有朋友，不利于其自身发展，而且还会促使其他同学也变成问题学生。

2. 制定教学创新的教学原则和指导精神

无论多么完善的教学体系都可能存在一定的问题，学院管理者旨在通过不断改变创新体系杜绝失范行为的发生，有时候效果甚微。相反，使教学创新准则演变成一种指导精神和原则会更有利于避免失范行为。比如在篮球比赛中，一些运动员利用合理冲撞欺负比自己弱小的对手，但通过一种体育精神的指导，任何时候都信奉“友谊第一，比赛第二”的指导精神，就会避免类似的行为发生。

综上所述，教学中出现适度的失范行为还是可取的，甚至教师出现适度的失范行为都是容许的，不伤大雅的失范行为本身就是一种教学手段，不仅能帮助教师上好课，而且还能增强学生的积极性。比如教学中的激将法，促使学生产生斗志，使其能够最终变得强大，这样的例子在教学中举不胜数。但是过度的失范行为是不能提倡的，最终会损害多方利益，不仅教学创新失败，而且学生也得不到发展，学不到技能。

区分适度的失范行为和过度的失范行为，有时候也存在一定难度和没有统一的标准，往往会受到多方面影响，诸如学生的技能和知识程度、环境因素影响以及教师的教学机智等。比如在一次体操技能课中，学生没有按照教师的要求保持面带微笑，教师痛批该学生，使得该学生一直记恨教师，这就是教师缺乏教学机智的结果。

四、结论

（1）失范学习行为是在体育教学创新下的一种特殊行为，学生通过该行为满足自己自私的学习动机，它不同于传统违纪行为，是新教改背景下的一种特殊现象。

（2）失范学习行为有时却等同于学习行为，只是失范学习行为更注重直接的结果，往往不重视学习道德，更多的是抓一些教学创新漏洞，犯下一些课堂上不容许出现的小错误。

（3）失范学习行为分为两种，即适度失范行为和过度失范行为，前者是可以促进课堂教学的，也经常被使用，而后者是应该避免和被制止的。

（4）学院和教师往往料想不到失范学习行为的发生，想当然地按照教学改革的要求进行教学创新，激发了学生对新课堂漏洞的研究和利用。

(5) 为了更好地预防过度失范行为的发生，应该从两方面努力，即提高学生的实践智慧，提高他们对体育教学创新的理解；通过制定教学创新的教学原则和指导精神来指导学生的学习行为。

参考文献

[1] 王海明. 伦理学原理 [M]. 北京：北京大学出版社，2001.

[2] 邵华. 亚里士多德论实践智慧的内涵 [J]. 武汉科技大学学报，2011 (2).

[3] 毛振明，吴健，马铮. 体育教学模式论 [J]. 体育科学，1998 (6).

[4] 贾桂云. 论创新教育与高校体育改革 [J]. 体育文化导刊，2005 (8).

[5] 曲宗湖. 学校体育教学探索 [M]. 北京：人民体育出版社，2000.

[6] 刘燕. 大学生学习道德现状和学习道德培养论析 [J]. 前沿，2005 (12).

(作者系贵州师范学院教师)

【实践教学探究】

“做中学”文化产业管理专业实践教学模式探究

——以贵州师范学院为例

王　明

一、“做中学”文化产业管理专业实践教学模式实施的必要性

文化产业是我国的新兴战略性产业，也是近年来乃至今后一定时期内贵州省重点支持的产业集群之一，国务院2012年国发2号文件《关于进一步促进贵州经济社会又好又快发展的若干意见》“大力发展文化产业，依托贵州民族文化资源，建设一批文化产业和区域文化产业群”，贵州省政府2011年《贵州省人民政府关于振兴文化产业的意见》（黔府发〔2011〕18号）“支持高校和科研机构与文化企业联合建设文化产业人才培养基地，加强创新型人才的培养，注重企业家的研修和提高。重视产品研发、文化创意、经营管理等方面的高层次人才培养和引进，提高我省文化产业的发展活力和核心竞争力。”等文件就专门提到这一指向。

文化产业管理专业是一门应用性很强的学科，要将“文化”产业化，就必须加强学生的创新实践，引导学生学以致用。文化产业管理应用型人才是指“具有突出的实际操作能力以及先进的文化观念的复合型、外向型人才”，鉴于此，文化产业管理专业的人才培养基本目标可以总结为：培养具备现代文化企业管理、市场调研、文化产业项目策划与经营、文化资源挖掘与开发能力的应用型人才。

而目前贵州省各高校文化产业管理专业的教学计划偏重理论教学，忽略实践教学，教学计划设置理论课比例重于教学实践课，由于学生没有机会参

与实践，因此，学生在实际工作中解决实际问题的能力存在较大的局限性。此外，贵州省各高校文化产业目前的办学模式存在学科单一现象。根据《贵州省人民政府关于振兴文化产业的意见》（黔府发〔2011〕18号）中“强化品牌意识，加强工艺美术创意设计和创新策划，重点打造一批具有代表性的民族民间工艺美术品牌。大力发展文化艺术创意设计业，推动民族民间手工艺传承向工艺美术创意设计转变。加强省内高等院校文化产业人才培养力度。形成特色学科，整合专业教育、职业教育和其他社会教育资源，建立文化产业实训等人才培养基地，形成不同层次的文化人才培养体系。”的相关要求，急需打破我省高校目前资源整合不力的现状，有效整合涉及文化产业发展的相关学科，如艺术、旅游、图像设计等专业，创新文化产业人才培养模式，使我省高校培养的人才适应我省作为民族文化资源大省的实际需要。

“应用型是文化产业管理人才的方向性特点和基本技能”，“做中学”是一种将“从活动中学”和“从经验中学”结合起来，“任务驱动”和“项目驱动”结合起来，更强调“授之以渔”的人才培养模式，让学生在实践动手中将知识融会贯通，培养学生的实际动手能力、分析问题和解决问题的能力、完备的社会适应能力，充分体现了知与行的统一，是对传统人才培养模式的促进与发展。该模式强调学生理论和实践有机结合，重点突出对学生实际操作能力的培养，在适应实际工作需要能力的人才培养上具有显著优势。

二、“做中学”文化产业管理专业实践教学模式的实施目标分析

“做中学”文化产业管理专业实践教学鼓励学生“走出去”，以社会实践为主要方式，在参与中挖掘和利用更多更好的社会资源，以实现专业技能与实际操作的结合与运用，并引导学生进行深化的探讨与研究。

该人才培养模式的实施，将显著改善本专业学生的实验教学条件，完善实践教学体系，充分满足实践教学内容，切实增强学生的实操技能，提高人才培养质量和水平，可以为将文化产业管理专业人才培养为“社会适用、企业需要、政府认可”的应用型人才探索出一条新的模式，契合当前国家的政策方向、社会的现实需求；能为贵州“大力发展文化产业，依托贵州民族文化资源，建设一批文化产业和区域文化产业群”提供人才智力支持；能对贵州的文化产业管理专业建设起到理论上的路径支撑和解决方案。

（一）以市场和社会需求为导向，进行专业课程体系综合改革，培养适应社会发展需求的文化产业管理应用型人才

专业课程内容是实现应用型人才培养的有机载体，学生宽厚的基础知识和较强的应用实践能力源于课程教学内容的优化、更新与改革。为了培养文化产业管理专业应用型人才，以现有的课程体系内容为基础，研究体现物理学科发展，打破课程间壁垒，注重精选课程内容，加强课程内容在逻辑和结构上的联系与整合；注重实践，增强学生综合能力，符合现代教育改革和具有就业针对性的宽口径、厚基础、重素质、重应用的课程内容。只有制定符合文化产业市场对人才需求实际的专业课程体系，才能培养出经得起市场检验、符合社会需求的有用之才。2014 年贵州师范学院最新修订的《文化产业管理专业人才培养方案》就是这一要求的具体体现，学生可以通过专业讲授、实践引导、动手操作等多种方式锻炼，在系统学习专业基础课和专业核心课的基础上，学生还可可以根据自身的爱好、特长等因素综合考虑从文化景区、园区策划与管理方向，文化创意设计方向，会展策划与管理方向三个方向中选择一个或几个适合自己今后发展的专业方向，从而提高自身的综合应用能力，满足市场和社会需求。

（二）突出学生实践应用能力的培养，开展专业实践教学综合改革，建立校内外创新创业实习、实训基地

文化产业的实践性特征，使各门课程的开设都必须紧紧围绕社会实践进行授课，校外实习基地不能及时满足教师日常授课的需要，因此，建立校内文化产业实习、实训基地十分必要，目前贵州各高校只有贵州师范学院建立了校内文化产业的实习、实训基地——民族文化旅游产品设计与制作实训基地。该基地是 2010 年由贵州师范学院历史与社会学院为牵头单位，地理与旅游学院、艺术学院为协作单位而建立的，在管理模式上，采取共同管理、专人维护、开放使用的原则进行管理。该基地以贵州师范学院为依托，联合贵州省其他高等院校和科研院所部分专家，组成"贵州民族旅游产品开发与设计专家委员会"，共同对贵州民族旅游产品进行设计和研发，该基地在"研—学—产"教学思想指导下，加大了前期投入，目前基地实训室已初具规模。基本满足本专业学生实验、实训教学的需要。此

外，贵州师范学院文化产业管理专业还与贵州省非物质文化遗产保护中心、乌当区文化体育广播电视局、醉美夜郎旅游文化集团、多彩贵州城文化产业综合体、天龙屯堡文化旅游公司、乌当区偏坡乡政府等相关企事业单位建立了密切合作关系，校内、校外实训基地的建立，大大提升了专业创新创业实习、实训基地的育人功能，从而形成了“研—学—产”相结合的最佳模式。

（三）注重学生基础理论知识的学习，完善专业科研模式，构建导师引导下的学生自主学习、自由探索的科研平台

改革和完善学生科研创新培养体系，鼓励学生学完文化产业管理基础理论，进入高年级后，根据自己的兴趣和特长积极参与教师科研课题企业技术革新和改造项目，在导师的指导下进行科研训练，与教师进行合作科学研究，探索建立实行学分的导师制学生科研模式。

校内紧密结合贵州民族文化、民族旅游、民族艺术，实现跨学科、跨学院的综合研究，对民族文化产品从文化、旅游及艺术等角度进行深入剖析，以构建民族文化产品的研发与设计平台，让更多的学生参与进来，成长受益。校外以横向科研课题为载体，校地企三方联动协作，为民族文化企业、地方政府、旅游部门提供民族文化产品的开发与设计的策划与服务，广泛开展智力服务，与政府宣传部门、旅游部门共同搭建合作平台，积极开展民族文化产品的研发、方案制定，给专业学生创造良好的科研实践平台。

三、“做中学”文化产业管理专业实践教学模式的具体实施措施探析

“做中学”强调学生理论和实践有机结合，重点突出对学生实际操作能力的培养，充分体现了知与行的统一，是对传统人才培养模式的促进与发展。该模式注重“授之以渔”，强调将“从活动中学”和“从经验中学”结合起来、“任务驱动”和“项目驱动”结合起来，旨在让学生在实践动手中将知识融会贯通，着重培养学生的实际动手能力、分析问题和解决问题的能力及完备的社会适应能力。为此，我们在具体实施过程中，从实践教学课程体系、实践教学课程内容、实践教学目标体系、实践教学基地、科研能力提升5个方面做了如下实践。

（一）专业实践教学课程体系改革

专业课程体系是实现应用型人才培养的有机载体，学生宽厚的基础知识和较强的应用实践能力源于教学内容的优化、更新与改革。为了培养文化产业管理专业应用型人才，一是应以现有的课程体系内容为基础，研究体现文化产业管理专业发展特色，打破课程间壁垒，注重精选课程内容，加强课程内容在逻辑和结构上的联系与整合；二是应注重实践，增强学生综合能力，符合现代教育改革和具有就业针对性的宽口径、厚基础、重素质、重应用的课程内容。只有制定符合文化产业市场对人才需求实际的专业课程体系，才能培养出经得起市场检验、符合社会需求的有用之才。

（二）专业实践教学课程内容改革

文化产业管理专业课程内容是实现应用型人才培养的有机载体，学生宽厚的基础知识和较强的应用实践能力源于课程教学内容的优化、更新与改革。为了培养文化产业管理专业应用型人才，以现有的课程体系内容为基础，注重实践，增强学生综合能力，符合基础教育改革和具有就业针对性的宽口径、厚基础、重素质、重应用的课程内容。

对本专业多门课程的教学方式进行创新：“管理学原理”作为文化产业管理专业的入门基础课，将实践教学引入教学过程中，破冰训练、团队合作训练，初步为学生的管理思维框架奠定了良好的基础；“社会调查方法”加大实践课程的比重，指导学生组建校外实践团队，6～8 人一组，自主选择专业调查主题、设计调查问卷、实施调查、数据统计、书写调查报告；“文化市场营销学”在课程教学中重点突出由校外实践导师指导学生组建营销团队，确定营销对象、制定营销策划书，在实践中摸清本地文化市场状况；“文化经纪概论”在教学中突出文化经纪人的作用及业务能力培养，进行模拟经纪活动。在本专业的教学过程中，教师不断尝试专业课程内容改革，强化学生的自主学习、持续学习能力。

（三）专业实践教学目标体系改革

文化产业管理专业应始终注重教学方法和教学手段的改革，坚持“以人为本，学生为主体，教师为指导”的教学思想，借鉴中国传媒大学南广学院文化管理学院“文化化人、艺术养心、管理塑形、经营若水”的教育理念，采用“做中学”的具体教学方法，通过“任务驱动”和“项目驱动”相结合，以学生参与项目、策划项目、实施项目为具体手段，为实现教学目标、提高学生综合素质提供保障。特别注重实践教学环节，从而在学生应用型技能的培养上起到关键性的作用。

（四）实践教学基地建设

文化产业的实践性特征，使各门课程的开设都必须紧紧围绕社会实践进行授课，校外实习基地不能及时满足教师日常授课的需要，因此建立校内文化产业实习、实训基地十分必要。校内、校外实训基地的建立，能大大促进专业建设更好地“面向市场”“面向一线”“面向行业”。校内、校外实习实训基地共同协作，在“实习基地对口，学以致用；有可操作性、理论联系实践；注重实效，知识转化为成果”三方面下真功夫、落到实处，就能形成“校—地—企”相结合的最佳模式。

（五）科研能力提升建设

改革和完善学生科研创新培养体系，鼓励学生学完文化产业管理基础理论，进入大学高年级后，根据自己的兴趣和特长积极参与教师科研课题、企业技术革新和改造项目，在导师的指导下进行科研训练，与教师进行合作科学研究，探索建立实行导师制下的学生科研模式。

在具体实践探索过程中，贵州师范学院文化产业管理专业“做中学”实践教学改革项目组一是努力建设实践教学平台，2011 年就建有省内唯一的专业教学课改实训室——“民族文化旅游创意产品实训室”，校外与醉美夜郎民俗文化产业公司、多彩贵州城文化产业综合体等文化产业相关企事业单位协同共建立学生创新创业基地，为学生创新创业项目的实施提供很好的条件；二是做出了一系列的探索，近三年来，项目组一直在专业学生中开展“做中学”模式的文化产业管理专业人才培养试点，通过“任务驱动”和“项目驱动”相结合，开展了一系列富有成效的实践教学活动，前期基础扎实，积累了大量富有成效的实验数据。如“文化创意展”“‘文化遗产日’主题展”“文化产业创新创业大赛”；组建了专业学生创新创业孵化器——黔风创意工作室；成功申报了众多学生科研课题；先后孵化大学生创新创业项目 3 项，获省级以上资助项目 1 项，师生受益、教学相长。在校内外取得了较好的知名度和美誉度，先后受到《凤凰网》《贵州都市报》等媒体的宣传报道。

实践证明，该模式的实施，在学生的实际动手能力、分析问题和解决问题的能力及完备的社会适应能力培养上效果显著，富有成效性，符合现时期党和国家对于地方本科院校应用型人才培养的要求，能为我校乃至我省经管类应用型本科人才的培养探索出一条可行性较强的实践教学模式。

参考文献

[1] “关于进一步促进贵州经济社会又好又快发展的若干意见［EB/OL］. http：//www. gz. xinhuanet. com/2008htm/xwzx/2012－01/16/content_ 24546376. htm.

[2] 贵州省人民政府关于振兴文化产业的意见［EB/OL］. http://www. gzgov. gov. cn/zwgk/show. aspx? id＝4eee36a8－2266－4762－8927－afcec2782355.

[3] 郑红梅. 对文化产业的应用型管理人才培养的思考［J］. 天津市教科院学报，2013（5）.

[4] 夏兆敢. 基于能力本位的独立学院文化产业管理人才培养模式探究［J］. 社科纵横，2011（7）.

[5] 刘颖，王文姬. 文化产业管理专业课程教学方法改革探索：以N学院文化产业管理专业为例［J］. 考试周刊，2013（84）.

（作者系贵州师范学院历史与社会学院教师）

植物学野外实习教学改革之我见

钱长江　任翠娟　周正湘　韩宝银　朱富寿

植物学野外实习是高等院校生物相关专业实践教学的重要环节，在巩固学生所学理论知识、培养学生实际操作能力、锻炼野外生存应急技巧、培养合作精神及环保意识等方面都具有重要的意义，实现了理论教学与实践活动相结合，使学生巩固和验证了一些理论知识，拓展了知识深度和范围，培养了学生学以致用的能力，同时培养了学生热爱大自然、爱护环境、节约资源、团结协作的思想意识，为了在较短的时间内取得较好的实习效果，本文在借鉴其他院校植物学野外实习教学改革经验的同时，结合本校野外实习教学的实际，对植物学野外实习教学改革提出一些新的见解，以期进一步提高植物学野外实习教学的质量和水平。

一、组织安排及管理新见解

1. 实习指导教师的组织

植物学室内课堂教学一般只讲授几十个科和各个科的部分代表种；而在野外，植物种类较多，完全超出课堂所讲授的内容。因而对实习指导教师的要求较高，实习指导教师队伍的组织和建设是植物学野外实习顺利进行和达到预期实习目标的重要因素之一，除了掌握系统的植物学形态学和分类学知识外，还需要有良好的身体素质及丰富的野外工作经验。因为每届实习学生人数均较多，我校的做植物分类学研究的教师数量有限，因此，可以选派一些对植物学感兴趣，同时责任心较强的教师参加植物学的野外实习管理工作，是培养后备实习指导教师的方式之一，同时对野外实习教学质量的提高和实习活动的管理有重要作用。一般情况下，班主任要参加野外实习的整个过程，一方面是为了更好地管理好学生，另一方面班主任可以更好地与学生沟通交流、做好学生思想工作。

2. 学生方面组织管理

学生实习分组时应注意男、女生的合理搭配，安排班长和生活委员负责班上的实习经费。为维护学校及大学生的形象，用军队式的管理方式，要求注意纪律和安全，向学生强调：一切行动听指挥，服从指导教师和小组长的安排，不允许无纪律和无组织的行为发生；不允许酗酒、赌博、偷盗及打架、乱扔垃圾、下河游泳；不准在森林里乱尝野果、爬树攀岩、吸烟点火；应穿保护性好且行动方便的衣服和鞋子，不准穿背心、裙子、拖鞋等；尊重实习地的民俗风情，不乱说脏话，不与当地人发生口角和摩擦；对违反者给予严肃的纪律处分，对严重违反者取消其实习资格，没有实习成绩；并在实习动员会上要求学生签订实习安全承诺书，以引起学生对实习组织和安全的高度重视。

二、植物学野外实习的教学方法新见解

1. 使学生提前掌握标本的采集与制作技能

在平时的理论或实验教学中，教给学生采集和制作标本的基本方法和技能，并要求学生在学完植物学系统分类部分后，每位学生都要交上好了台纸（包括鉴定标签、采集标签、采集记录都要按严格的标准填写并贴好，将相关的信息填写完整）的合格标本 10 个（要求 10 个不同的品种），因此，在植物学野外实习时，可以不进行植物标本的采集和制作技能的训练，这将节约很多时间，提高实习效率，有更多的时间考察，以便对植物进行细微的观察，争取在实习规定的有限时间内获得最大的收效，同时让学生们见到更加丰富多样的植物及其生存环境的多样性等。

2. 充分利用网络资源使学生在野外实习前识别尽可能多的植物

在理论教学过程中，教给学生充分利用网络资源学习植物学的方法，要求学生们结合理论课所讲授的内容和生活中遇到的植物，经常进入“中国植物图像库、中国数字植物标本馆、中国自然标本馆”等专业数据库中多看标本。要求学生们登录一些风景区、植物园、自然保护区的网站，查找一些植物图片，通过网络充分利用电子资源，使学生在野外实习前能够识别尽可能多的植物。学生掌握一定的植物种类后，在野外实习时相当于“复习”，遇到的难题（难的植物）较少，学生们会找到自信感和自豪感，很大程度上提高了植物学野外实习的效果。

3. **野外实习教学中融入趣味教学**

在植物学野外实习过程中，为了能给学生留下深刻的印象，提高学生的实习学习兴趣，可以结合对联、诗歌、词赋、谜语、故事等进行趣味教学，如遇到“虞美人”“深山含笑”“桃金娘”“澳洲金合欢”四种植物中的一种，可说出对联“虞美人深山含笑，桃金娘澳洲合欢”；讲芦苇时说出“墙上芦苇，头重脚轻根底浅；山间竹笋，嘴尖皮厚腹中空”；讲桂花、梅花和葡萄可说出“蒲叶桃叶葡萄叶草本木本；梅花桂花玫瑰花春香秋香”；见到植物红豆杉，可说出诗歌“红豆生南国，春来发几枝。愿君多采撷，此物最相思”；如遇到半夏、防风、当归、白芷四种植物中一种时，给学生出道谜语“眼看来到五月中，佳人买纸糊窗棂，丈夫外出三年整，一封书信半字空，打四味中草药”；讲到植物的“完全花”时，可说出谜语“吃光用光（猜一植物学词语）”；讲到植物的“角果”时，可说出谜语“十分结实（猜一植物学词语）”；讲到植物学的“总状花序”和“维管束”时，可说出谜语“老是一副色狼样，说来只有看严些（猜一植物学词语）”；遇到“女贞或小叶女贞”时，讲一下关于“女贞子”的故事；讲到忍冬科荚蒾属的植物“水红木”时，说出用小枝条能在水红木的叶背写字，有些地方的青年男女通过在水红木叶背上留言的方式谈情说爱，所以在一些地方称之为“传情树”；遇到山茱萸科青荚叶属的植物“青荚叶”和“中华青荚叶”时，因为这种植物的花或果是生长在叶面上的，这就是素有“叶上花或叶上果”之称的植物。

4. **启发式教学法**

植物学野外实习教学内容复杂，植物种类多样，采用启发式教学，能促使学生主动参与教学过程，突出学生的主体地位，有利于对学生实践能力和创新能力的培养。对所要观察的植物的特征给出一些提示，让学生亲身观察植物枝、叶、花、果特征及相关器官表皮附属物，也可用手揉嗅气味、撕裂或折断观察是否有乳汁，甚至用口尝试微量等方法进行体验，启发学生将体验到的结果与所学过的理论知识联系起来，把相应特征与科的识别特征联系起来，由学生自己确定被观察到的植物的科、属及种。如观察荠菜时，提示学生先观察外部特征，从而发现叶片互生、花白色、十字形花冠、四强雄蕊、短角果，有了这些特征，学生应该能确定是十字花科；再如观察榕树时，先提示学生观察折断的小枝条是否有白色乳汁，再观察其小枝是否有环状托叶痕，叶是对生还是互生、全缘，花是否明显意见等，学生应该观察到有白色乳汁、有环状托叶痕、叶互生、全缘、花为隐头花序，很快就联想到了桑科榕树属，再通过仔细比对就能确定是榕树，遇到每一个植物时，让学生先掌握科的识别特征和该物种的识别要点，例如，蓼科植物节膨大，具有膜质托叶鞘，单叶互生；唇形科的茎四棱，叶对生，轮伞花序。这种教学方法，使学生掌握观察和用专业术语描述植物的方法。

5. 结合植物经济价值及用途进行教学

植物野外实习把课堂搬到了大自然中，让学生们感觉到了新鲜，但是实习指导教师只侧重讲解植物分类学知识而不联系生活实际进行教学，学生就会感到枯燥无味和“学无用”，从而影响实习效果和实习质量。因此，如果结合植物的经济价值和用途进行教学，如将与“吃、穿、住、行、治病、园林景观建设”相关的植物进行讲解，例如，蕨的幼叶是一种蔬菜，即蕨菜，楤木、水芹、香椿、五加、紫菀、何首乌、鱼腥草（折耳根）等是很好的森林蔬菜；能治病的有红豆杉，含有紫杉醇能治疗癌症；化痰止咳的有野百合、山麦冬、沿阶草等；可用于园林景观建设的如香樟、银杏、柳杉、广玉兰、白玉兰、桂花等。这种教学方法既能引起学生的注意力，又能获得较好的教学效果。

6. 充分利用数码设备教学，培养爱护环境和自然的意识

在植物学野外集中实习时，因学生人数较多，如果集中在一个小地段采集标本，会造成小地段的植物受到严重破坏或毁灭。因此，在数码发达的时代，尽量使用数码照相机、摄像机和智能手机进行图像采集，获得的彩色照片同样具有较好的直观性和形象性，同时数码设备还可将老师讲授的内容录制下来，在实习后复习时也可帮助学生重温有关的植物知识，能够达到实习效果，更好地培养学生们爱护自然、保护环境的意识。

7. 结合科研课题，培养学生科研能力

在植物学野外实习过程中，教师可以结合科研课题创造一种科研氛围，既让学生应用了已掌握的知识，又促进了理解能力、思维能力和创造能力的发展。野外实习过程中，教师根据实习地点的植物资源状况和环境条件，拟定一些科研课题，如“野菜资源的初步调查”“药用植物资源调查研究”“某种植物的生物学特性初步研究”“木本观赏植物资源”“草本观赏植物资源”

等。让学生根据自己的兴趣和知识基础进行选择，也可让学生提出研究课题，以野外实习小组为课题组，从立题到查找资料、实地考察、完成论文，培养学生的科研精神。同时，指导教师也可结合野外实习，开展一些科学研究项目，并让学生参与研究。这样，学生带着研究课题去学、带着问题去探究，观察会更加细致。

8. 选拔学生作实习指导助教，充分调动学生的实习主动性和自我管理

在上理论课和实验课时找出对植物分类感兴趣的学生作为“小老师”，在一个班级寻找4～5位实习指导助教，野外实习时分到组里作为指导教师的助教。一方面，以以点带面，给其他学生树立“标兵”，对作实习指导助教的学生的学习有很大的促进作用，同时也激励了其他学生的学习积极性和主动性；另一方面，有些简单的植物或问题可以由助教学生来解答，既锻炼了助教学生本人，又能避免因很多学生围着指导教师而造成有的学生听不见老师讲解的内容，从而使更多的学生学到植物学知识，同时也减轻了实习指导教师的工作压力。

三、植物学野外实习考核方式新见解

为了全面考核学生遵守纪律情况、动手能力、分析解决问题能力、团队合作与吃苦耐劳精神、获取知识的能力等，为做到公平、公正、合理的考核，我校对植物学野外实习成绩采用多元化考核体系，考核包括实习表现（30%）、实习报告（30%）、个人小论文（10%）、鉴定好的植物照片（15%）、实践技能（15%）。

原来的实习表现成绩由某位老师给出即可，为了小组长更好地管理好本组的组员，使植物学野外实习取得更好的效果，在以后的植物学野外实习中，实习表现成绩将采取由实习小组长、各位实习指导教师分别给出一个分值，取平均成绩乘以权重得出，到达实习地之后，将实习学生的名单发给小组长和各位实习指导教师，在实习结束的头一天晚上，算出所有参与实习学生的实习表现成绩；实习报告和小论文成绩，实习报告各自完成一份，小论文可由3～5位学生完成一篇，依据学生完成的实习报告、小论文的内容和质量，至少由两位指导教师评分，取平均值乘以权重得出。交鉴定好的植物照片成绩，实习完成后要求每个大组交鉴定到科名、属名、种名的植物照片70种以上，植物分类学老师根据鉴定情况给出分值乘以权重得出。实践技能主要考核学生识别、鉴定植物的能力，采取面试或抽题回答的方式，由实习指导教师给出分值乘以权重得出。

四、结语

植物学野外实习效果，关系到学生对植物学课程的掌握程度，关系到学生今后的学习、科研和工作，因此，搞好植物学野外实习的组织管理工作和教学环节尤为重要。从组织安排及管理方面提出新见解，为植物学野外实习安全顺利进行，是实现高质量野外实习的前提保障；从野外实习的教学方法方面提出新见解，是为实习过程中高效利用时间，以达到预期的实习目的，改变植物学野外实习仅是对植物“种”的认知的教学方式，使学生在实习中学习开展植物调查研究的一些基本方法。在实习过程中开展科学调查与研究，激发了学生的学习兴趣，培养了学生的科研意识与科研素质，为学生的发展奠定了基础，同时学生也受到爱护自然和保护环境的教育；对植物学野外实习考核方式提出新见解，是为了客观、公平、公正、合理地对学生实习成绩进行考核，有利于学生在野外实习工作中综合能力和素质的全面训练和提高。

参考文献

［1］申志英，孙世芹．新形势下植物学野外实习的教学策略［J］．生物学教学，2009，25（1）．

［2］张美萍，韩文革．“植物学”野外实习教学方法的创新与实践［J］．长春理工大学学报，2012，7（1）．

［3］段代祥，赵丽萍．植物学野外实习教学中存在的问题及改革措施［J］．廊坊师范学院学报：自然科学版，2009，9（5）．

［4］马纯艳，卜军．植物学野外实习的模式探索［J］．沈阳师范大学学报：自然科学版，2007，25（2）．

［5］郭庆梅，金一兰．药用植物学野外实习教学方法和综合测评方式的改革与创新［J］．中华中医药学刊，2008，26（1）．

（作者钱长江、任翠娟、韩宝银、朱富寿系贵州师范学院化学与生命科学学院教师，周正湘系安顺学院教师）

大学生论文写作中的剽窃现象与应对措施

向礼花

一、引言

大学生在论文写作中（包括课程论文、学年论文甚至毕业论文）存在普遍的剽窃现象，已经受到人们越来越多的关注。这种广泛存在的现象，不仅违背学术精神，危害社会诚信体系，也扼杀了大学生的创新能力。所以，我们应该从源头找出导致大学生在论文写作中普遍抄袭的原因，提出有针对性的措施来解决这一宿疾。

二、剽窃的定义

剽窃也称为“抄袭”。威尔逊·米纳曾说“抄袭一个作者是剽窃，抄袭多个作者是研究”。现在这一说法已经演变成“抄袭一本书是剽窃，抄袭两本书是评述，抄袭三本书是编译，抄袭四本书是论文。如果你想在课程论文中获得 A，那就抄袭维基百科”。可见，人们已经普遍将剽窃、抄袭作为一种正常的创作模式。因此有人也戏称“抄袭”也是一种“学问”，需要将他人的作品在经过精神消化和精细加工后再贴上自我标签，而且剽窃中的拼拼凑凑、剪剪裁裁、躲躲藏藏地做起来不比创作轻松。

国外有相关的法律对“剽窃”行为进行明确定义，例如，美国布莱克法律辞典将“剽窃”定义为“挪用他人的作品——他人写作的段落、章节，或者观点、语言——冒充为自己的心智产品”。我国的法律、行政法规、行政规章和机构规程都明确禁止剽窃行为；例如，《著作权法》认定“剽窃是一种侵权行为”，《高等学校哲学社会科学研究学术规范（试行）》也规定“学术成果不得以任何方式抄袭、剽窃或侵吞他人学术成果”。但是没有对“剽窃”进行明确的界定。倒是很多学者综合国内外研究从学术角度界定了什么是剽窃，并将抄袭和剽窃进行了区分。例如，易彤等人指出“剽窃主要是指将他人的语言文字、图表公式或者研究观点，经过编辑、拼凑或者修改后加入到自己的论文、著作、项目申请书、项目结题报告、数据文件、计算机程序代码等材料当中，并当作自己的成果而不加引用地公开发表”。并提出“剽窃与抄袭的区别在于公开与否”。

三、大学生论文剽窃现状

在我国，论文剽窃现象在高等院校普遍存在，这是因为课程论文、学年论文关系到大学生能否获得相应的课程学分，毕业论文关系到大学生能否获得相应的学位。从本科生到研究生甚至是博士生，在写作论文中均存在不同程度的抄袭行为。抄袭的形式多种多样，有的引用别人的观点而不加任何标注，严重的由数篇论文拼凑而成，更严重的是请别人代写论文，最严重的是完全复制。国外大学生在论文写作中也普遍存在剽窃现象。例如，澳大利亚大学的学生从网络中剽窃他们作业当中需要的材料，每年多达500000多篇论文可能包含从互联网上复制下来的材料。学生剽窃已经被列入澳大利亚副校长委员会（Australian Vice－Chancellors’ Committee）的会议议程。

相比之下，中国大学生对论文剽窃的认知程度比较低。张惠琴等人通过问卷调查，发现中国大学生基本不了解剽窃的定义，对于抄袭行为的严重后果也不甚关注。相反，美国学生在进入大学之前就已经接受过学术性写作规范训练。如Kroll的研究显示，大学一年级新生在没有接受任何大学写作课程教学或者写作作业之前，就对剽窃定义、错误示范、处罚等都非常清楚，对剽窃、抄袭持严肃态度，关注并谴责剽窃、抄袭行文，赞同严惩剽窃、抄袭者。

四、剽窃现象产生的原因

急功近利是剽窃抄袭的主要病根，而学术良知泯灭是抄袭剽窃的催化剂。方流芳从晋级考核的压力、大学规模的扩大带来的教学难题，以及低廉的剽窃成本三个角度分析了中国剽窃现象盛行的原因。具体来说，笔者认为社会道德伦理失范、惩罚力度不够、教育制度落后，以及机械量化的评价机制是导致大学生论文写作普遍存在剽窃现象的原因。

（一）社会道德伦理失范

社会道德伦理失范主要体现在大学生道德约束感的弱化。道德约束是一种自觉的自我反省、自我约束的行为，是长期的思想政治教育和社会环境潜移默化影响的结果。近代中国政治家、思想家、教育家康有为说："人之有所不为，皆赖有耻心。"这种"自觉心中的一种主观感情"就是道德良心。可见，羞耻心是一个人最基本的道德底线。羞耻心主要源自我们内心的道德意识，亦即通过所谓的"良心发现"，自觉遵守内心的道德法则来守住我们的道德底线。然而，目前大学生思想政治上的自我约束能力日趋减弱，没有从诚信、道德的高度认识到剽窃抄袭行为的不正当性，这是大学生论文剽窃抄袭现象普遍存在的社会伦理根源。

（二）惩罚力度不够

在法国，大学生学业论文和毕业论文中如若存在剽窃抄袭现象，一经发现，必须重写，并接受相应的处罚，直至取消学位。在美国，如果剽窃抄袭则有可能停学一年甚至被开除。而中国许多高校和社会机构对大学生论文中存在的剽窃抄袭行为制裁力度不够。考虑到大学生就业压力和高校排名，大多数高校对于大学生论文中存在的剽窃抄袭现象既没有详细的相关规定也没有严厉的惩处措施，而是睁一只眼闭一只眼，轻易地让其通过毕业论文答辩，正常顺利毕业。由于剽窃抄袭的风险太小，这就导致大学生更加肆无忌惮地剽窃抄袭。

（三）教育制度落后

中国传统的应试教育并没有完全向素质教育转变。中国学生的 GRE 成绩远远高于欧美国家。可是，中国大学生却写不出高质量的论文。欧美国家从来不信奉"考试决定论"，他们看重的是素质教育和创新能力。尽管中国近年来已经意识到素质教育的重要性和必须性，也一直在强调素质教育，但是高考这根指挥棒仍然影响着中国素质教育的全面推进。此外，随着大学的大规模扩招，教室、图书馆、实验室建设等方面的投入远远落后于高等教育的实际需要，满足不了大学生论文写作的需要，这也是大学生论文质量普遍不高、创新不够、剽窃抄袭和形式主义倾向严重的原因之一。

（四）评价机制僵化

在大学管理工作中，奖学金、优秀学生的评选指标体系单一、机械，往往只看重课程的成绩和发表论文的数量，而忽视了其他的指标。很多部门设置了基于毕业论文文凭的准入机制，即必须获得本科文凭或者硕士文凭才能报考某个职位，而忽视了学生实际能力的考量。在这种机械僵化的评价机制体系下，形式主义盛行，导致很多大学生往往在论文写作中剽窃抄袭。

五、遏制大学生剽窃行为的措施

笔者认为，遏制大学生论文写作中存在的剽窃抄袭行为，首先需要制定剽窃的衡量标准；其次，需要采用技术手段进行检测发现剽窃抄袭行为；再次，通过改革教育制度和教学方法可以减少剽窃抄袭现象；最后，通过诚信档案重建道德体系，从根源上减少剽窃抄袭行为的发生。

（一）制定论文剽窃的衡量标准

如前所述，国内的相关法律法规、规章制度对于剽窃抄袭行为的定义不明确。定义不明确或者不具有不可操纵性，认定剽窃抄袭就比较困难。杨利华提出，从著作权的角度来说，学术剽窃之作具有非独创性；赵丽莹提出从质和量两个方面综合考察识别自我剽窃的方法。

（二）剽窃检测技术

针对日益严重的论文剽窃论文，人们开始借助软件实现自动检测。国外知名的检测平台 Crosscheck 2008 年 6 月 19 日正式启动，截至 2010 年 3 月，正式会员包括牛津出版社、美国科学进步协会（AAAS）、《浙江大学学报》（英文版）等 75 家单位。国内知名的检测系统有中国学术期刊电子杂志社和中国知网共同研制的“学术不端文献检测系统”，目前全国已有 3000 多家期刊和 360 所高校的研究生院免费使用这个软件。

（三）改革教学制度和教学方法

在中国现行的教学制度下，指导大学生的论文写作是教学中的一个重要环节。通过改革教学方式，例如互动教学，可以有效减少剽窃抄袭行为的发生。通过写作指南明确剽窃抄袭行为的定义，通过讨论区别恰当与不当引用，将课程论文分解成便于管理的步骤，交论文之前需要提交提纲和初稿，将论文与个人兴趣结合起来。也可以采用机动灵活的方式对学生进行考核，例如，每个学生进行一段时间的实习，实习结束后提交实习报告取代原来的论文。因为每个实习岗位不同，这就减少了剽窃抄袭发生的概率。

（四）通过诚信档案重建学术伦理

在当前社会道德滑坡的情况下，诚信档案的建立有助于重建学术理论。针对期刊论文的剽窃抄袭行为，陈幼玉提出期刊编辑部建立不可更改的作者诚信记录档案，内容主要包括作者违规失信信息，建立作者不良行为记录管理系统，并上网公示，警示其他作者，促进全社会良好信用观念的形成。对于大学生论文写作中存在的剽窃抄袭行为，也可以采取类似措施。建立大学生诚信档案管理系统，考试作弊、论文抄袭等不诚信的行为，都将被记入档案，获得授权的单位可以通过网络查看。通过建立诚信档案，大学生会清楚知晓自己的行为，自觉改正不良行为、维护优良行为，时刻提醒自己培养诚信的道德观念与法律意识，进而重建学术伦理。所以，大学生的档案袋中不应该只装着成绩单、获奖证书，还应该包括其他真实的活动记录，这也是遏制大学生论文剽窃的一个有力措施。

参考文献

［1］司忠华，杨君．刘晓培大学生论文造假原因及对策研究［J］．科教导刊（上旬刊），2010（10）．

［2］江新华，徐驰野．如何防止大学生学术论文中的剽窃行为——美国大学教师防剽窃的基本策略及其启示［J］．湖北师范学院学报：哲学社会科学版，2006（3）．

［3］章礼明．本科论文的创新性与本科生的创新能力［J］．嘉应学院学报，2011（1）．

［4］宋福林．从论文剽窃现象谈社会主义核心价值教育的紧迫性［J］．学理论，2010（7）．

（作者系贵州师范学院历史与社会学院教师）

档案文献编纂学实践教学的设计与思考

瞿智琳

一、档案文献编纂学实践教学现状

档案文献编纂学是高等学校档案学专业本科的专业必修课，是一门综合性、实践性非常强的课程。各高校在开设档案文献编纂学这门课程时，理论与实践并重，实践教学主要采取案例教学、模拟编纂及社会实践三种方式进行，加深学生理解档案文献编纂原理和基本方法，培养学生从事档案文献编纂的综合实践能力。

档案文编编纂学实践教学方式一是案例教学。案例来源包括档案文献编纂学系列教材和各级各类档案馆编纂实践案例。中国档案学本科高等院校采用的档案文献编纂教材一般是中国人民大学出版社出版的教材，从曹喜琛老师、韩宝华老师到刘耿生老师出版的《档案文献编纂学》，一直是档案学专业学生教材的首选。教材中的案例出现频率较高的有《五四爱国运动档案资料》《慈禧光绪医方选议》《关于江宁织造曹家档案资料汇编》《上海小刀会起义史料汇编》《西安事变资料》《北京档案史料》等。从上课情况来看，对学生讲解这些汇编成果，学生的兴趣度不高，教师课堂缺乏生动有趣的汇编案例。

模拟编纂是档案文献编纂学实践教学的必备环节，在作者两轮的教学过程中，制定了档案文献编纂模拟训练方案。第一轮学生分小组进行档案文献编纂模拟训练，模拟编纂的共有 7 个汇编成果，分别是《贵州师范学院文博档案学会简介》《贵州师范学院 2009 级毕业论文集》《贵州师范学院硬件构成资料汇编》《乌当区的宗教文化资料汇编》《松桃苗族地区苗族文化资料汇编》《贵州省布依族节日习俗资料汇编》《遵义会议资料汇编》和《历史与社会学院 2011—2013 资料汇编》。此次汇编成果从档案文献编纂学角度来看，存在以下问题：①一些选题过大，选题确定后查找到的档案素材较少，不足以支撑后续环节档案文献的挑选，在档案文献的转录加工上略显粗糙。虽然此次汇编成果存在种种瑕疵，但是学生基本完成了档案文献编纂的基本流程；②在第二轮档案文献编纂模拟训练中，要求编纂采取的素材必须是档案，学生个人进行档案文献编纂实践训练，从选题开始，部分同学的选题过大或过小，在查找档案资料时有更多的问题呈现，档案资料获取有难度，获取的资料是否属于档案资料，获取到的档案资料不能支撑自己的选题，获取到的资料过多不知如何取舍，这些问题一直延续到档案文献的挑选，教材上档案文献挑选的原则不能完全适用到挑选环节上；③档案文献的转录加工，遇到的问题一是网络语言和网络符号的转录，二是新的专有名词的注释，特别是漫画和游戏中的特有词汇。最后完成的汇编共有 48 份，每位同学都体验了档案文献编纂的整个环节，有代表性的汇编有《大学生临考的日子》《NO GAME NO LIFE》《福泉古城垣史料汇编》和《驾考资料汇编》等。从两轮的档案文献编纂模拟训练来看，主要存在以下问题：首先是没有足够多的档案史料作为素材，导致两种情况产生，一是学生自主选题，自己查找档案史料，素材的凭证价值大打折扣；二是学生从老师提供的有限素材中完成编纂实践，汇编成果雷同率高。其次是汇编素材的证据性和价值性递减，学生为了完成模拟编纂，最终形成编纂成果，在查找档案文献时不管是不是档案，都把资料搜集起来，档案文献选材环节形同虚设。最后是编者自身的限制，一部档案文献汇编涉及的知识面非常广，而编纂者的知识面有限，作为学生的编纂者知识结构、人生经历更是有限。

社会实践是档案文献编纂课程实践教学的最好方式，最能检验学生是否能够理论联系实际，把所学专业知识应用到工作中。但是在高校档案文献编纂课程中，社会实践的机会较少，因为一门课程的教学周期是十八周，而编纂一个档案文献汇编历时较长，学生参与汇编工作中的情况不能及时反馈到课堂。

二、档案文献编纂学实践教学设计

档案文献编纂学实践教学按照已有的教学方法来引导学生学习，距离培养学生档案编纂的综合实践能力还有一段距离，因此在已有的教学方法之上，增加一些方法来改进教学设计，使得实践教学趣味性更强，又能理论联系实际。

档案文献编纂学实践教学设计包括四个板块：推广引导、动手实操、分享汇报、改进反馈。

推广引导板块包括档案文献编纂案例讲解讨论、档案文献编纂选题引导。档案文献编纂案例除了书上固有的汇编案例外，增加最新的编纂案例，如国家档案局推出的《南京大屠杀档案选萃》《伟大胜利——中国受降档案》和《浴血奋战——档案里的中国抗战》等，这些编纂实例是最新的编纂成果，社会关注度高，易于引起学生注意。档案文献编纂选题引导，学生作为编纂者，水平实力有限，要引导学生选择合适的编纂选题，使得学生能够获取足够的档案素材职称编纂选题，并最终完成档案文献编纂。因为是模拟训练，引导学生关注本地及家乡的档案信息网站，或直接到当地档案馆查询相关资料，便于获取档案信息。

动手实操板块，档案文献编纂的过程有既定的环节，环环相扣，选题之后是查找、选材、查考、加工、编排、出版等环节，每个环节有每个环节的特点、方法和要求，要严格按照这些方法动手实操。动手实操板块在课程安排上有 8 周的时间，编纂出来的是缩小版的汇编成果，目的是让学生体验整个档案文献编纂过程。

分享汇报板块，学生可分小组或个人进行档案文献编纂，编纂完成后，要对档案文献编纂成果进行汇报，分享编纂的过程、汇编的亮点、编纂中遇到的难题和困境、编纂中的收获等。每一个编纂者在 15 ~ 30 分钟的时间内向大家汇报和分享。编纂者亲身经历了整个编纂过程，汇编成果是编纂者的知识成果，凝聚着编纂者的汗水，给与编纂者一个平台，编纂者会把编纂过程中的酸甜苦辣一一道来，获得技能的同时，也是一种人生经历。同时通过分享汇报，可以总结归纳出学生作为编纂者的优势和劣势，为以后同学的编纂提供借鉴。

改进反馈板块，学生汇报档案文献汇编成果完毕后，根据老师提出的意见或建议以及其他同学的反馈，对档案文献汇编成果进行最后的修改。一个人的知识和视野是有限的，通过反馈，进行相应的改进，档案文献汇编成果最终完成。因为这些档案文献汇编成果是档案文献编纂学实践教学作业，其中采取的档案素材来自各级各类档案信息网站，所以这些档案文献汇编成果的“出版”只是打印出来，学生内部互相学习，成为本门课程的学习档案。

以上四个板块适用于档案文献编纂学实践教学，四个板块互相衔接，一一进行，全部完成四个板块的内容即能达到培养学生档案编纂综合实践能力的目的。

三、档案文献编纂学实践教学新思考

档案文献编纂学已有的实践教学方法存在问题，为了解决这些问题，对档案文献编纂学实践教学进行了新的设计，设计包括四个板块：推广引导、动手实操、分享汇报、改进反馈，并从新的实践教学设计引申出对档案文献编纂学实践教学的新思考。

档案文献编纂包括五要素：编纂者、档案信息、编纂过程、档案文献汇编成果、用户（读者），按照新的实践教学设计步骤进行，对以上五要素的理解有一定的看法和思考。

档案文献编纂学实践教学中编纂者是学生，这与传统意义上的编纂者是不同的，这里的编纂者强调的是编纂过程的体验，而传统意义上的编纂者通过编纂完成档案文献汇编。这里的编纂者不仅拓展了编纂的主体，而且增加了编纂的内涵。

档案文献编纂学实践教学中的档案信息范围更广，传统意义上的档案信息是档案中承载的信息。实践教学中学生查找到的档案原件是有限的，往往还需要更多的信息来支撑编纂选题，这些信息包括学生拍摄的照片，学生从档案馆、博物馆、图书馆及相关部门获取的信息，学生发表的说说、学生QQ聊天记录、学生日记、微博微信记录等，这些信息超越了传统意义上档案信息的范畴，但这些信息是原始记录，也是学生能够查找到最多的原始记录。所以，档案文献编纂学实践教学中的档案信息不仅是档案馆、档案室所藏档案的信息，更多的是生活中形成的原始记录。

档案文献编纂学实践教学中的编纂过程严格按照档案文献编纂环节进行，只是其中一些环节步骤更简略。实践教学中编纂选题的论证简洁快速，没有实际编纂工作中的严谨；实践教学中的查找档案文献形式渠道多样化，超越实际编纂工作中查找档案文献的范围；实践教学中考证档案文献高效迅速，实际编纂工作中考证档案文献需要编纂者花费大量的时间和经历完成；实践教学中的档案文献加工简单易操作，实际编纂工作中转录会遇到很多困难，特别是历史档案中的生僻字、通假字、断句、分段等；实践教学中的出版在班级内部交流，实际工作中的出版要面向公众负责。实践教学仅仅是模拟编纂过程，距离真正的编纂过程有非常大的距离，所以模拟编纂只是体验一下档案文献编纂各环节，加深对档案文献编纂的理解。

档案文献编纂学实践教学中的档案文献汇编成果仅供内部交流，读者是一个班的同学，而实际编纂工作中的档案文献汇编成果是面向工作出版的，面对的用户是公众。档案文献编纂的最终目的是更加方便快捷地为人民服务，实践教学中形成的成果还仅限于集体内部，实践教学与真正的编纂存在差距，但是通过模拟能让学生更深刻地认识到档案文献编纂工作服务社会的宗旨所在。

档案文献编纂的实践教学最终目的是要提高学生档案编纂的综合能力，为以后从事档案编纂工作做好铺垫。但是在进行实践教学时，要向学生传达清楚模拟编纂与实践编纂的差别，模拟是为了更好地实践，在实际工作中还要根据具体情况来开展编纂工作。

参考文献

[1] 曹喜琛．档案文献编纂学［M］．北京：中国人民大学出版社，1990.

[2] 韩宝华．档案文献编纂学教程［M］．北京：中国人民大学出版社，2007.

[3] 刘耿生．档案文献编纂学［M］．北京：中国人民大学出版社，2007.

（作者系贵州师范学院历史与社会学院教师）

地方生物科学高等教育应用化改革的探索

——以贵州师范学院为例[①]

姜金仲　王超英　任翠娟　韩　晗　张延威

贵州师范学院是隶属于贵州省的一所普通本科院校，其主要任务是为贵州省培育中小学师资，所以，其生物系的主要教学目的就是为贵州省培育合格的中小学生物学教师。近些年来，随着高等教育的普及，全省各主要市级单位都有了自己的高等学校，大多数高等学校都设立了生物系，且这些生物系大多起源于师范专科，所以，这些生物系均以培养中小学生物学教师为主要教学目的。这无疑会造成中小学师资培养的过剩，给这类本科毕业生就业造成巨大的压力。为避免这种不利情况的进一步发展，贵州省教育厅已经对本省高等生物师范教育提出人才预警。在这种条件下，贵州师范学院生物系不得不开始思考未来应该如何开办自己的生物学教育，才能使自己培养的人才有用武之地，更加符合贵州人才市场对生物科学毕业生的需要，即如何改革自己的生物学教育。

一、地方高等师范院校生物科学教育应用化改革势在必行

从全国层面上看，中国生物学高等教育的现状可以描述为“两个极端教育”，即完全的基础理论教育和高端的生物技术教育。完全的基础理论教育主要是各类以生物学系统知识教育为主的学校，这些学校的学生学习了丰富的生物学理论知识，或者也获得了一定的生物学科学研究技能，获得了这些知识与技能之后，他们能做的就是从事生物学教学或科学研究，因为他们拥有的知识与技能和生物相关产业所需知识与技能有较大差距，所以，如果国家

---

① 项目基金：贵州省普通高等学校人文社科研究基地项目（20120905）；教育部生物资源科学专业综合改革试点项目（2012287）。

每年不能提供足量的生物学教学及研究岗位，生物学专业学生的毕业生就业情况就不会令人满意。高端的生物技术教育主要是以基因工程、细胞工程、酶工程、发酵工程及广义的组织培养技术为主要教学内容的学校，这些学校的学生学习了丰富的高精尖生物学技术知识与技能（其中特别是转基因相关技术），这些技术听起来很是时尚，但真正用这些技术形成的企业却为数不多，结果是掌握这些技术的人数越多，失业的人数就会越多。因此，在“人民网”2013 年 5 月 10 日的报道中，“生物技术”及“生物科学与工程”就成了高校就业 5 大“亮红牌”专业中的两个专业。报道给出的原因分别是：生物技术专业由于连续数年失业量较大，就业率持续走低；生物科学与工程专业本科毕业生在求职过程中存在着比较明显的“高不成、低不就”现象。这种就业的现实情况难免会使使高等生物学教育走向逐年萎缩的道路（当然，造成这种窘境的原因除了生物学高等教育本身的问题外，还有一些经济发展的原因，比如，目前国家放缓了经济发展速度，导致就业岗位数量的降低，使生物学专业毕业生就业状况雪上加霜）。

应对这种逐年萎缩趋势的普遍措施是减少生物学专业的招生数量。应该说，减少招生数量是一种思路，但可能是一种较为消极的思路。能否变换一下思路，比如改革生物学的传统教学内容及方法，使生物学专业变成一门能够产生经济效益的专业。因此，我们认为，尤其是地方高等师范院校的生物学教育，更加充满了这种改革的迫切性。

二、地方师范院校生物科学教育应用化改革的方向

虽然系统的基础理论教育及高端生物技术教育是生物学高等教育所必需的，但是这些生物学高等教育与目前贵州省经济建设的实际情况有较大距离，也不能完全满足全国经济建设对生物学人才的需要。鉴于我国生物学高等教育的现状，结合我校及贵州省的实际情况，我们充分认识到，同全国的生物学高等教育一样，我们学校的生物学高等教育除了少部分保留以生物师范教育为主之外，大部分应改为以生物产业为主的教育，地方高校只有将自己的高等生物教育直接与生物产业紧密联系，才能为自己的学生开拓出广阔的就业渠道。应该说中小学生物学教师人才市场是有限的，而生物相关产业的人才市场是无限的（前提条件是生物产业要不断创新、不断发展）。

鉴于与生物产业相关联的高等教育已有传统的农林牧渔院校，生物学高

等教育要开办自己的生物产业教育，就必须找到与传统农林牧渔行业有明显区别的切入点，才能走出一条有生命力的路子。经过对我校及贵州省实际情况的深入研究，我们认为这个切入点有以下几个特征（以我校生物资源科学专业为例）。

（1）生产对象不同：传统的农林牧渔业的生产对象是长期形成的、规模较大的、有固定生产模式的生物大群体，比如水稻、小麦、牛、羊、家鱼、平菇、香菇等；而我校生物资源科学专业学生的生产对象主要为一些具有特殊经济价值的野生、半野生生物小群体，它们往往还未形成成熟的生产模式，需要具有生物学知识的人进一步开发、完善其生产模式，比如毒蛇、麝鼠、石斛、香石蒜、冬虫夏草、野生食用菌等。

（2）生产理念不同：传统的农林牧渔行业的生产理念是保证我国食品数量的安全，而我们生物资源科学专业学生的生产理念是为人们提供更多的新、特、奇食品，满足人们对新颖食品追求的需要。

（3）所需要的知识不同：传统的农林牧渔行业往往规模较大，生产对象比较固定，生产分工比较明确，原料生产、产品加工等各个环节具有明显的分工，形成了独立的知识体系，学生只要掌握一个环节上的知识，就可以满足其实际生产需要。但是，我们生物资源科学专业学生的生物生产规模相对较小，生产对象相对不固定，生产难以进行明确的分工，所以，我们的学生必须拥有原料生产及产品加工的知识，既能探索产品原料生产的适宜方式，又能探索产品加工的适宜方式。

（4）具有创新性：由于我们生物资源科学专业学生的生产对象往往是待开发的生物种类，开发就意味着创新，所以，我们生物资源科学专业学生的生产过程充满创新性及挑战性，要求学生具有良好的创新能力及心理素质。

三、地方师范院校生物科学教育应用化改革要有显著的地方特色

按照教育部的高等教育办学方针，地方高等院校要为地方经济建设服务。既然是地方的，就不是全国的，其着眼点应该是各个地方的经济建设特色，在特色上下功夫，只有找准了特色，才能充分体现出为地方经济建设服务的宗旨。我们生物资源科学专业的学生是通过对稀有生物资源及开发不充分的生物资源进行开发而创造财富的，而不是通过传统的农、林、牧、渔途径去

创造财富。开展此类行业，不在于规模大，而在于小而精，这符合贵州地域狭小多变的地理环境条件实际情况，贵州封闭、狭小、多变的小气候区域造就了贵州生物资源多样性的特点，我们生物资源科学专业的毕业生正好利用这些具有显著地方特色的生物资源，开发出具有明显地方特色的新产品，从而达到创造财富的目的。在各种传统栽培及饲养业已进入标准化、规模化生产的今天，进行小规模具有特色的种养殖开发应该更有生命力，更能创造出高附加值的产品。

与全国大多数地方相同的是，贵州的生物相关产业也是农业、畜牧业、林业、医药产业和食品加工产业等，比起农学、林学、畜牧、医药和食品等"小生物学"专业的毕业生，"大生物"专业（广义的生物科学专业）不具专业化的"比较优势"，因而"大生物"专业在这些领域里就业时处于劣势地位，似有"抢人饭碗"之嫌。但是，与全国大多数地方不相同的是，贵州有大量的特色生物资源及与之相关联的（潜在）特色产业，这些资源大多处于待开发、半开发状态，这些（非传统）特色产业大多处于小规模或潜在状态，尚未形成独立的、专业化的知识体系，也未形成成熟的开发、生产、经营模式。现在"大生物"学专业的毕业生普遍不具备利用这些贵州特色生物资源就业、创业的素质，而传统的农、林、牧、渔及食品等"小生物学"专业的知识又难以驾驭。贵州的这个"不同点"为贵州省地方（我校）生物高等教育应用化改革提供了一个突破点——培养能够借助贵州特色生物资源开发利用就业、创业的学生，同时，也给贵州省地方（我校）生物高等教育打上了显著的地方烙印。

选订具有地方特色的改革突破点之后，还必须选定针对"突破点"、具地方特色的教学内容。按照教育部"厚基础、宽口径"的人才培养目标要求，制订具有自己特色的教学计划。就生物科学高等教育而言，大多数人对于"厚基础、宽口径"的理解就是要学生尽可能多地学习生物学细分的各个学科，为拓宽学生在生物学领域的就业渠道奠定基础。显然，这种理解的结果只能是拓宽学生在生物学教学与研究领域的就业渠道，对于学生参与生物相关产业的就业帮助甚微。而我们对"厚基础、宽口径"精神实质的把握则与人不同，我们的"厚基础"不是以系统生物学知识体系为背景确定要"厚"的内容，而是以学生参与生物相关产业生产所需要的知识与技能为背景确定"厚"的内容，尤其是与生物资源开发利用产业相关的内容。因此，我们的教学计划中加进了部分不属于生物学基础知识，而在生物相关产业活动中又有重要作用的基础知识，以达到我们“培养能够将常规生物学知识及与这些生物学知识应用化相联系的非生物学知识转化为生产力的人才”的人才培养目标。这使得我们的教学计划也有了显著的地方特色。

四、地方师范院校生物专业如何开展具有自己特色的应用创新型教育

应用型人才就是把成熟的技术和理论应用到实际的生产、生活中的技能型人才，其人才培养模式具有 3 个显著特点：应用型人才的知识结构是围绕一线生产的实际需要加以设计的，在课程设置和教材建设等基本工作环节上，特别强调基础、成熟和适用的知识，而相对忽略对学科体系的强烈追求和对前沿性未知领域的高度关注；应用型人才的能力体系也是以一线生产的实际需要为核心目标，在能力培养中特别突出对基本知识的熟练掌握和灵活应用，比较而言，对于科研开发能力就没有了更高的要求；应用型人才的培养过程更强调与一线生产实践的结合，更加重视实践性教学环节，如实验教学、生产实习等；如果说在目前情况下我国的应用型人才培养主要集中在高职院校的话，那么地方本科院校的应用型人才培养应该不能与高职院校雷同，否则，地方本科院校就没有存在的必要了。经过反复论证，我们认为地方师范院校生物专业的应用型人才培养目标应该是培养应用创新型人才。

宋刚等将应用创新人才定义为“源于用户需求、为用户带来价值的创新应用设计，是以用户为中心，注重用户创新，置身用户应用环境的变化，通过以用户参与创意提出到技术研发、验证与应用的全过程”。具体到地方师范院校生物专业的应用创新型人才，就是以市场需求为核心，进行现有技术或知识的集成创新，为市场提供新的产品或服务，其创新的目的是满足市场的需要，而不是纯粹的知识创新——物质财富的创造优先于“纯粹知识”财富的创造。通过应用创新，将自然馈赠的珍贵生物资源有效利用，将对应的特色产业发展起来，为地方经济建设服务。结合贵州省及我校的实际情况，我校的生物科学应用型创新人才应具有集成创新及特色产业的创业能力。为达此目的，我们的具体做法如下。

（1）考虑到生物资源开发利用行业是一个需要集成创新及特色产业创业的行业，学生除具备丰富的生物资源认知、生物资源培养、生物资源应用开

发及生物资源加工利用知识外，还应该有与之对应的集成创新及微型企业创立知识。因此，我校改革后的生物科学课程体系中加进了一些必需的、非生物学领域课程，这些课程与生物学领域课程相结合，构成了学生开展生物资源开发利用的知识与技能体系，使学生能够真正利用自己所学的知识，结合自己身边的资源优势，创造财富。

（2）教学计划突出了生产技能实践教学内容及时间，计划从第三学期至第六学期，每学期加进15天校外实践教学内容，带领学生在生物相关产业生产第一线参加劳动，实现本专业初级实践性教学的4个目的：使学生了解生物相关产业的种类；使学生了解生物相关产业所需要的基本知识及技能；使学生体验生物相关产业劳动的感受；获得一定的生物相关产业生产技能。

（3）在《生物资源开发利用学》中加进大量的生物资源开发利用创业成功案例分析内容，在教书过程中，潜移默化学生的创新创业意识，激发学生创新创业的冲动。从大二开始，部分学生参与老师进行的生物资源开发利用科学研究。由于老师的科学研究以应用研究为主，多是新产品开发、新技术创立的研究内容，学生从参与老师的应用研究过程中可以汲取未来创新及创业的精神营养。我们老师的科研口号是：完成一项研究课题、创造一种产业优势、致富一组参研学生。

五、结束语

在举国上下呼吁高等教育要改革的背景下，我们就我校的生物科学高等教育改革问题进行了思考，并将部分思考成果进行了初步实施，目前虽还不能确定正确与否，但至少是某种传统的突破，在此做一介绍，或能起到抛砖引玉之功效。

“就业难”时代必定催生“创业时代”。21世纪，国与国之间的竞争聚焦在创新与创业水平上，创业活动作为科学技术最终转化为现实生产力的桥梁，已经成为经济发展的引擎和日益重要的推动力。党的十七大已经明确提出了以“创业带动就业”的政策。联合国教科文组织“面向21世纪教育国际研讨会”指出：“创业教育，将成为21世纪现代人的第三本教育护照。”或许有一天，我们真的将生物科学高等教育转化为基层可以接受的应用创新、创业教育了，生物科学专业就业难的坚冰就真的告破了。

参考文献

[1] http：//edu. people. com. cn/n/2013/0510/c1053 - 21438434 - 2. html.

[2] 宋大祥 . 21 世纪的生命科学和教育 [J] . 北京教育学院学报，2001 (31) .

[3] JINZHONG JIANG，CHAOYING WANG，CUIJUAN REN，et al. Course system reformation of bio - resource major in Guizhou Normal College [J] . Advanced Materials Research，2013 (618) .

[4] 王傲雪，闫清波，苍晶，等 . 深化试验实践教学改革，促进学生创新实践能力培养 [J] . 高等和生物教学研究（电子版），2014 (1 - 4) .

[5] 宋刚，唐蔷，陈锐，等 . 复杂性科学视野下的科技创新 [J] . 科学对社会的影响，2008 (2) .

[6] 苏智先 . 面向 21 世纪高师生物教育专业主干课程体系研究 [J] . 四川师范学院学报，1999 (11) .

（作者系贵州省普通高等学校人文社科研究基地、贵州师范学院化学与生命科学学院、贵州省生物资源开发利用特色重点实验室教师）

高等师范院校学生试教中存在的问题与对策

司霖霞

“试讲，也称试教，是指学生在教师的指导下，对将要实习的教学内容预先进行教学过程各环节的模拟演练和实战训练。试讲是师范生将课堂学习的理论知识与教学实践活动相结合的重要手段，是充分展示自己实践才能的重要途径，也是各师范院校检验学生是否合格、是否真正具备较为扎实的专业知识与实践技能的重要方法。”它直接影响着师范生的实习效果以及他们以后的职业信心和职业信念。因此，发现试讲中存在的问题、找出解决问题的对策就显得尤为重要。

一、试教中存在的问题

（一）初上讲台，高度紧张

试教是师范生从学生向教师角色转变的第一步，在试教过程中，大多数的试讲者都不可避免地伴有或多或少的紧张感。对此，在借鉴国内外教育试教研究理论的基础上，结合我国高师院校教育实习前试教中的实际情况，以及我校的试教情况，编制了《教育实习前试教调查问卷》，其中选择题30道，分别从试教的态度、表现、内容、时间、评价、存在问题、怎样解决等多角度设计对应问题。开放式问答题2道，对我校120名同学进行了“实习前试教问卷调查”，发放问卷120份，回收有效问卷116份，问卷有效率96.7%。进行了“初次上讲台的感觉”统计调查问卷（见下表）。

初次上讲台的感觉统计表

	人数（人）	百分比（%）
非常紧张	40	34.5
有点紧张	52	44.8
恐惧害怕	10	8.6
表现自然	14	12.1
总计	116	100

从上表中可以看出，初次上讲台的师范生86%都有不同程度的紧张感，只有14%的同学表现自然，甚至还有8.6%的同学对讲台感到恐惧害怕。这说明在试教中紧张是学生普遍存在的问题，这是由于学生心理素质和自身性格不同造成的，也是学生及指导教师首先要考虑和解决的问题。“紧张的程度既决定于当前事件的紧迫性，也取决于人的心理准备状态和个性品质。在事件十分紧张或处于关键时刻，人们一般会有高度紧张感。如初学跳伞的人跨出机舱的那一瞬间往往十分紧张，参加高考的学生和排除哑弹的战士都会有紧张的情绪。”紧张主要通过面部表情、身段表情和言语表情表现为：心跳加速、脸红、手脚发热、眼睛左顾右盼、手脚发抖、声音发颤、语无伦次、说话结巴、思想不集中、思维混乱等。上讲台紧张、怯场和恐惧虽然是师范生在角色转换过程中的正常心理反应，但直接影响着师范生对教师职业的信心和试教的效果，因此在教育试教中必须首先解决这个问题。

（二）教态不自然

“在教学过程中，除了语言表达能力外，教师也要很好地掌握课堂上的非语言交流。非语言交流又称体态语。它是以神态、形态、动态来表达思想感情，配合有声语言，完成教学任务的重要辅助工具，包括：眼语、脸语、手语、身姿语、形态语和空间距离语等。适当的体态语对集中学生注意力、活跃课堂气氛有事半功倍的效果。但若‘失态’又适得其反。在试讲过程中，这一环节存在的问题很多、很杂。”试教过程中初上讲台的实习教师在教态上主要存在以下问题：眼神游离不定，不敢看学生，不敢与学生进行眼神交流，讲课时有的实习教师或埋头看教案，或仰头看天花板，或面对黑板；面部表情僵硬，脸色或红或白；手语不当，不是太多就是手不知往哪里放；抬头、转身、走动等动作幅度太大，身体晃动不定。这些都是由于缺乏自信所致。

（三）语言表达不流畅

“教师职业对语言有着特殊的要求。教师具备一定的语言艺术水平，不论是对学生学科能力的形成，还是思想品德的陶冶都是非常必要的。”经过对我校历史与社会学院2010级历史学专业两个班216名学生进行长达两个月的跟踪调查发现，试教期间同学们的语言表达技能薄弱。主要表现：学生普通话不标准，课堂语言在表述上模棱两可、有的甚至词不达意自相矛盾，语言缺乏学科性、科学性，课堂语言口语化，语言表述苍白、平淡无味，没有节奏感、缺乏艺术性，口头禅太多（如“这个”“额”“然后”“那么”“是不是”等）。对此类问题应及时发现、及时总结、找到解决办法，让学生在相对较短的时间内提高语言表达能力。

（四）综合性教学技能薄弱

“教师作为一个专门的职业，需要具备较强的口语表达能力、板书板画能力、课堂组织能力、沟通能力等综合性较强的师范技能。”另外，“必须具备的教学技能包括教学设计能力、板书技能、课堂教学组织与管理能力、教育技术能力、教学评价能力、说课能力等”。但在我的调查、访问中得到的结果是学生的教学技能很弱，特别是在试教中可以看出：学生大多只是掌握了教学技能的理论，在实际操作能力上可谓五花八门。

（1）教案格式不规范、态度不端正。在试教实践中，部分师范生偷懒——教案写简案、内容肤浅，不规范；教案稿与说课稿不分，教学设计呆板、没有新意，态度不端正；在教学参考书抄袭或网络上拷贝现成的教案，临时交差。

（2）板书技能太差，板书不工整、写字不规范、字体大小不一、高低不齐，甚至还出现倒笔画。

（3）没有掌握课堂组织、控制、管理能力，把握不好上课时间，课堂气氛沉闷。这些问题严重影响了师范生试教的质量。

（4）现代化教育教学技能差，课件制作水平低，资料贫乏，应用能力差。

（五）对现代教育教学技术的掌握、应用能力较差

由于时代经济、信息技术的发展，大多数学校已采用多媒体上课，“合理

使用现代教育技术，如多媒体、幻灯片、信息技术等，实现信息技术与历史教学的有机结合，以便提高自身的专业发展”。这对教师的计算机操作要求很高，而且“新课改强调课程资源的开发与利用，而信息多媒体技术和网络资源本身就是一种很好的课程资源”。但在试教中，大多数学生对计算机操作不熟练，找不到好的网络资源来丰富他们的多媒体课件，做出的课件呆板、花哨、平淡、不规范、没有新意等，不能激发学生的学习兴趣，不能收到良好的教学效果。

二、解决对策

由于教育实习前试讲的成败直接影响师范生的实习效果以及他们以后的职业信心和职业信念。因此，与发现试讲中存在的问题相比较，找出解决问题的对策就显得更加重要了。

1. 对策一：提高心理承受能力

具备良好的心理承受能力和健康的心态，是教师职业的基本素养。师范生初次上讲台产生恐惧、怯场、紧张的现象是可以理解的，这是由于学生们的心理、气质、性格和生活环境不同，心理承受能力不一样造成的。根据对问卷“试教过程中你紧张吗？紧张的原因是什么?”的结果进行归纳，总结出造成紧张的原因主要有 3 个：①缺乏知识与技能的充分准备；②缺乏临场经验；③缺乏应变能力。试教对于师范生来说，身份的突然转变使他们一方面要尝试做教育者，对学生进行答疑解惑；另一方面使他们又是受教育者，要进行听课学习，接受老师的指导。在巨大的环境变化中，势必会使他们产生诸如紧张、焦虑、迷茫、困惑、畏惧等不良的心理情绪。调节师范生在试教中出现的不同心理情绪需要在实习前由指导老师来疏导。指导教师对于这类学生要多给与鼓励、支持、帮助和肯定，要有意识地给他们创造锻炼的机会和条件，提高他们战胜困难的勇气和必胜的信心。也可以举办往届优秀实习生的经验交流会，通过谈话、交流，帮助将要实习的学生了解情况，缓解他们的心理压力。此外，师范生还必须加强教学技能训练，提高自己对试教的适应能力。为此，师范生必须在课前认真备课、熟悉教材、端正心态，多参加试教的模拟训练，适应讲台、教室的环境，提高自己的临场应变能力。在试教期间，同学之间要多接触、多交流、相互鼓励，找到缓解紧张情绪的办法，通过各种练习来提高心理承受能力，比如看相关书籍，听别的同学谈这方面的心理感受，不断走上讲台练习多讲课，多去公众场合，寻找机会发表意见，刻意锻炼自己胆量。

2. 对策二：完成角色转换

在试教过程中，师范生需要完成角色转变，即从学生到教师的角色转变。试教中的“师范生由于无法正确定位自己的身份角色，难以自觉形成教师形象，要是作为‘学习者、旁观者、学生的朋友或玩伴出现在教学现场，也就很难达到良好的实习效果。在教育实习前的准备阶段，帮助师范生自觉完成从学生到教师角色的转换十分重要，并在实施过程中要注重‘自觉形成’的过程，而不是纯粹的理论讲解”。学生在试教中没有教师的淡定、威严、风范，主要在于他们没有理解和定位好一个教师需具备那些素质和形象，凭借中学和大学教师在他们心目中的形象进行模仿，只了解到教师的外在表现，没有理解、掌握作为教师的内函和素养。根据马克思主义辩证法思想：事物是内外因共同作用的结果，内因是根据，外因是条件。同样，一名合格的教师也是由内在文化素养和外在行为表现共同组成的。对此，有着切身教师感受和经验的指导老师需要帮助学生构建出学生心目中理想的教师形象。可以采用座谈会的形式，召集学生针对“教师形象”问题进行讨论，通过调动回忆、积极交流和理性提升三个环节，构建出学生自我心目中理想教师的形象。具体的实施办法是：由老师拟定关于心目中的理想教师形象的话题；围绕话题进行交流、讨论，鼓励学生畅所欲言，各抒己见；最后由指导老师与同学一起归纳出理想教师形象所应包含的内容。这样的方式可以帮助学生结合亲身经历，在明确自己的身份角色的基础上深切体会教师工作的辛劳，教师职责的神圣，在心目中建立自己的角色期待，成为实习及未来教学生涯的奋斗目标。

通过以上讨论归纳得出结论，优秀教师的形象应是：学识渊博、威严沉静、淡定从容、自信。

学识渊博：教师应该具备深厚的专业知识、广泛的阅读爱好，这就要求师范生要养成良好的学习态度、较高的学习能力、积极思考的习惯、学会归纳总结，只有多读书、积极思考才能形成自己的思想观念和思想意识，在言行中体现自己的学识素养和与众不同的教师魅力。

威严沉静：上课时既要有教师的自信、威严，又要充满激情。教师还应该具备最基本的职业道德、责任感、使命感、爱心和耐心等素养。

淡定从容、自信：教师的教态（眼神、面部表情、手势、身体语言）淡定从容、自信，要自然得当，这往往反映出一个教师的综合素质和内在修养。所以"师范生在讲课时，首先要举止优雅、自然，即教学举止雅致耐看，给人以美感。在讲台上活动时，不能频繁来回走动。肢体语言要恰到好处，不能在空中乱舞。其次要学会用面部表情交流。如赞赏学生时可微笑，肯定地点头，拍拍学生的背，眨眨眼等；表扬学生时，把食指和拇指并在一起、拍手、扬起眉毛并微笑，肯定地点头并微笑；显示权威时可皱眉，凝视，扬眉，否定地轻轻摇头等"。

因此，师范生必须逐渐加强自己教师综合素质的养成，为使自己成为一名合格老师做准备。

3. 对策三：加强语言表达能力的训练

语言是一个人与人之间交流思想感情的媒介，是传播知识的桥梁。教师是传授知识的使者，教师语言表达能力的强弱直接影响知识的传授效果。以历史学科为例，历史教师良好的语言素养能使学生清晰地了解和掌握史实，获得科学的历史知识和真实的历史情感。甚至可以说，教学之成败，以语言为先。历史教师语言表达的优劣，直接影响着学生对历史知识吸收的程度和学习历史的积极性，关系到历史教师教学效果的好坏。

因此，师范生必须自觉加强语言技能训练，必须知道和明白熟练地掌握教学语言技能的重要作用。

第一，语言是传授知识的桥梁，教师在语言表达上必须有艺术性、要富于感情变化，要"以声传情，以言动心"；第二，在课堂教学中，教师恰如其分、富有感情的生动语言讲述能引发学生内心的共鸣，收到"以情悟文，以情感人"的惊人效果，能使教学目标得到更好的实现；第三，教师魅力四射的语言不仅能诱发学生的求知欲，还能激起他们浓厚的学习兴趣，所谓"循循善诱，谆谆教诲"就是这个道理；第四，教师幽默风趣、富有内涵的语言还能成为学生模仿的对象，学生会不断地把教师语言表达的特点内化成为自己的语言特点，形成自己的语言表达风格，即所谓"耳濡目染，不学而会"，对学生起到潜移默化的作用。

正因为教师语言的重要性，所以教师语言表达成为教师的第一筹码，也是教师教学的第一杀手锏。苏联教育家苏霍姆林斯基说过："语言是率领人们冲锋陷阵的统帅，是拨动人们心灵的乐师……语言是争取人们灵魂的战士。

一切都取决于你这个教师的语言修养。”所以，一个合格的中小学教师必须具备如下语言表达能力：①准确简练、叙述连贯、逻辑性强；②通俗易懂、深入浅出、形象深动，流畅自然、跌岩起伏、抑扬顿挫，富有节奏感；③讲究艺术、富于情感，生动活泼、鲜明形象、感情洋溢。

提高试教期间学生的语言技能的方法，可按以下训练程序进行：第一步：通过讲解、自学、讨论等方式让被培训者对教学语言技能的相关内涵、特征、种类有基本的认识；第二步：观看示范课中教师教学语言技能的运用，结合自身实际进行认识和理解；第三步：在指导教师的指导下，让被培训者针对教学语言技能的特点进行教学设计、写微格教案；第四步：以小组的形式，让受培训者分别扮演不同的角色，对教学语言技能进行模拟训练，通过微格教室、录像设备自己观察，并实时记录、反馈评价、总结经验；第五步：在第四步的基础上进行循环训练。

除此之外，师范生还要注意以下几个方面的学习：①广泛阅读、广闻博采，平时要多积累好的丰富的语言词汇、成语故事、诗词来丰富自己的教学语言；②树立信心、满怀激情。信心是临场不乱的保证，俗话说“只有事先成竹在胸，才能临阵不乱方寸”；③观点鲜明、论据充分。特别是历史教师，历史学讲究的不是汉语言文学式的浪漫、幻想，讲述历史知识必须论从史出、史论结合；④学会使用肢体语言，比如手势，教师上课时伴以适当的肢体动作，更能增加语言的生动性、形象性，提高语言的表达效果；⑤多观察其他教师的语言表达风格，发现认识自己的语言风格，在学习中扬长避短，形成自己独特的教学语言风格。

4. 对策四：重视综合教学技能的提高

教师作为人类历史上最为悠久的职业，承担着传播人类文化、培养人才的专门任务，而教师教学技能的优劣又直接影响“传道，授业解惑”效果。因此，师范生必须牢牢掌握以下最基本的教育教学技能，才能保证优质的教学效果：备课技能、板书技能、组织技能、现代教育教学技能。

（1）备课技能。

备课是教师从事课堂教学的起点和基础，是决定课堂教学质量高低的第一个重要环节，也是课堂教学的重要组成部分。备课不仅仅是写教案，它是指在课堂教学之前所进行的一切教学准备工作，包括对课程教学内容的理解，对知识的内化和具体化，对教学过程的精心设计，对教学资源的开发、整理和利用，以及对学生的研究与关注等，是教师的创造性劳动。备课技能是教师必须掌握的一项基本技能，是对教师职业的基本要求，特别是对高等师范院校实习前的师范学生来说，掌握备课技能尤为重要。

（2）板书技能。

教学板书是教师利用黑板，运用文字、符号、线条、表格、图形辅助教学的一种基本教学手段，是教师课堂教学不可或缺的工具。设计恰当、巧妙、富有艺术气息的板书，不但能极大丰富课堂的知识容量，而且有助于学生的思维拓展，带给学生美的享受。王松泉老师认为教学板书的积极作用主要有：体现教学意图，理清全课脉络，突出教学重点，强化直观形象，便于集中注意，有利于巩固记忆，节省教学时间。冰冻三尺，非一日之寒，要练就一手好的板书就必须加强训练。因此，师范生加强基本技能的训练就显得十分重要。

（3）组织技能。

教学组织技能是指在课堂教学中，教师集中学生注意力、管理纪律、引导学习、控制讲课时间、建立和谐的教学环境、帮助学生达到预期课堂教学目标的行为方式。成功的课堂组织来源于好的教学设计。因此，在课前，教师要做好充分的准备，首先要选择确定教学活动的目标，选择实现目标的方法、步骤，分配教学时间，分析教学环境条件，预估教学效果等。只要教学准备工作做好了，那么教师在课堂中就可以胸有成竹地按计划组织、推进教学。

在试教过程中由于师范生缺乏教学经验，课堂教学组织能力相对较差，如果能做到多练、多设计，设想课堂上会出现的问题并灵活应对，控制课堂也是能够做到的。另外，还可以采取见习、观摩其他优秀教师的课堂教学，或观看网上精品课来进行学习，然后通过训练掌握组织教学技能。

（4）现代化教学技能。

21 世纪以来，将现代信息技术的成果运用到教育活动中是教育发展的必然趋势，也是实施素质教育的客观要求。在信息技术快速发展的今天，计算机和网络技术不断改善着我们的教学方式，多媒体辅助教学已越来越多地走进中小学课堂，幻灯片、录音、录像、电影、电脑和互联网等丰富多彩的媒体，使原本单调的课堂教学变得更加生动有趣，可以使原本枯燥无味的远古历史人物、历史事件得以在屏幕上再现，从而突破课堂的狭小天地，开阔学生的视野，大大加深和拓宽学生的知识面。因而掌握现代化的教育教学手段、学习和加强多媒体课件制作的能力及技巧，对初登讲台的师范生来说是非常有必要的。

三、加强模拟教学的训练

试讲的成功与否其实在于训练，在走上实习岗位前，把自己在大学课堂上学到的知识运用于实践，进行模拟教学训练，为师范生顺利走上实习岗位打好基础。在训练中，小组的同学可以采取集体备课的方式，设想课堂中会出现的问题及解决的办法，依托集体的智慧，使个体的能力得到迅速提升，从而加快自己的成长。认真对待每一次训练，从每一次讲课过程中锻炼自己适应讲台、适应教室环境的能力，并不断提高。同时，师范生自己应该找时间、抓机会，观看优秀师范生的试讲比赛，到中学见习、观摩，观察学习中学教师授课的方式，并吸取教学经验。同时还可以上网观看精品课程来丰富自己的教学经验，促使自己快速成长。

并且还要养成终身学习的观念（以历史学科为例），“历史是一门包罗万象的的学科，因此，历史教师既要阅读与教学内容相关的专业书籍、教育理论书籍，也要读有关修身养性的书”。只有这样，才能与时俱进，满足教学、学生、社会发展的需要。

四、结语

21 世纪社会与经济的高速发展，呼唤高素质人才的推动。人才的发展靠教育，而教育的健康发展呼唤创新性型教师的出现。随着基础教育课程的逐步改革和深化，以新课程为导向的师范生的教学技能训练与培养，不仅直接影响着师范生的实习效果以及他们以后的职业信心和职业信念，同时也直接影响着我国素质教育与基础教育的质量。

各级学校对于教师的基本素质要求越来越高，教学培训模式的多样化和教学技能开发的务实性，对教师的教学技能提出了许多新要求。只有扎实地训练师范生的教学技能，才能培养出合格的中小学师资。可见，加强师范生的教学技能训练是促进师范生成为合格教师的重要环节。

参考文献

[1] 聂丽．高师院校化教专业学生试讲存在的问题及对策分析［J］．乐

山师范学院学校，2010（11）.

［2］雷娟利．试论历史专业师范生试讲中存在的问题及对策［J］．教育视窗，2012.

［3］司霖霞．历史教师教学技能与训练［M］．北京：航空工业出版社，2012.

［4］蒋溢，刘长秀．师范生地理教育实习前的能力准备研究［J］．科技信息，2012（29）.

［5］吴高平．中学历史教师专业发展的思考［J］．新课程导学，2013（8）.

［6］王光华．加强教育实习前准备工作的实施构想——以高职高专师范生实践能力培养为例［J］．教育理论，2005（2）.

［7］雷娟利．试论历史专业师范生试讲中存在的问题及对策［J］．教育视窗，2012.

［8］于友西．中学历史教学法［M］．北京：高等教育出版社，2009.

［9］王松泉．语文板书学［J］．黑龙江高教研究，1992（1）.

［10］徐哲．高等师范院校教育实习研究：现状、问题及对策——以A校为例［D］．上海：上海师范大学，2012.

（作者系贵州师范学院历史与社会学院教授）

关于大学生职业规划与指导的思考

刘 星

一、职业自我概念与职业指导

职业自我概念是美国职业心理学家舒伯（Super）职业发展理论中的一个重要的概念。舒伯认为，一个人的自我概念包括个人的自尊，他对自己认识的明确性、和谐性、发展性、切实性，以及个人的兴趣范围、能力与潜能的发展状况等。对于职业自我概念理论，他在1984年指出："基本上它是一个适配的理论，即人们同时考虑自己的特质以及一项职业所需要的特质。"① 职业自我概念理论包括两部分的内容，一是个人性的，即个人如何选择以及如何适应该选择；二是社会性的，即个人对其社会经济情况与职业特点的评价。

首先，职业自我概念是一个人对自己各个方面的认识，包括对自己外貌、体征等生理状态的认识，对价值观、兴趣、性格等心理状态的认识，还包括对自己所处社会结构、社会关系等社会状态的认识。职业自我概念是个人整体自我概念在职业选择与职业发展方面的反映，通过对自己的认识并根据自我特点进行选择，明确自己的职业方向并作出选择，同时，对职业进行评价和判断，对自我与职业进行适应性调整。

其次，职业自我概念是一个不断发展的过程，职业选择是在个人原有的自我概念基础上进行的，同时，职业选择过程也是进一步完善个人职业自我概念的过程。舒伯认为，人的职业自我概念是经由生理及心理成长，经由父母及社会的影响，从个人对工作的实际的观察与体验发展而来的。一个人能否在自我的认识上拥有自尊和自信，自我的各个方面是否和谐统一，个人能否对自己的个性特点、价值观、兴趣及能力倾向等有一个全面而正确的认识，

---

① 蔺桂瑞．职业自我概念与大学生职业指导［J］．首都师范大学学报：社会科学版，2002（3）．

这些自我概念的状况直接影响个人对职业的选择。而职业指导正是在于协助学生完善自我概念，达到对自我和职业的比较成熟的认识，从而对职业做出理性选择的过程。因此，职业指导对完善大学生职业规划与选择，完善大学生职业自我概念构建具有重要的意义。

二、大学生职业规划与指导现状

（一）职业认识较模糊

据相关调查表明，在大学毕业生中，有50.5%的学生“了解自己最不喜欢和最喜欢的职业”；55.4%的学生“不了解自己的个性、兴趣、能力”；40.3%的学生“清楚自己在职业发展中的优势与劣势”；33%的学生“清楚自己毕业时将进行的职业选择”；28.8%的学生“清楚自己未来3～5年的发展计划”；26.4%的学生“了解自己将来从事职业的具体工作内容”；19%的学生对自己的职业生涯发展潜力有明确认识。[①] 要让自己的职业生涯规划趋于科学合理，首先要了解自己，看清环境。对自我及环境的客观分析和评价，是正确认知自身职业生涯发展潜力、科学确定自己的职业生涯目标、选定适合自己的职业发展生涯策略的重要前提。

大学生多因不能清晰评估自我和分析环境而造成对自身职业生涯发展潜力认知模糊。以上数据分析表明，大学生还不能完全正确地了解自己，看清环境，清楚认知个人职业生涯发展潜力。

（二）职业规划不科学

大学生职业生涯规划的模糊性必然导致其职业生涯规划的不科学性，这主要表现为以下两个方面。

一是毫无计划性。目前多数大学生在进行职业生涯规划时过于注重个人的自我感觉，很少考虑社会的实际需求和人生发展的规律，在知识能力结构的构建上不注意整体性和协调性，最终陷入了职业生涯规划的歧途。如许多大学生在入学前的唯一希望就是跨入大学的校门，而一旦跨入大学校门便“两耳不闻窗外事，一心只读圣贤书”，忽视实践能力的培养。

---

① 刘淑艳．关于做好大学生职业生涯规划工作的思考［J］．教育探索，2006（4）．

二是急功近利性。制订科学的职业生涯规划应该在对自己进行正确的认识、评估和对职业世界进行全面了解之后，而不少学生忽视这个过程的动态性和阶段性，盲目从众，急于求成，不考虑自己的实际情况。如当前大学校园里盲目出现的外语热、考证热、考研热、出国热等。

职业生涯是一个动态的发展过程，起点定位是否准确，规划是否科学合理，将在很大程度上决定职业成功的可能性。以上问题的出现，都需要学校提供科学、正确的职业生涯规划与指导。

（三）职业指导不完善

由于大多数学校都缺乏完善的职业生涯规划体系和健全的组织体系，没有建立专业化的职业生涯规划辅导队伍，职业生涯规划的理念也大多没有成为指导学校教育教学及管理的支持理念。从学校现有的人才培养与职业发展的服务来看，学校也为学生开设了相应的就业指导课程，定期举办各种与就业相关的讲座和召开校园招聘会，及时提供各种等级证书和各种职业资格证书考试培训等，说明了学校比较重视职业理论的灌输、就业信息的提供和就业素质的培养。但由于就业指导课程开设较晚而且略显仓促，讲座、培训带有急功近利的短视行为，授课教师往往不是职业指导专家，水平欠高而收效不大，故难以获得绝大多数学生的满意。

事实证明，学校的职业生涯规划指导还没有全面深入开展，仍停留在就业的一般指导层面，许多学校没有提供完善的人才培养措施及职业发展服务，大多数学生对自己的职业前景认识不清，比较茫然。从学生的内在需求看，他们正处在职业生涯的探索阶段，需要对自己的未来职业生涯做出决策，对于自我定位、职业生涯路径选择、人生设计和规划，单凭他们个人的经验和能力是很难把握的，需要学校专门机构的人才测评和职业咨询的帮助，需要职业生涯规划理论的指导，需要有专业职业教师的辅导。

三、大学生职业规划与指导的基本内容

（一）正确认识职业与职业生涯是职业规划与指导的起点

不仅要了解我国乃至世界职业的产生与发展、职业的分类与特征，更要求学生掌握社会职业发展的态势，并对社会职业发展趋势做出预测，从而更

好地应对知识经济时代职业消亡与变迁、职业评价与流动等频率逐渐加快的现状。

（二）正确的自我认识与评价是全面开展职业生涯规划的基础

要了解自我认识与分析的目的，掌握自我分析与评价的方法、标准与步骤。作为一门系统的职业规划与指导课程，还要求学生在教师的指导下，能够通过规范操作，对自己做出科学测评，完成最终的自我确认，为进一步开展职业生涯规划做好准备。

（三）正确选择职业目标与职业生涯路线是职业规划的重点

首先要了解职业生涯规划的概念、意义、特征和原则。其次还要学会掌握职业生涯规划的方法步骤及工作流程，即：确立志向—状况评估—选择职业并确定职业生涯目标—提出达到目标的充分、必要条件—选择职业生涯路线—决策评估。另外，还要做好职业规划方案评估。围绕状况、目标、路线选择三方面展开评估，实际上就是针对自身条件与现实结合再次做出的现状（自我）判断、价值判断、技术路线判断。

（四）积极拓展职业素质、提高就业竞争力是职业规划与指导的核心

首先要培养良好的职业道德，明确树立正确的职业理想与道德在职业生涯发展中的重要作用，以及什么是基本的职业道德规范。其次要理解什么是职业素质，社会职业岗位对大学生知识素质结构的要求，以及提高综合素质、培养创新能力的方法途径等。再次要明确大学生建立良好择业心态的重要性，着重指出当前大学生择业心态的特点及择业心理误区，并指出当前大学生择业心理偏差调适的基本方法。

（五）掌握求职技巧，从容应对市场挑选是职业规划与指导的关键

主要包括就业形势与就业政策指导、就业制度与就业程序指导、如何进行就业权益保护与防范择业“陷阱”、求职材料准备、自我推荐、笔试、面试求职技巧等。

四、大学生职业规划与指导的对策思考

（一）加强大学生职业生涯规划课程建设

职业生涯开发与管理是一门新兴学科，在美国有40多年的历史，而在我国，从第一本系统阐述职业生涯开发与管理的专著问世至今，还不到十年时间。职业生涯开发与管理的核心内容之一就是职业规划与指导。职业生涯规划理论是新近引入的理论，因而无论是教师还是学生都对这一理论比较陌生。只有加强职业生涯规划课程建设才能做好其他相关工作，这是普及职业生涯规划知识的必由之路。需要强调的是，职业生涯规划课程与就业指导课程不同，它不是单一地为帮助学生找到一份工作或者为某份工作做准备。因为随着经济和科学技术的迅速发展，产业结构和职业结构的调整变迁，新的职业岗位层出不穷，人在一生中可能会遇到多次岗位变换或职业变化，并且个体的职业兴趣、能力、价值观等也会随着人生经历、知识经验的丰富而发生变化。因此，职业生涯规划课程强调的是，教会学生掌握了解自我和了解职业世界的方法，提高学生做出职业生涯选择的能力，引导学生积极合理地规划自己的职业生涯。就业指导课是通过就业心理、求职能力、择业技巧和就业政策等方面的指导，帮助学生顺利择业、就业并走向工作岗位，步入职业生涯。

（二）主动谋求与社会资源的对接，共同促进大学生职业生涯规划与指导工作

如何有效地利用社会资源是搞好大学生职业生涯规划指导的重要突破口，学校可以通过以下做法达到有效利用社会资源：

一是加强与社会职业生涯规划服务机构的合作。现在社会上出现了一些专门从事职业生涯规划服务的商业机构，其中有些在职业咨询、职业素质训练上比较见长，有些在师资培训上比较有经验，有些在职业测评产品研发上很有实力，学校可以根据自己的实际情况选择不同的项目进行合作。

二是结合学生的专业，为学生争取专业实践和实习的机会。社会实践和实习，不仅可以拓展他们的视野，增长他们的技能和社会经验，还能使他们尽早地接触和学习职场规则，进一步明确今后的努力方向。此外，在社会实

践中，学生和有关职场人士进行交流和相互学习，有助于形成良好的人际关系，为将来的就业打下基础。

三是加强与校友的沟通与联系。校友是做好大学生职业生涯规划与指导工作的很重要的资源，可以有计划地聘请有一定成就的校友来做报告，介绍他们在基层工作、成长的经历和经验，以现身说法调动学生的职业规划意识，挖掘学生潜在的内驱力，使他们对未来的职业生涯充满信心。

总而言之，秉持一种开放的、合作的态度，充分利用和开发广泛的社会资源，不断探索新路子，是做好大学生职业规划与指导工作的必要前提。

（三）建立完善的大学生职业规划与指导人才队伍

大学生职业生涯规划关系到学校的人才培养质量。为保证做好大学生职业生涯规划工作，需要通过专、兼、聘等多种形式，建立一支以专职教师为骨干，专兼结合、相对稳定、素质较高的高等学校大学生职业规划与指导队伍。

大学生职业规划与指导人员应具备心理学、管理学等专业的知识，指导人员应逐步专业化、专家化，只有这样，才能科学规范做好职业生涯规划工作。

大学生职业规划与指导教师，一方面要通过职业生涯规划课程的讲授，帮助学生了解自我，了解外部职业世界，确定切合实际的职业生涯目标；另一方面要通过职业测评和职业咨询服务，帮助学生解决职业生涯规划中的难题，同时结合职业世界不断变化的各种内容对学生进行集中讲座辅导，以满足学生日益增长的职业规划需要。

（四）加强大学生职业规划咨询与评估建设

在开设职业生涯规划课程的同时，应设置专门的职能部门对学生职业生涯规划进行专门指导，真正把理论指导与实践指导、普遍指导与分类指导、一般指导与个别指导有机结合起来，进一步提高职业生涯规划指导的科学性和人本化水平。一方面，要加强大学生职业生涯规划咨询建设。职业生涯规划具有个性化的特点，会因为每一个个体的具体情况和所能依赖的条件不同而有所不同。职业生涯规划的课程建设主要起到普及理论知识的作用，具体到个人的人生定位和职业道路的选择的时候，由于大学生缺乏社会经验，对职业世界只有模糊的感性认识，所以，只有加强面向个体、个性化的咨询辅导才能满足学生的需要。另一方面，要加强大学生职业生涯规划人才测评建设。人才测评是运用现代心理学、管理学及相关学科的研究成果，通过心理测验、情境模拟等手段，对人的能力水平、个性特征等因素进行测量。在国外，人才测评是作为高校就业中心必备的指导手段来使用的，而在我国，目前只有较少的高校使用了这一手段。只有通过科学的手段进行测评，才能树立一个更为科学、客观的自我观念。学生把握了测量结果，就能很好地认识自己，消除职业生涯规划过程中的迷茫。

参考文献

[1] 谌新民，唐东方．职业生涯规划［M］．广州：广东经济出版社，2002.

[2] 周文霞．职业生涯管理［M］．上海：复旦大学出版社，2004.

[3] 赵宗峰．借鉴国外经验加强对学生职业生涯规划的指导［J］．北京教育：高教版，2004（12）．

[4] 王本贤．浅谈大学生职业生涯设计［J］．教育与职业，2003（5）．

[5] 阔雅玲．谈大学生职业生涯规划与成功素质训练［J］．职业技术教育，2002（28）．

[6] 龙立荣．职业辅导思想的历史嬗变——从职业指导到生涯辅导［J］．华中师范大学学报，2001（6）．

（作者系贵州师范学院历史与社会学院教师）

关于档案学教学中实验教学的思考

郭华庚

实验教学是培养高素质人才的重要途径，它与理论教学是相辅相成的，是高等学校教学工作的重要组成部分。对培养学生的动手能力、分析解决问题的能力、正确的思维方法以及严谨的工作作风等起着不可替代的作用。

一、采取有力措施提高实验教学质量

随着实验教学方法的改革，必须适应素质教育要求，对传统的实验教学进行改革，尤其是对实验教学方法的改革势在必行。必须按照“全面发展、培养个性加特长、有创新意识和能力”的人才培养标准来进行，合理调整实验课程的内容、结构，处理好课程与教学组织形式之间的联系。

（一）改革现行实验教学内容

目前，我校的文科实验室基本上都是学科设置的，学科在哪个院，实验室就划归哪个院，我们档案专业因为暂时没有实验室，只能借用别人的实验室。这种条块分割、各自为政的管理体制，造成人员和设备配置单薄、资金使用分散、实验室建设重复、设备技术落后，有些实验室承担的实验课任务往往每年只使用一学期，造成资金浪费，使有限的资源不能共享。在教学上，实验室从属于教研室，实验教学内容从属于理论教学，实验教学考试也从属于理论教学考试，因此实验室的活动能力很弱，缺乏活力，实验内容和形式单一，验证性实验多，综合设计性实验少，而且系统性差，不利于培养学生的综合实验能力。

要以能力培养为主线，修改实验教学大纲，对原有的实验内容进行调整、重组和增补，科学地分配学时数，以适应新形势要求。加强实验教材建设，组织教师根据实验教学大纲编写实验讲义，为学生的实验预习、实验准备提供基本材料。实验题目的设置要求满足培养学生创新能力的要求，要把培养学生的知识结构和能力结构科学地融合在一起，根据条件和可能，设计一些新的实验，保留下来的一些传统实验题目也要注入新科技的内涵。

（二）增强实验题目的类型和数量

随着我校教学改革的进一步深化，每门课程总学时数大幅度压缩，相对加大了实验课的比例，这样既减轻了学生的课业负担，又给学生发挥学习的主动性、创造性及培养实验动手操作能力留有较充裕的时间。由于实验设备经费投入较少，造成档案保护、缩微摄影、办公自动化等课程同一实验题目设备只有一件，而实验课时数又少，如果全班同学同时做一个实验题目，多数人只能当观众，大家动手的机会太少。为了解决这个问题，应增加实验题目的类型和数量，可以同时开设多项实验题目，充分挖掘设备的利用率。

（三）改革现行实验教学方法

由于档案学专业学生实验能力较差，在实验教学中，学生往往只拘泥于实验讲义和教师的传授状况，实验教师是传授知识和技能的主体，而学生只是被动地接受知识和技能。在实验开始前，实验教师一般要进行详细讲解，甚至操作示范，实验中学生不需主动思维和创新，只是按照教师示范进行简单的模仿操作。这样做似乎有其道理，但是，如果所有实验都这样的话，学生的创新意识和动手能力就永远不会得到提高。因此，应当有目的、有意识地培养学生的科学素养，充分调动学生的主动性，激发学生积极思维，引导学生自己分析问题、解决问题，使学生在知识应用的实践中发现问题，并学会解决问题的方法，进而跨出原有教材的框架，由学生自己设计实验方案，并付诸实践。这样将更有利于学生对实验项目的了解和掌握。

二、拓宽实验教学途径

（一）开放实验教学

开放实验教学就是一种由学生自主地选择实验项目、实验时间、实验教师的教学组织形式，从调查中可以看出，绝大多数学生喜欢这种实验教学形式。更高级别的开放实验教学，应该是学生自己设计实验题目和实验方案，对于档案学专业的学生来说，这样做会有一定的难度，实验管理也有一定的难度。开放实验教学初期，具有共性的实验室，实验费用较少的实验题目，要对所有学生开放。档案专业的所有实验题目基本上没有什么材料消耗，费用较低，完全可以对学生开放，甚至对全校学生开放。

这种实验教学方式，充分利用现有设备，提高了专业的知名度，提高了学生实际动手能力和操作能力，提高了实验室设备的利用率，一定会受到学生的大力拥护。对教师和管理者要制定完善的管理制度，对开放的实验题目要精心设计，增加实验项目的宣传，避免学生选择题目的盲目性。开放实验教学的初期会出现一些意想不到的问题。比如，实验室人员工作量会大幅度增加，实验经费和维修费会相应增加，实验管理的难度也会相应增加，应该与管理部门进行协调解决。

（二）建立校外实习基地加强社会实践

面对就业出现的新问题，为了使学生参加工作后尽快适应实际工作，实现学校与社会需求的接轨，可以让学生到所学专业相近的企、事业单位进行社会实践，寻求经验丰富的工作人员指导学生实践。学生通过校外不同单位、不同模式的教学实践，其运用知识的能力、实际工作能力和综合分析能力等都会得到明显提高。我院档案专业自从建立专业之初，就在省内机关档案室、企业档案信息中心、学校档案馆等十几家单位建立了实习基地，每个班的学生毕业前都有二次实习实践机会，每次到基地实习一至两个月时间，而且选择实习单位工作最忙的三至四月。利用这一实践教学活动，努力为学生创造和提供真实的从业环境，从而实现真正意义上的学生到工作岗位的零距离适应。

参考文献

［1］张国民．高校档案学专业实验教学探讨［J］．档案学通讯，2005（5）．

［2］于海燕．档案学实验教学中培养学生创新能力的策略［J］．兰台世界，2006（5）．

［3］徐品坚．略论案例教学在档案学教学中的运用［J］．扬州大学学

报：高教研究版，2012（12）.

［4］于元元．多媒体技术在档案学教学中的应用［J］．黑龙江档案，2009（4）.

（作者系贵州师范学院历史与社会学院教师）

"国培计划"贵州农村生物实验教师培训需求调查与分析[①]

邓　可

一、研究背景

为全面提升农村教师素质和能力，教育部、财政部决定从2010年起实施"中小学教师国家级培训计划"（以下简称"国培计划"）。贵州省为解决农村实验教师在教育教学中面临的实际问题，促进农村初中实验教师教学能力和专业素质的提高，连续5年开展了"国培计划"农村初中生物骨干教师短期集中培训项目。此项目为农村中学培训大批的生物实验骨干和"种子"教师，使他们在实施基础教育课程改革、素质教育和教师培训等方面发挥了较好的示范辐射作用。本次研究正是以完善贵州师范学院生物实验骨干教师短期集中培训项目为目的，对参与培训的对象进行培训需求的调查和分析，旨在了解教师所思所想，改善培训过程中所暴露出来的不足与缺陷，为优化贵州"国培计划"中学生物实验骨干培训项目课程内容和体系提供借鉴和参考。

二、研究对象与方法

1. 研究对象

本次研究的调查对象是参与贵州师范学院所举办的贵州省农村初中生物骨干教师集中培训项目的50名生物教师，他们全部来自贵州省遵义、安顺、黔东南和黔西南等12个地区的农村初中，基本覆盖贵州全省。此次调查共发

---

① 基金项目：贵州师范学院国培专项课题"中学生物教师实验操作技能培养的课程开发研究"（Gzgp100115）。

放问卷50份，收回50份，有效率为100%。

2. 研究方法

本次研究的方法主要包括调查问卷法、数据统计法以及文献法。在前期准备过程中，笔者根据教育部的培训要求，从培训对象的个人资料、对培训内容的需求、对培训形式的要求以及所在教学环境几个方面着手，在查阅大量文献的基础上，结合对生物教师的访谈，精心设计，编制了《贵州省“国培计划”农村初中生物实验骨干教师培训需求调查问卷》，并进行了试样和修改。最后，在2014年9月发放问卷并回收，通过对调查问卷进行SPSS数据分析，了解培训对象的培训需求。

三、调查结果和数据分析

1. 培训对象基本情况调查

（1）基本情况。

对培训对象的自身情况进行调查，有利于了解不同培训对象对培训的需求，使培训更具针对性和实效性。本次调查受训教师的基本情况如下表所示。

参训学员基本情况表统计表

基本情况	教龄				职称				学历		专业	
	5年以下	6～10年	11～15年	15年以上	中教三级	中教二级	中教一级	中教高级	专科	本科	生物	其他
Frequency	24	10	8	8	14	23	10	3	3	47	37	13
Percent	48	20	16	16	28	46	20	6	6	94	74	26

调查结果显示：教龄方面，受训教师教龄主要集中在5年以下，占48%，6～10年教龄占20%；11～15年教龄占8%；15年以上教龄占8%。与此相对应，受训教师的年龄普遍趋于年轻化，40岁以下的教师占92%。职称方面，中教二级教师较多，占到46%；中教三级占28%，中教一级占20%，而中教高级的教师最少，只有6%。学历方面，绝大多数受训教师的学历都为本科，占94%，专科学历只占6%。专业方面，还是存在较为严重的专业不对口的现象，其中生物专业的占74%，其他专业（包含体育、音乐、语文、英语等专业）占26%。

（2）培训对象的培训经历。

根据调查结果，有 13 人参加过类似的实验培训项目，占总人数的 26%。另外，在参加培训的级别上，有 8% 培训对象参加过国家级的培训，34% 参加过省级的培训，12% 参加过市级的培训，14% 参加过区县的培训，但是 24% 的教师从未参加过任何培训。这样看来，此次参加调查的培训对象多数接受过各类教师培训，对培训项目的内容与形式都有自己的看法，因此他们的意见具有比较高的参考价值。

2. 培训对象实验教学现状调查

贵州农村中学由于教学条件和硬件设施缺乏，中学生物实验教学开展起来难度很大。通过调查显示，学生实验开出率在 90% 以上的学校占 22%，学生实验开出率在 50% 的学校占 54%，学生实验开出率在 25% 的学校占 8%，基本不做学生实验的学校占 18%。因此 60% 的受训教师老师除了担任生物课教学，还需要担任物理、化学、计算机等多种课程，教学任务重，教学精力分散。

3. 培训内容的需求调查

（1）专业理念和师德的需求。

专业理念和师德修养是教师发展的奠基石。调查显示，教师对专业理念最感兴趣的是生物教师的职业理想与现实反差（占 56%），其次是教育智慧与教学行为（占 32%）；而在师德修养方面，教师最希望获得心理调试的相关策略（占 60%），其次是师德热点问题两难辨析（占 24%）。相比较而言，对于模范教师的报告（占 4%）和中学教师专业标准解读（占 4%）等专题，感兴趣的老师明显较少。这反映了随着新课程的推进，教师的专业理念和师德修养的需求已经从适应新课改转变为如何解决新课改中的热点问题。

（2）专业知识的需求。

调查显示，受训教师认为自己最需要提高的知识有学科知识（占 46%）和学科教学知识（占 40%），有一部分教师认为需要提高教学知识（占 10%），只有极少数教师认为需要增加通识知识（占 4%）。

由于此次培训的主题围绕农村初中生物实验教学，因此大多数教师对于学科知识中的“生物实验的方法和技能”很感兴趣（占 84%），其次是生物知识的疑难问题辨析（占 70%）。针对“生物实验的方法和技能”这个主题，受训教师普遍对其中的实验基本仪器的规范操作（占 88%）、实验材料的选择和培养（占72%）、实验室常用仪器的维护和维修（占44%）这几个部分的内容反响热烈。把上述信息与培训教师的实验教学开展情况结合起来分析，可以发现，教师对于自己欠缺的某些技能是特别希望得到培训和指导的。

在学科教学知识中，受训教师的关注点聚焦在初中生物实验课堂教学探讨（占62%）和初中生物教材的分析及重要概念探讨（占40%），这充分说明了教师更倾向于提高实际的教学活动。

（3）专业能力的需求。

在此次调查中列举了6种教师专业能力，调查结果如下：教学设计能力（占72%）；教学教育研究能力（占62%）；教学实施能力（占56%）；课程资源开发与应用能力（占44%）；教学评价能力（占30%）；现代教育技术能力（占20%）。这一结果与对知识的需求是一致的。看来提高其驾驭课堂教学的能力仍然是农村教师培训的重点，另外，教育科研能力也开始引起他们的重视。

4. 对培训方式的需求

培训方式是影响培训效果的重要因素之一，新颖灵活的培训方式能够调动教师的兴趣，保障培训的效果。为了了解受训教师对培训方式的需求，调查中我们列举了专题讲座、课例分析、现场观摩等6种培训方式。调查结果显示：现场“观摩名师生物实验课堂教学（占90%）”和“经典实验实践操作（占82%）”是教师最期待的培训形式；“同行介绍经验、教学展示、共同研讨型”和“与专家研讨互动、交流对话型”是大家一般关注的形式；而期待使用网络研修方式的人很少。

5. 对培训师资的需求

此项调查，我们仍然采取请调查对象根据欢迎程度为来自各方面的师资排序，统计结果依次为：中学生物教学名师；生物教材或课标编写者；优秀教研员；高校教师；教育专家；教育行政部门领导。这一结果表明受训教师是务实的，他们期望施训教师在学科知识、教学经验和教学技能方面具有丰富的学识，能够给自己切合实际的指导。

四、思考和建议

1. 认真遴选受训教师，解决受训教师的后顾之忧

为了更好地发挥受训教师的的引领示范作用，在培训前应认真遴选受训

教师。原则上参训教师应从事实验教学须3年以上，现仍任教该学科，且具有一定的实验教学能力。如果参选教师水平参差不齐，个人需求也会大相径庭，实验培训效果就会大打折扣。此外，对于大多数参训教师来说，由于生物教师任教的教学班级都比较多，担心影响所教班级的教学成为阻碍他们参加培训的主要因素，因此教育行政部门应出台相应的行政措施，使教师能安心培训。

2. 加强新课程的理论与教学实际的联系

教师在职培训中，理论知识的学习固然重要，但理论学习必须与实践相结合。在实验骨干教师的培训中，对绝大多数教师来说，他们更加注重实际的教学技能，培训内容过于理论化，教师感受不到所学理论与实际教学之间的关系，他们往往会给理论贴上“无用”的标签而弃之不用。因而教师培训除了讲授新课程改革基本理念和先进的教育理论之外，更重要的是利用新课程的基本理论对日常教学中的问题进行剖析、指导和评价，提高参训教师的课程实施能力。如从实践操作中学习实验技能、教学方法和策略；教师间相互听课、评课、进行合作学习的教学设计等。

3. 培训模式和形式的多样化

针对学校条件，教师自身的差异性，每个教师所需要的培训内容也是不一样的，因此我们也要因地制宜地提出不同的培训模式。假如能提供多元化的培训菜单，培训效果会更好一些。可以根据受训教师不同的需求，在共性的基础上，提供具有个性化的选修课程和模块。同时在培训形式上加强网络研修平台，让受训教师不仅在培训过程中能与培训专家交流，培训后还可以通过网络与优秀的一线教师和专家进行交流。培训中采用公开课、示范课、评课、观课、同课异构等方式，培训过程中充分重视学员的参与和体验。

4. 培训时间的安排

由于生物实验培训的特殊性，生物实验材料的采集、培养等工作都要求在比较温暖的季节进行，因此，生物实验培训项目应尽可能的安排在5—10月。最好安排在暑假当中，这样有利于受训教师安心培训。

5. 规范教师培训管理

建立科学的培训考核机制，包括技能培训的指导机制，加强对学员的训后跟踪和指导，尽可能提供良好的学员住宿、交通和学习环境，免除学员的后顾之忧。

参考文献

［1］王爱珍．省级中小学数学骨干教师培训调查研究［J］．数学教育学报，2006（3）．

［2］刘珠润．小学骨干教师培训策略研究［D］．大连：辽宁师范大学，2007.

［3］许东风，邓贤兰．生物教师培训课程需求调查研究［J］．中国成人教育，2008（1）．

［4］文思睿．国培计划实施中云南省中小学教师培训需求探究［J］．科教导刊，2014（6）．

（作者系贵州师范学院教师）

经济与管理专业学生技能培养与实验教学

胡江华

关于经济与管理专业学生应该培养的技能，目前讨论较少，但是，却是困扰经济与管理教育工作者的一个非常重要的问题。考虑到将学生培养成专业经济工作者与研究者的专业培养目的，仅仅将经济与管理学科基本知识列入教学计划与大纲是不够的，将经济与管理专业学生的技能仅仅描述为所有大学专业共有的基本技能也是不够的。因为社会对经济与管理专业的工作者有其特别的技能要求。本文通过研究国内外经济与管理专业的培养目标，总结国内外经济与管理专业技能培养的主要目标及其要求，并对培养技能与实验教学的关系进行了一些探讨。

一、经济与管理专业技能要求与培养的总体目标

按照国外一些大学的经验，可以把与学生职业生涯有关的经济与管理专业技能划分为以下几项：①工作经验。现实生活经验、志愿活动、兼职等；②学术技能：文化，数据与信息通信技能，研究与信息沟通技能；③专业工作技能。适应性、灵活性、对新技术的采纳、团队工作、领导、谈判与项目管理；④生涯开发。生涯规划理论、决策技能、机会意识、自我展现意识、面谈技巧；⑤外部意识。工作与组织文化知识、创造性、原创性、企业家精神与商业技能、社会与环境责任；⑥个人发展规划。自我意识、目标制定与行动计划、时间管理、自我管理、反映与评估。

这种技能分类方法主要以学生职业技能准备进行分类。但是这一分类方法显得过于零散，分类可以进一步深入整合，分为专业学习与研究技能、管理和参与技能、自我开发技能。其中，②类技能是专业学习与研究技能，是大学经济管理专业培养的中心技能，也是其他技能培养的基础。①类、③类、

⑤类技能是经济与管理类专业学生的管理和参与技能。④类与⑥类属于自我开发技能。

自我开发技能是学生高效率学习、工作和开发个人潜能，把握就业、从业机会的能力。这是一般的大学生所应该培养的技能。经济与管理类专业学生的管理和参与技能是学生在从业过程中必须具备的技能，这一类技能是经济与管理类专业学生区别于其他专业学生技能的主要内容。这一类专业素养的培养必须通过专业技能素质课程与专业知识课程教学进行引导与培训，并通过专业学习与研究技能的提升而提升。本文着重讨论的是经济与管理类专业学生的管理和参与技能、学习与研究技能的培养。

对于经济与管理专业学生的这两类基本技能基于经济的一体化、竞争与多变环境，经济与管理活动充满多变、灵活因素。要求经济管理专业人士具有多谋善断、善于学习、善于求变等企业家特质。由于信息社会知识与信息传播快，企业家与管理者还应具备用于担当社会责任的良好品德，否则声誉受损，个人也无法承担管理责任。称职的经济管理专业人士必须具备高超的学习与研究能力、对于社会与个人行为后果做出快速反应的能力，既要有深厚扎实的经济与商业、法律、管理、政治、社会的基本知识，又要有运用各各种信息发布与收集、交流的信息技术与技能，并在日常的学习与研究活动、社会实习与实践中培养自己的责任与组织意识、组织与沟通能力。

大学经济与管理专业教育教学的目标就是要培养学生成为理性并具有良好的竞争意识、责任意识、组织意识和熟练的信息研究技能、快速创新应变能力的经济管理专业人员，具有现代化经济管理理念与技能的专业经济管理与研究人员。

二、经济与管理专业技能培养的学科内容分解与基础实验条件

对于大学经济与管理专业教学院系，学生的管理和参与技能、学习与研究技能必须贯穿于专业学科的教学过程，必须将各类技能与素质分解到专业学科与教学环节，并通过严格而又灵活多变的教学与管理过程来实现。

1. 学习研究素质培养与专业基础理论课程教学

根据上述论述，学习与研究素质可以分解到专业基础理论课程的学习过程中。这一类课程主要包括政治经济学、宏微观经济学、经济伦理等，通过教学可以帮助学生将各类经济现象迅速归结为一些本质的经济类别、经济关

系、经济关系模型，理解相关的思想及其发展演进趋势。在经济管理与研究活动中，运用这些基本模型与原理，可以理解经济运行与管理活动的本质，为设计管理与研究计划、策略、流程及方法，找到关键点、关键环节。

目前，经济学基础理论教学存在比较突出的问题。经济学基础理论课程传统的教学目标基本上是满足于基本概念、模型、原理的理解与识记。这种教学思想最大的问题就是学生难以将原理、概念、模型与实际对象联系起来。往往是能够熟记这些概念与原理，但是，碰到具体问题无法运用原理分析。缺乏对实际问题的抽象能力和理论知识的具体化能力。其次，这种教学方法往往使学生缺乏学习兴趣。由于经济学基础理论往往具有较强的抽象性，往往会让学生觉得对自己职业生涯没有直接的指导意义，学习动力不足。

解决这些问题的较好办法是基础理论课程的研究与学习素质的培养与实验、实践相结合。如果将经济学基本知识、模型的教学融入现实的案例、事实，并模拟一些具体情境，让学生对一些现象必须通过反复演绎、实验，就有可能使学生依据具体情境、形势做出判断，逐渐理解和验证经济学模型原理在决策中的指导作用，形成理性决策的思维，提高理性决策能力。

目前，这一领域的改革与创新具有较大空间。主要表现为：一是经济学基础理论课程教学案例、实验教学的专题著作稀少；二是课程与教学实验教学改革立项也较少。

2. 学生的管理和参与技能培养与课程教学

这种与学生职业生涯直接有关联的技能课程在经济管理专业课程中是相当大的模块。经管类学生主要的管理和参与技能主要包括计算能力、信息与信息技术能力、语言沟通能力、对业务流程的熟悉与策划能力等。

（1）在本科及以上的阶段，经济与管理类学生都要求有良好的计算能力。良好的计算能力是理解经济管理活动内在逻辑的必要能力。正因为如此，计算能力的培养在经济管理类教学中的地位越来越重要。这种计算能力包括高等数学、计算机与计算工具的使用、计算软件的运用及其改进等。现代技术条件下，计算能力在理论教学中要求学生掌握计算原理，复杂的计算过程一般都依赖计算技术与工具。即使是对原理的模拟，也依赖计算技术与工具。越来越多的高等学校，经管类计算能力培养过程中往往插入计算机以及计算工具、程序的教学。这些课程包括数学、统计学、计量经济学、调查方法等。这些课程针对某一类计算能力进行重点教学与培养，每一门课程都有相应的软件辅助计算。尤其是一些软件包，如 Matlab、Maple、Mathitica 以及统计学与计量经济学软件，包括 R、SPSS、SAS、Eviews、Stata、Gause 等。这些课程与软件教学都要有相应的实验室供学生训练使用。除了计量经济学、统计学教学一般都重视实验教学以外，目前在学生计算能力培养方面，普遍还不够重视计算机技术的运用。这是不利于复杂问题建模能力与计算处理技术能力的培养的，在计算机网络技术日益普遍的今天，这种模式下学生发展的潜力难以发掘。

（2）信息与信息技术能力。这是目前几乎所有专业都纳入培养方案的基本技能。但是，对于经济与管理专业的学生，重点要学会以下基本技能：文档与字处理技术；表格与数据库技术；运用网络工具宣传、沟通的技术；运用信息技术收集经济情报、数据的熟练技能。在大数据时代，还要有大数据处理、挖掘、分析技能。熟练的信息技术与较高的信息能力成为学生就业面拓展的主要能力。目前，大学经管类本科教学中，对于信息能力与信息技术使用能力的培养显得不够重视，实验教学人才奇缺。在硬件下也不能够满足学生自由训练的需要。学生对新的信息技术了解也不够，如云技术、大数据等。当前信息技术框架构建能力，包括以数据为核心的框架构建逐步成为企业、研究机构的核心竞争能力，本科院校，尤其是经济管理类本科院校不强化这方面的实验教学条件，教学与改革将有可能远离学科前沿。

3. 语言沟通能力培养与实验教学

经济管理活动更多的是进行沟通与协调。对于从事经济管理活动的专业人员来说，语言表达能力当然十分重要。但是沟通与协调没有单一模式，人们可以在反复模拟、实验中体验各种沟通情境下不同技能的运用效果。这种训练单靠教师示范与讲解，远远不能达到培养要求，必须留给学生充足的模拟和机会进行训练，谈判与沟通活动实验室就是满足这一需求的。这类实验不仅要提供案例、情境，还有随机分组、记录学生培训数据等功能。

4. 经济管理业务流程教学

这类能力的培养以各种应用类专业课程教学为载体。目前，这一类课程的实验教学逐步得到重视。但是，业务发展与改革异常迅速，课程与训练的开放性、平台化特征越来越明显。相比而言，高校实验教学对此反应相对迟缓。实验室建设在满足开放性训练与教学上条件远远不够，先进技术运用于开发没有得到充分重视，其结果是学校业务课程教学的适用性大打折扣。

三、经济管理专业实验教学的改革

由于实验教学可以给师生带来巨大的帮助，实验教学在经管类专业中的地位越来越高。课程开发、实验技术开发逐步得到院校、专业的信息化技术服务公司的重视。可以预见，经管专业的实验内容与技术开发将成为一个非常重要的市场。高校如果能够抓住机会，充分重视实验教学的开发工作，就有可能形成自身的特色与核心竞争能力，并能够为改善教师待遇、提升教学能力服务，也能够为学校建立校内外联系，为校企、校政联合提供条件。基于这种考虑，经管类专业实验教学改革迫在眉睫。

（1）加强经济管理实验教学投入，不断提升实验室技术条件。这是实验教学提升的物质基础。要定期升级实验室软硬设备，适应新形势与新发展。目前，实验室在云技术、泛在网技术、大数据等应用方面提供条件。

（2）加强师资培训，提高实验教师待遇。在提供各类培训基础上，提升实验教师的技术资格等级。同时，在严格管理、目标提升的前提下，提高教师对实验教学的责任心，激发他们的创新能力。

（3）加强对经济管理类专业实验教学改革与研究的立项工作。目前，经济管理专业实验教学被看作是软项目、软指标，教学研究与改革没有得到充分重视，教师积极性也得不到提高。要改变这一现象，必须在教学改革与质量工程项目中，加大对实验教学改革的支持力度，以此为平台，建立具有优良素质的经济学与管理学理论与实验相结合的教学团队，提高教改与教学研究水平。

（4）鼓励经管专业教学院系探索校企联合，进行积极管理实验技术开发。在经济学与管理学实验技术与软件开发中，学校教师对学科教学要求与发展趋势的理解和专业的信息技术与软件开发商相结合，可以相得益彰，开发实验教学好软件、实验教学平台，形成实力强大的开放性实验教学研发团队，提升实验教学的软硬件开发水平。

参考文献

［1］梁凯华．教师“整合”适应性专长及其发展研究——基于虚拟实验类教学资源价值的视角［J］．东北师范大学学报，2013（5）．

［2］马跃林．亲历实验提高大学生实践能力［J］．价值工程，2010

（2）.

［3］孙新卿，贺红勋，李长明．加强实验技能训练提高工程实践能力［J］．实验技术与管理，1999（10）.

［4］郭金娟．会计专业学生技能培养之我见［J］．青少年日记：教育教学研究，2014（11）.

（作者系贵州师范学院经济与政治学院副教授）

大学生自主能力培养视角下的高校改革刍议

陆斗细

高校是培养高素质人才的基地，其人才培养目标应以能力为重，尤其需要注重培养受教育者终身学习的能力、扩展知识的能力和自我发展的能力，而这些能力的培养需要以自主能力的发展为前提。值得注意的是，当前大学生自主能力的相对不足已经成为阻碍大学生发展的不利因素，成为高校教育亟待解决的重要问题。

一、提出问题：大学生自主能力不足成为大学教育的短板

大学教育具有促进社会发展和促进个体发展的双重功能，其中，作为个体的人的解放、发展与完善是教育活动的根本出发点，促进“个体社会化”是大学教育活动的核心和基本要求，因而大学教育的目标是“在个体得到充分发展的基础上使作为个体的人实现社会化，成为社会所要求的尽可能完善的人，对社会做出杰出贡献，从而达到个人本位和社会本位的辩证统一”。由此可见，大学生自主能力的培养是实现大学教育目标的基本前提。因为独立生活与生存能力、自学能力、表达能力、交际能力、观察能力、分析能力、组织能力、科研能力、创造发明能力、政治识别能力等都是以独立自主能力为基础的，如果没有自主能力的提升，学生其他方面能力的培养也将变得非常困难，以人才培养为载体推动社会发展的大学教育目标将很难实现。

从当前情况来看，自主能力较弱又恰恰是当代大学生存在的一个普遍问题。表现在几个方面：首先，遇事无主见、决断力差。无论是学习生活中的小事，还是择业就业、出国深造等关系个人未来的大事，大学生常常显得不知所措，不知如何选择；做出选择之后，又怀疑自己的选择是否正确、合理。其次，对学习、生活、未来职业缺乏规划。学习生活往往表现出漫不经心、

行事拖沓、生活散漫的状态，对未来的职业没有明确的规划。再次，独立性差、依赖性强。一是依赖他人，只要碰到问题，他们第一反应就是“依赖”，依赖家长、依赖老师、依赖同学，而不是自己思考和解决问题。二是依赖网络，在学习上不愿读书，习惯在网络上查看、下载资料，甚至抄袭网上论文、数据等；在生活上片刻离不开网络，网络成为某些学生的精神鸦片。最后，学习懈怠。自主能力的缺乏可能会使大学生陷入某种困境难以自拔，集中表现为学习目标模糊、学习动力不足、学习习惯变差等，最终浪费大学时期宝贵的学习时间和机会。

二、根源分析：对高校教育思维、管理制度和教育方式的反思

一是教育思维固化的问题。大学生自主能力的普遍缺乏首先应归因于社会教育思维的普遍固化。这种固化首先体现在固守实体性思维的教育观。这种观点认为：受教育者（学生）是有待教育的对象，或者说有待改造的客体，而教育者（教师）在学识和思维上有压倒性优势。因此，受教育者无须发挥其自主性，甚至只能按照教育者的统一标准、目标和模式接受训练即可。这种教育思维方式在社会、家庭和学校中普遍存在。由这种思维方式出发，衍生出现有的教育制度、体制、方式和方法，进而成为受教育者的思维。以“乖孩子”“好孩子”为目标，以“非礼勿视，非礼勿听，非礼勿言，非礼勿动”为标准，学生在思维中形成一个个禁区和盲区，从而导致学生的自主能力在很大程度上被阉割。

二是教育资源控制的问题。受教育思维固化的影响、教育资源的控制与配置也成为学生自主能力提升的障碍。长期以来，教育管理者、教师对教育资源的控制是排他性的，他们拒斥他人涉足自己的世袭领地。在资源的控制上也趋向集权，从政府职能部门、学校、教师到学生，他们对资源控制和配置的权力依次下降，学生基本上没有参与资源配置的权利，特别是在鲜有市场压力的情况下，学生只是被支配的对象。在大学中则表现为从学制的确立、教学制度的制定、专业课程的设置到对教师的选择与淘汰、学生宿舍的安排等一系列与大学生密切相关的事务中，大学生很少有参与和申诉的权利，更多的时候是接受安排，即使表达出不同意见也鲜有效果，独立自主的行为往往会受到呵斥。在这种“正激励”和“负激励”的夹击下，大学生难以生成独立自主的思维品质和行为品质。

三是教育方式僵化的问题。广大从事高等教育工作管理的人员普遍存在“重管理、轻教育”的现象，在某种程度上成为“管理员”“保姆”“救火队长”，以“不出事”为评价其工作的重要指标。由此可见，作为权威角色出现的高校教育管理者，一方面，其“关心”和“爱护”在某种程度上成为大学生成长的篱笆——大学生可以安全地附着于篱笆之上成为长势良好的植被，却很难成长为参天大树。另一方面，这种关注与爱护一旦缺乏尊重和沟通，就会变成强制性的监督与管理，难以得到学生的理解和支持，师生之间就难以在相互尊重的基础上有真正的心灵相遇、相通和交融，也就不可能培养出学生的独特个性。

三、对策建议：加快推进以凸显学生自主性为导向的高校改革

首先，高校教育应积极转变教育教学理念，促使教师、教学管理者和学生的思维发生转变，为培养大学生独立自主能力奠定基础。针对我国高校教育教学模式的不足，应加快传统教育教学理念向建构主义教育教学理念的转型。建构主义教育理论强调以学生为中心，要求教师成为学生在对信息和知识主动建构过程中的帮助者、促进者，同时注重学习环境的建构，从而形成以学生为中心，在教师的组织、指导、帮助下，利用情境、会话、协作等要素，使学生主动建构知识的意义，最终培养学生的创新意识和实践能力。建构主义教育教学理念能够有效矫正大学生自主能力不足的问题，主要原因在于：知识观层面，建构主义不仅重视存量知识的记忆、理解，更重视分析解决问题的素质与能力，鼓励大学生根据自己的需要选择信息，从而有利于培养大学生的“自主决断”能力；在学生观层面，建构主义首先把学生看成是发展中的人，看成是独特性的人，看成与成年人之间有着巨大差异的人。接受建构主义教育教学理念就意味着承认大学生的自主意识和自主能力；在师生关系观层面，建构主义教育教学理念拒绝“教师中心”的权威主义及其指导下的不平等师生关系，强调“以学生为中心”，让学生能够直接接触社会问题、个人问题，自己探索解决这些问题的方法。建构主义教育理念的深入有利于培养具有独立人格和独立个性的大学生。

其次，要完善高校管理机制，为大学生自主能力的培养开拓广阔空间。一是要加快推进高校管理的去行政化。高校管理的行政化本质上是使高校师生、员工服从于行政权力，而不是教育教学本身的规律，因而高校管理的去

行政化要着力改变两种现象，一要改变通过行政化的学校管理集团控制学校生活的各个方面，从而使学校的教学、科研工作尽可能少地受到行政职能部门不合理的干预；二要改变将高校师生的管理都纳入以权力为基本要素的行政框架的格局。只有突破高校现有的层级式权力架构，才能开拓学生的自主性空间。二是实现管理重心的下移，可试行教授治校制度，促进学校与学生关系从“管理导向”向“关系导向”转型。通过教授治校，紧紧依靠教授集体治理大学，调动教授们的积极性和创造性，实现尊师重教和学术自由，激发教师和学生的创造力，提高知识传承和创新的效率。可推广本科生导师制，发挥高校教师的引导作用，在尊重个性的基础上，加强对大学生成长方向的引导和对其学习与生活的指导，使之主动学习、独立思考、学会生活，达到大学生自我管理、自我驱动、自我发展的目的。

最后，创新大学生培养模式，大力推进校园文化建设，为大学生自主能力培养营造良好环境。高校及其各院系应创新培养方案，通过优化课程体系、调整课内学时学分、增加选修课比例、加强实践环节等具体措施，做到因材施教和分层次教学；通过提供灵活的选课制度，给大学生选择学习内容和建构自身知识结构的条件与机会，促进学生全面而具有个性的发展，激发学生的创造性，为学生自主发展创造条件和空间。大学校园文化是学校长期形成并为教师和学生一致认同的校园精神，主要包括学风、校风、班风等。大学校园的整体氛围是培养大学生自主能力的软环境。高校可以通过各种学术、科技、文体活动加强校风学风的建设，通过丰富多样的社团活动，充分调动大学生的参与意识和组织管理协调能力，提高其进行自我管理的意识与能力。

参考文献

[1] 刘智运．大学教育哲学［M］．北京：人民出版社，2008.

[2] 丛晓峰，刘楠．高校教学改革与质量管理研究［M］．青岛：中国海洋大学出版社，2008.

（作者系贵州师范学院经济与政治学院副教授）

经济法国际性视野下的双语教学发展思考

苗　丽

当前，伴随我国“入世”后国内市场日渐融入国际市场经济的新形势，国内经济法立法及实践渐趋国际性，这要求高等院校的法学专业及经济学、管理学专业，以培养学生适应国内经济国际化发展所需的法律、经济等专业应用型人才为教学目标。而经济法双语教学通过老师双语讲授经济法课程理论，以及与国内外市场运作相联系的经济实践，可以使学生理解经济的国际性因素，更好地拓展将来社会实践的空间。同时，由于经济的全球化，法律自身较强的应用实践特性决定了经济法课程教学目标的定位，即准确地掌握经济法律法规的实质内容和实务技能。这不仅亟须国内经济法教材及教学贯穿国际性理念，还对缺失“国际性”视角的传统经济法教学内容、方法及考核方式提出了挑战。而如何将双语教学的优势融入培养学生经济法国际性视野的教学实践，无疑将直接影响经济法双语教学目标的实现。因此，笔者结合双语教学的特点，分析了国内经济法课程的国际性视野培养存在的问题，提出了探索中国经济法双语教学开展的几点思考。

一、我国法学双语教学的发展现状及应对策略

（一）国内法学教学的提出及存在问题

首先，自2001年我国教育部颁发《关于加强高校本科教学工作，提高教学质量的若干意见》明确提出“本科教育要创造条件，使用英语等外语进行公共课教学”的双语教学的政策后，为适应我国加入WTO后需要的金融、法律等专业的现实需求，而尤为强调要在高校各专业积极推动使用英语等外语进行教学。但囿于社会及现实方面的各种原因，高等教育与国际接轨尚在探

索阶段，在此背景下我国目前的双语教学效果并不理想，如何提高双语教学效果成为我国高等教育实现国际化的重要一环。

其次，可以说，在国内经济日渐融入经济世界经济体系全球化过程中，双语教学也成为国内高校法学教学改革的重要环节，有助于培养学生全球化视野、提高学生的理论与实践水平。但双语教学的开展现状迫切需要我们不断调整和探索新的路径，从而真正实现双语教学的可持续性开展。当前，我国学界也在积极开展和推进各专业双语教学中对课程设置、教材选择、教学模式、教学方法等有关问题进行探讨。

最后，加入 WTO 后，对外法律的交流与发展需要我们培养既懂外语又懂法律的复合型人才。因此，双语教学的目标之一，就是要培养这种法学知识和外语知识并重的专业人才。然而，目前中国法学双语教学实践中，在课程设置、师资、教材、教学模式等方面存在问题，国外沉浸式、过渡式和保持式三种主流双语教学模式所承载的社会功能，尚不具备实现这个目标的功能。在传统经济法教学实践中如何开展双语教学，同样也已成为国内高校经济法教改不可回避的现实问题。

（二）经济法双语教学的现状及国际性视野缺失的分析

首先，从适应双语教材开展的教材看，目前国内各专业选用的经济法教材版本繁多，但教材中能够吸纳经济法相关国际性内容的知识点缺少，反映经济立法国际性相关理论较薄弱。正是由于各专业在编选教材时内容、编排体系固化，而使得其不够贴近双语教育设置的培养目标及课程教学的较强的国际性适用性要求；不能兼备知识性、实用性和趣味性于一体，从而激发学生学以致用的学习热情。

其次，在教材内容上缺少在国际性视角下对经济全球化背景进行回应与构建。同时，在学理阐述上，不能与国际经济法基本制度的变革与创新、经济法实施的更新与完善等方面内容进行协调与整合。忽视了中国经济法具体的、基本的法律法规、制度及原则，与全球化趋势下现实经济法主体的扩张、跨越国境主体的行为或者行为的效果相互动。

再次，从法学双语教学模式看，在教学模式上，鉴于目前国内师资等条件的限制，大部分的双语课程都还属于过渡式的教学模式，即以英文教材为载体，使用中文和英文两种语言进行教学。在教学方法上，还没有摒弃“满堂灌”式的传统教学方式，而这种采用以教师为主导，不注重学生的参与方式，往往不能激发学生为自身学的动力。

最后，整体来说，能否有效解决当前我国高校法学双语教学存在的师资、教材和学生等方面亟待解决的问题，关系到高素质复合型人才的培养目标能否实现。相关学者也对此予以分析并试图找出有效的对策。

（三）混合式学习在经济法双语教育中的应用

近年来，法学双语教师在设置教学内容上普遍存在单纯用两种语言讲授相同的法律内容，缺乏结合各专业学生丰富的背景知识，缺乏利用网络的普差异性灵活设置重点，有选择性补充法律法规、国内外案例的现象。这不仅影响了经济法教学质量的提高，也不利于培养学生的国际性视野。随着在线学习逐渐进入人们的视野，学校的课程学习吸纳了在线学习和课堂学习的优势，并运用这一新型的混合式学习模式来提高双语教学的教学效果。有学者不仅在理论上探讨了其定义、有关原理、教学设计及存在的问题，也在运用教学技术与媒体进行专业双语教学实践中提出了相应的建议和对策。因此，在经济法双语教学中也可尝试借用教学技术与多媒体混合式学习设计教学。

二、经济法双语教学应对的主要方法

（一）教学理念和教学内容的国际化需求与师资人才缺失的冲突

一面是国际化需求对经济法双语教学理念和教学内容改革的助推，一面是现有高校兼具法律和英语的师资力量的薄弱。教师自身缺乏经济法双语教学理念和课程教学的针对性训练，加上缺乏适合教学的双语教材的局限，使得当前高校经济法教学实践和教学效果不佳。

（二）双语教学特征与经济法传统课堂教学方法的冲突

当前高校双语教学实践中普遍存在这样的认知，即法学双语教学就是用汉语和外语讲授法学课程的教学模式。而法学双语教学的定位则是，用两种语言作为教学媒介语，通过讲授法学知识使学生达到掌握该专业知识和提高外语运用能力的目的。也就是说，法学双语教学不能替代法律外语课程，也不是简单地以外语讲授几门中国的法律课程，更不应是过多过细地对英美法系国家法学理论和司法的介绍，而是一种全新的人才培养模式。而解决制约高校法学双语教学的瓶颈问题、课程的科学设置、教材建设和师资培养、教学模式和考核方式又是关键所在。如何针对经济法国际性特征日益突显，实践性、应用性很强的特征，改变传统单纯灌输狭窄知识的课堂教学模式，为运用多种教学手段和多引入国际实例的融合运用教学模式，并改变强调学生听、记笔记的被动学习式，为在国际性视角下及时把全球化、信息化知识不断更新并反馈给学生，无疑后者更有利于学生法律理性思维的培养。

三、国际性视野下经济学双语教学的发展策略

（一）教材编选及教学理念的与时俱进性

一是国内现有双语教材强调中国自身经济法特色的色彩浓厚，不能及时增添符合经济法国际性特征的知识点。二是加入世贸组织后，我国经济法立法及实践中《保险法》《证券法》《金融法》《票据法》《反垄断法》《反不正当竞争法》《环保法》等各部门法的主体、监管、规范等均涉及国际性法律制度衔接问题。然而，当前国内尚缺乏适合本科法学课程双语教学的教材，具有国际化的、前瞻性经济法律法规的原版教材的引进代价既高，又难以实现，因此，自己动手编写适合的教材成为完成本课程教学任务的重要环节。而在双语教材的编写中，只有以“开放”“借鉴”视角，积极编选、慎选适宜双语教学的经济法教材，增添适合开展双语教学的法律英语及相关文化内容，才能传达经济法的先进“国际性”理念及价值目标，培养学生经济、法律国际主流意识。这同时也是保证双语教学方法实施及完成教学任务、目标必不可少的一个方面。

（二）教学实践中教学模式的选择

在当前经济法教学改革重视对国际性因素的关注时，强调教学内容及教学方法具有国际性视野尤为重要。

首先，在教学方法和手段上要不断创新和多样化。经济法双语是培养学生注重分析中外经济法理论，提高解决经济法问题能力。同时，培养法科学生专业外语能力也是其重要环节。这要求学校和教师应根据专业所需设置课程及教学内容。老师在教学实践中还应重视教材和多媒体课件建设，并更新

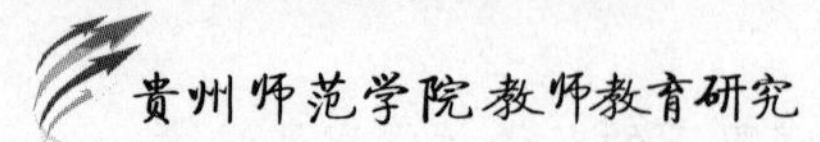

传统运用案例教学、小组讨论、老师总结等具体教学方法和手段，达到实施效果创新。

其次，课堂教学可采用混合型教学模式。如对经济法教学体系中的有机组成部分的《合同法》双语教学，就需要注重体系安排问题，让学生具有法律英语、专业文献选读等课程的基础知识。这些是让学生真正理解经济法前瞻性、国际性的知识内容，并应用解决市场经济运作中法律问题的基础。通过给学生制作多媒体课件，或安排学生对热点经济与法律问题的中文、英文资料查阅，能使学生充分利用全球化、开放性网络资源传达的有效性信息，培养学生的国际性意识和自主学习的积极性。同时，也起到深浅适宜地启发学生认识到学习英语与专业所用所需结合的趣味性和重要意义。

最后，教学目标的达到，除了要求双语教师能根据课程内容、学生特征及双语教学需要选择教材，选用恰当、灵活的教学方法和手段，有效调动学生学习法律英语、法律文化的积极性，还内在需要多元化的考核方式相配套。传统经济法课程考核方法以闭卷考试为主，导致了学生重记忆、轻能力的错误意识和行为。教师的考核方法的单一性，不利于学生平时课堂上运用和发挥自己对经济法、英语知识新事物的主动性。

值得一提的是，可采用以学生为中心的师生互动教学方法，平时采取依据质量评定最终成绩，如课堂上以相关法律文件、案例为题，测试他们相关经济法、实用法律英语的听、说、读、写能力，占 30% 分值，以促使学生平时逐步提升法律英语听说读写能力；也可让同学自选国内外一些前沿的经济立法及实践资料或案例，完成一份翻译，以做笔记或国际性观点的法律实务论文作为课后作业，占 20% 分值；而学期结束的笔试试卷只占分值的 50% 。

四、经济法双语教学发展的思考

虽然众多学者和教师针对当前日趋凸显的经济法双语教学中国际性视野缺少，以及与经济法双语教材、教学理念、教学内容、教学方法、考核方式等教学实践环节的冲突问题进行了探索，笔者认为，经济法双语教学中要顺应其国际性视野的发展趋势，培养具有国际性视野的复合型人才，还需融通其理论性、思考性和实践性为一体的学科特点，而关键在于教学模式、教学手段、方法合理性及创新性开拓，才充分调动学生学以致用解决中外实际经济法问题的主观能动性。对国际化视野下法学或非法学专业的经济法双语教学发展，我在教材、师资、教学模式和方法等方面进行了相应思考并提出策略，试与同行和学者们交流。

一是在编写国内双语法经济法新教材时，我们不仅应结合全国法律英语资格统一考试相关词汇、阅读、翻译等原版英语教程内容，让学生通过一些法律知识、英语概念知识的学习，接触历史悠久的英国、美国的先进法学理论和立法技巧，拓展他们中外经济、法律发展的海外视野。二是还要在经济法双语教学中，辅以大量外文财经期刊提供的适量、丰富的外文经济法案例作为课堂教学讨论的参考资料，达到双语教学注重培养复合型人才所需法律交流能力的实效。三是双语教学实施过程采用各种教学方法及手段，如链接法律英语学习网 www. cuorttv. com/casefiles/simpson/criminal/summary 及 Legal Union 公开课，以帮助学生有效掌握法律教材中具有应用性的《合同法》《知识产权法》《竞争法》《金融法》的专业知识的教学目的。四是注意经济法各组成体系的融通，如把合同法分为形成（Birth）、存续（Life）与“终结”（End）三个阶段，并结合保险、银行、证券公司、知识产权法中相关特殊合同讲解专门概念术语。

参考文献

［1］唐红．高校双语课程教学改革的困境与出路探析［J］．法制与社会，2014（1）．

［2］高建勋．环境法双语教学的分析与思考［J］．沈阳农业大学学报：社会科学版，2007（4）．

［3］张慧霞．法学专业双语教学课程建设的若干启示［J］．北京大学学报：哲学社会科学版，2007（S2）．

［4］孙瑜．浅析法学本科双语教学面临的问题及对策［J］．教育教学论坛，2013（4）．

［5］张碧娟．混合式学习在双语教学中的应用研究——以《教学技术与媒体》为例［D］．武汉：华中师范大学，2014.

［6］樊云慧．对高等学校开展法学双语教学的思考［J］．高教探索，2013（1）．

［7］张怀印．论知识产权法双语教学与高层次法律人才培育［J］．当代

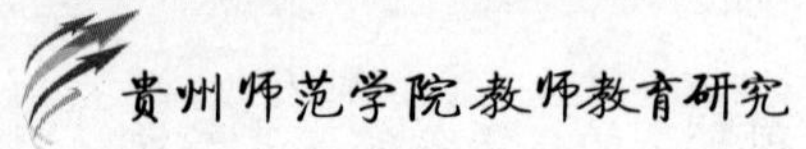

教育理论与实践，2013（3）.

［8］谢九华，杨志民．合同法双语教学若干问题探讨［J］．法制与经济（下旬刊），2010（1）.

（作者系贵州师范学院经济与政治学院教师）

高校文化产业学科定位与学科创新

李楠楠

文化产业是创意产业、内容产业和智慧产业。现代意义上的文化产业有着知识密集、技术密集、信息密集、人才密集的特点，特别是在当前传播技术不断进步、新兴文化业态不断出现、产业结构不断调整、各种知识不断更新的情况下，文化产业人才就显得尤其重要。

为适应新形势的需要，近年来高校在文化产业学科建设和人才培养方面做了一些工作，主要包括：①成立了文化产业研究机构。如许多高校都成立文化产业研究院或文化产业研究中心。文化部与北京大学、清华大学、上海交通大学等 9 所大学联合建立了国家文化产业创新与发展研究基地。这些研究机构在文化产业跨学科研究、参与地方政府文化产业规划制订、重大文化产业项目策划论证、文化产业园区建设等方面做了大量的工作。②开设了文化产业管理专业。文化产业已被列入国家高等教育序列，教育部从 2004 年就已经开始批准开设文化产业相关专业。到目前为止，全国已经有 60 多所高校设立了相关院系和专业，并招收了这些专业的硕士、博士研究生。文化产业管理专业的毕业生为文化产业发展提供了人才支持，虽然目前数量不多，但已呈现逐步增长的趋势。而且随着国家对文化产业的重视，这一专业将会越来越受到社会的青睐。③文化产业学科建设已经起步。由于文化产业涉及三个层次九大类，涉及多个行业、学科与专业，因此，文化产业学科建设近年来出现了从学科独立分置到学科交叉融合的趋势，特别是新兴专业发展如火如荼。如与新闻传播相关的广告、编导、网络、播音主持；与历史考古相关的文化遗产、文物修复与鉴定；与新兴文化产业相关的软件、动漫、游戏；与旅游相关的旅游管理、市场营销、空乘；与艺术相关的平面设计和三维设计等。与此同时，课程建设、教材建设、师资队伍建设都已开始启动。但是，纵观全国和全世界的发展形势，相比起火热的文化产业实践，我们的文化产业研究、学科建设和人才培养则显得相对落后。

目前，高校在文化产业研究和人才培养方面主要存在如下问题。

一是思想观念明显滞后。如对于文化的理解还停留在小文化和中文化的层面，没有进入到大文化层面；只停留在文化的事业层面，而没有进入到文化的产业层面；只重视传统学科，而对文化产业这样的新兴学科还没有认真对待；只着眼于精英文化，而对影响巨大的大众文化缺少关注研究；只着眼于技术带来的新变化，而对技术带来的文化变革和社会变革缺少深入思考。正是基于这些原因，文化产业学科在全国层面尚未得到应有的重视。

二是培养的人才局限性很大。由于目前高校专业划分过细，各个院系与专业缺少交叉融合，颇有“鸡犬之声相闻，老死不相往来”的味道，这样就造成我们培养的人才“懂文化的不懂经济，懂经济的不懂文化；懂技术的不懂艺术，懂艺术的不懂技术”。学科单一、知识面窄、动手能力差、不能适应文化产业发展的需要、无法与市场对接，高端创意人才、文化管理人才、文化营销人才、文化投融资人才缺乏，是当前制约我国文化产业发展的瓶颈。

三是学科归属没有解决。目前，文化产业属于管理类下公共管理类的一个专业，是与其他 15 个管理本科专业并列的。由于文化产业内涵的多样性，文化产业挂靠管理学无法体现其文化属性，也无法涵盖文化产业的丰富内容。同样，在国家社科基金和教育部人文社科项目的申报中，所列的二级学科也没有文化产业。现在文化产业专业有的在历史学院，有的在经济学院，有的在文学院，有的在新闻学院，如此等等，不一而足。文化产业学科如果不能自立门户，只能是“寄人篱下”，处于现有学科的边缘，其发展前景自然堪忧。

四是学科构架没有解决。文化产业作为一个学科的本质属性是什么，涉及的对象、范围、概念、基本问题等目前尚缺少共识；文化产业作为新兴学科与传统的文学、历史、哲学、艺术、经济等到底是一种什么样的关系，现在大家还没有统一认识；文化产业作为一个独立的学科体系其自身的规律是什么，对此很多人也不太清楚；对文化产业的经济属性以及与现存体制、机制的关系等都还缺少深入的探讨和明晰的认识。目前，人们的文化产业学科知识是零散的、拼凑的、不成系统的，文化产业作为一个学科来讲，还没有建立起自己独立的话语体系。

五是课程体系没有解决。现在由于文化产业学科体系没有解决，课程体系也就显得杂乱无章。开什么课、开多少门课、分几个板块、几个层次，都没有统一的标准，没有统一的认识，没有严密的论证。文化产业课程设置的随意性、杂乱性随处可见。现在全国还没有统一的文化产业教学大纲，没有统一的文化产业理论教材，文化产业课程的开设完全根据所在院系的师资情况而定，与原有所在专业的课程重复太多，大杂烩现象严重。

六是理论与实践的衔接没有解决。目前，高校文化产业教学要么从理论到理论，学生听起来索然无味；要么只是讲一些实用的技术性知识和技能。比如，如何制作网页、如何制作动画、如何编辑电视节目等，其内容与专科教学没有多少差别，而对文化产业的文化资源和著名品牌缺少研究。文化产业教学中，理论与实践脱节的现象比比皆是，很多人毕业之后，对于文化产业既没有系统的理论认知，也没有具体的实践经验。

基于上述问题的存在，解决的办法应该从以下几方面着手。

1. 尽快将文化产业列为一级学科

目前，从中央到地方都非常重视文化产业，文化产业已经成为国家软实力的重要标志，成为综合国力的一部分，成为产业结构调整的突破口和两型社会建设的重要抓手。在这种情况下，根据教育部学科调整的精神，今后国家只设一级学科而不设二级学科，这对于文化产业学科来说是一个利好消息。如果抓住这样的机会，我国文化产业学科和人才培养将会出现新的局面。

2. 尽快建立文化产业的本科、硕士、博士培养体系

打破学科界线，构筑学科基地，凝练学科方向，整合学科实力，组织精干人马，尽快培养文化产业专业的硕士生和博士生。积极向人事部申请，与大型文化集团合作建立文化产业博士后工作站，保障文化产业高层次的人才培养与科学研究的顺利进行。

3. 尽快建立合理的文化产业学科构架

应组织全国专家对于文化产业的性质，文化产业与文学、哲学、历史、新闻、经济、计算机等学科的关系，文化产业的学科范围、研究对象、基本概念和理论体系等进行深入研究，体现科学性、统一性、完整性、逻辑性。

文化产业理论体系要引进一些新的文化概念，如软实力、文化生产力、公共文化服务体系、非物质文化遗产等。

4. 加强文化产业学的课程和教材建设，建立统一的文化产业理论体系和课程体系

应借鉴国外文化产业的教学体系和中国文化产业的具体实践，组织全国文化产业方面的专家研究文化产业的课程体系，制定教学大纲，编写统一教材，培训师资，尽快使文化产业课程体系和教学活动科学化、正规化、有序化。对于文化产业的教学要有恰当的质量评估标准和评估体系，通过科学评价和实时监督，使文化产业教学既有一定的自由度、创新性，又有一定的学术规范和学术含量。

5. 加强我国文化产业品牌研究

要重视加强区域文化和行业文化品牌的研究，找到文化资源创意和转换的模式，找到文化发展的个性和创造性；要善于利用案例教学，增强文化产业教学的说服力和吸引力。一方面，通过案例教学探寻文化产业发展的规律；另一方面，通过案例教学使学生对于文化产业发展有感性直观的认识；加强学生实践能力的培养，与企业和政府建立文化产业研究和实习基地，积极参与政府和企业文化产业的具体项目运作。

6. 加强学科整合，发挥整体效应

文化产业是多学科的整合，需要发挥多科学的优势，实现传统与现代的融合、创意与市场的融合、科技与文化的融合。澳大利亚昆士兰科技大学在 2001 年建立了世界首个创意产业系，这个系具有创造性的表演艺术，包括时尚、游戏、媒体、新闻等基于 IT 综合在一起的媒体艺术。同时，他们还建立了一个国家级的研发中心，将自己的创意成果通过这个平台与市场对接。我国高校文化产业的学科发展，不能仅仅满足坐而论道，而要把老师和学生的知识、智慧开发出来，既要形成一批扎实的理论研究成果，同时也要将自己的创意智慧贡献给社会，从而产生更为显著的社会效益和经济效益。

参考文献

［1］龚维忠．论高校文化产业的现状与整合［J］．求索，2003（4）．

［2］王素丹，吴忠迁．浅析高校文化产业与社会文化产业对接机制［J］．

河北师范大学学报：教育科学版，2013（8）.

［3］熊艳．我国高校文化产业人才培养问题及其建议［J］．考试周刊，2013（5）.

［4］欧乐平．整合资源优势互补浅谈做大做强高校文化产业［J］．经营管理者，2011（2）.

（作者系贵州师范学院历史与社会学院教师）

源于实践的思考

——民族地区高校“中国民族史”本科教学改革漫谈

陈　丹

一、课程的规划与教材的特征

在过去的一个学期，本人接受学院领导的安排，为我院2013级历史学专业本科学生讲授《中国民族史概要》。在教研室主任和各位督导、同人的大力支持和耐心指导下，在2013级历史学全体同学的配合下，圆满完成了教学任务，教学效果良好。为了比较全面地对学生掌握知识的情况，本人在教学的设计时“既考虑以教材为载体，夯实基础、把握学科框架的同时，又体现出灵活性、综合性”的精神。既要求学生对基本知识点的把握，同时也让平时勤于思考和学习主动的学生能够脱颖而出。

（1）本套教材以各地区民族的历史与社会关系为主脉，反映各民族在历史上的纵向发展和横向的相互交往，旨在使学生初步了解各个民族在历史发展上的基本脉络，从而提高综合文化素养，激发爱国情感，培养民族气节，使学生成为自觉维护民族团结和领土的完整、边疆的稳定和社会的和谐的当代大学生。

（2）本册教材将中国境内的民族划分为东北、西北、中东南、西南和西藏几大单元。进而以比较语言学为基础划分出的族系为基本单位，讲授本民族的历史渊源、不同历史时期的发展状况、各个时期与中原王朝的关系、民族之间的相互关系、传统的社会历史和民俗文化等。既有横向的审视也有纵向的关注，是一本深入浅出的教材。

二、对学生学习该课程的基本目标设置

（1）通过学习，学生可以了解中国古代各民族的历史渊源、发展演变的

脉络和民族的基本内容特征，认识中华民族多元一体格局的基本内涵，并认识中华民族的繁荣、富强和文明是每一个大学生不可推卸的责任。

（2）引领学生对中华民族这一历史现象的产生、发展和演变的基本规律进行思考，尤其是对历史上汉族与各民族的相互融合、相互吸收等现象的思考，不仅能够拓宽学生的认知领域、情感领域和实践领域，为他们的健康成长奠定坚实的基础，逐步提高他们的人文素养，而且可以促使他们在生活、学习和未来的工作过程中自觉抵制大汉族主义和地方民族主义的狭隘。

（3）认识中华民族的形成过程和各少数民族的形成和发展，初步感悟、了解民族文化的精神，感受中华民族五千年文明是各民族先民共同创造的，增强民族自信心和自豪感。

（4）引导学生自觉认识各民族历史上的光辉文化和历史，正确评价历史上自觉维护民族团结的历史任务，不仅能培养学生对历史人物的认知能力，而且还可以潜移默化，以此作为学习的榜样，培养爱国主义感情、社会主义道德品质，逐步形成积极的人生态度和正确的价值观，不断丰富自己的精神世界，为社会主义现代化建设服务。

从教学反映的现实状况来看，这些基本目标是达到了。总体上讲，经过一学期的学习，学生对该门课程的学习效果良好，基本理论知识和相关史实的把握都收到了预期效果。一些学生还能结合自身情况或现实情况作进一步的思考和探索。这一点是难能可贵的。

从整体来看，学生对基础知识的掌握良好，近半的学生归纳能力能力较强，体现了学生较强的自学能力。但学生拓展知识的能力还存在不足在教学实践过程中，注重对学生的正确导向。在考察时，发现学生能够围绕中华民族多元一体、各民族和睦相处、共同奋斗及民族团结与社会主义文化建设等关键词谈自己对民族的理解。一些少数民族同学甚至还能结合本民族的传统文化和社会生活谈对我国民族政策的认识及民族团结对与民族进步的重要性。许多同学还谈到了学习该课程后，对于克服少数民族地方民族主义的启发和意义，这些都是值得肯定的。

三、对本课程教学改革的几点看法

通过这学期的教学实践和对学生学习效果的考察并初步总结后认为，对今后教学改革提出如下看法。

（1）为了适应本校学生的基本情况，比如少数民族学生较多，起点相对较低，文化基础薄弱等实际情况，可对教材的内容加以合理取舍，在引导学生学习、掌握学科基本架构之后，对于西北、东北等民族的社会历史可以将教学的重点放在有代表性的民族加以介绍；而对西南、中东南民族可以按照族系为单位，详细加以介绍。

（2）拓展学生的阅读范围，课前安排学生预习，课后留思考题，让学生成为教学的主体。

（3）对学习情趣浓厚的学生，可以留出一定的课堂时间，让他们参与教学的互动环节，鼓励学生提问，或对熟悉的本民族传统文化进行讲解，供大家分享。再由任课教师加以点评。但要求教师必须具备强烈的责任感，深入钻研、开发、使用教材，要有灵性、悟性和耐性，形成独特的教学特色。

（4）所谓“素质成于习惯中，没有培养过程，就没有教育结果”。除了传授课本上的知识点以外，还可以启发学生思考现实生活中的问题，教师在某些环节上给予具体的指导，培养学生掌握一定的独立研究问题的能力，从而提高民族史教学的质量。

纵观整个教学实践活动，我们感到：作为选修课的中国民族史，今后更应该在教学中重视学生思维能力的训练。民族的历史，实际上也是民族文化的发展史。一方面，我们应当启发学生思考民族文化及其产生、发展与民族形成和发展的关系。另一方面，从民族融合、民族交往的角度来思考民族文化的发展与民族认同等问题。进而从更高的层次去认识民族历史，尤其是中华民族的发展史。提高学生的学习积极性，不仅要求教师要有渊博的学识，而且还应该掌握丰富的教学技能。既要重“教”，也要重“导”，引导学生将书本知识与现实中的问题结合起来加以思考，从而内化为内在精神的组成部分，自觉维护国家的统一、民族的团结、社会的和谐，自觉抵制地方民族主义和大汉族主义的不良风气。学生经过一学期的学习，对我国各民族的形成史、发展史和各民族关系史及少数民族民俗文化有了初步的了解。尤其是大多数少数民族学生对本民族及相关的历史渊源和传统文化表现出较浓郁的兴趣。一些学生还产生了进一步深入学习该课程的愿望。因此，本人借此时机，将改善民族关系和增强民族团结、立志继承和发扬传统文化作为切入点，引导学生进行思考，让学生做一个自觉维护民族团结、具有民族史素养的中国公民。

参考文献

［1］金子元久，徐国兴．当前本科教学改革趋势的国际比较［J］．阅江学刊，2009（8）．

［2］苏衡．高校本科教学改革的多级分析［J］．辽宁师专学报：社会科学版，2007（12）．

［3］李树丞．本科教学改革的创新之举——《五步教学法的研究与实践》序［J］．湘潭大学社会科学学报，2002（12）．

［4］何克抗．信息时代教育技术学本科教学的改革与创新［J］．现代教育技术，2007（11）．

（作者系贵州师范学院历史与社会学院教师）